モッくまくんの星のレッスン

Western Astrology Basic

木 星（もくせい）

～もくじ～

第1章 「星の使い方」と概略

1. 世界なんてうんざりだ！ / 4
2. ぼくはそんなもの信じない！ / 8
3. 「星の使い方」から分かること / 9
4. ネータルチャートに書かれていること / 13

5. 大切なのは、天体を「使う」こと / 18
6. ぼくのチャートを読んでみる / 23
7. まずはハウスにこだわるな！ / 31
8. 12サインのキャラクターをもっと詳しく / 33

第2章 実践と天体

9. ぼくが初めて自分から、水星を使った日 / 44
10. 天体には「成長」する年齢がある？ / 47
11. 天体の「子ども時代」、「大人時代」 / 52
12. 使わなきゃ天体はただの凶暴な犬 / 59
13. 月の専門は「源の欲求」 / 64

14. 水星が司る「二つの知性」 / 71
15. 金星は「充足の欲求」 / 73
16. 太陽は「自分を表現する力」 / 77
17. 火星が司るのは「パワー」 / 82
18. ぼくの太陽と火星 / 86

第3章 夢

19. 軽薄なぼくの一面 / 92
20. 簡単には叶わなかった、ある夢の話 / 95
21. 木野さんのネータルチャート / 99

22. 12サインの復習だ！ / 103
23. 木野さんの月の声 / 108
24. 「君の夢は○○だ」とモックまに明言される /111

第4章 サインとハウス

25. 12サインは人間の成長ストーリー / 116
26. 12サインを完璧に理解する / 121
27. 夢を知る手掛かり、アセンダントとMC / 128
28. 個性を活かす場所「ハウス」を読む / 130

29. サインをサポートする天体たち / 138
30. 三沢先生と木野さんのチャート / 146
31. ぼくらがこの世界に生まれてきた理由 / 158
32. 「月と太陽の基本文」を読んでみよう / 170

第5章 アスペクト

33. ぼくの恋の行方 / 182
34. アスペクトとは「内面のゆれ」 / 185
35. スクエアと三沢先生 / 204

36. すべてを失った夜。すべてを取り戻した朝 / 217
37. 三沢先生との再会 / 226
38. 別れ / 235

＊「西洋占星術」の目次は最後のページにあります。

第1章

「星の使い方」と概略

> ☽ モッくまからのアドバイス☀
> 1. まずは物語を最後まで読んでみよう！星の使い方がざっくりとつかめるよ。
> 2. 2回目に、自分の星（チャート）を読みながら、じっくり解説も読もう。
> 3. 3回目に、友達や家族と一緒に読み合いっこしてみて。さらに深まるよ！

1. 世界なんてうんざりだ！

ぼくはずっとあの日を忘れないでいる。

小さなくまが我が家にやってきた日。人生を変えてしまうような大きな知恵を、ぼくに授けてくれた日だ。

もしあの日、ぼくがうっかりコインを落とさなかったら。犬小屋の中をはいつくばって、のぞき込まなかったら。あのガラクタを部屋に持ち帰らなかったら。

ぼくの世界は今も灰色で、すべてにうんざりしていたかもしれない。

当時ぼくは私立中学の試験に落っこちて、近所の中学校に入学。受験は母さんが熱心だっただけで、別に未練なんてなかった。

はた迷惑なのは両親が、不合格と決まった翌月に、ぼくらに何の相談もなく離婚したこと。

人の受験失敗を人生の節目に当てないでほしいよな。ぼくはそんな風にふてくされていた。

父さんは家を出て東京で一人暮らし。母さんは薬剤師の仕事を倍に増やし、朝から晩まで働いてる。姉ちゃんは最近じゃアルバイトばっかりだ。

ぼくはと言えば相も変わらず学校と家の往復で、たいして変わり映えのない日々。

「勉強ができなきゃ後から苦労するから」

母さんの口癖通りなら、ぼくはこの先「苦労」するんだろう。そんなこと知ったことじゃない。これからの未来なんて、当時のぼくには心底どうでもいい話だった。

*

その日、学校から戻ると、ぼくはチョビの犬小屋へ向かった。

散歩は姉ちゃんと交代ですると決まっているのに、最近じゃほとんどぼくの仕事だ。チョビはぼくの姿を見つけると嬉しそうに飛び出してきた。

頭をなでてやる。杭につながれた手綱をほどこうと、腰を下ろした。

そのはずみにポケットからコインが落ちる。

とっさに手を伸ばしたけれど間に合わない。コインは弾んで、あっという間に犬小屋の中に転がり込んだ。

そのコインはたいして大切な物じゃなかったけれど、その日たまたま学校で拾った、ある人の落とし物だった。

（後で訊かれたらめんどくさいもんな）

そう思って膝をつき、犬小屋の中をのぞきこむ。中は薄暗くて、まるで小さな洞穴みたいだ。

（こんなに奥まで広かったかな…？）

一瞬、怖いな、と思ったけれど、同時にわずかに好奇心が湧いて、ぼくはじっと暗がりを見つめた。

チョビは収集ぐせがある。手綱の届く範囲で口にく

わえ拾ってきて犬小屋の奥にためこむんだ。

目を凝らした。

汚れたハンカチ、曲がったハンガー、その向こうには鶏の骨やら、ひしゃげたペットボトルやら、よく分からないものが詰まっている。

奥で小さく何かが光った。

ヘンだな、と思う。小屋の中に差し込む光なんて、どこにもない。だったら奥の何かは自然に発光してるってことだ。

ブルッと震えた。

チョビの首輪にリードをつけ、立ち上がる。

「行こう。チョビ」

そう言って庭を出た。

ドキドキしていた。

せっかくの散歩なのにチョビのペースに合わせてやれず、すまなく思ったけれど、なぜかぼくの頭の中はあの不思議な光のことでいっぱいだった。

庭に戻り綱を杭にくくり付ける。もう一度、腰を下ろし、犬小屋の中をのぞき込んだ。

キラリとまた鈍い光。

ドキドキドキドキ…

腹ばいになり、ぐっと奥に手を伸ばす。まさぐると指先に触れる固い物。金属のような感触だけれど、なんだか少し温かい…？

ぼくは思い切ってそいつをつかみ引っ張り出した。

それは何の変哲もない銀色の灰皿だった。

「なんだよーーっ！」

思わずそいつを投げ捨てる。

パッリーーーン…

灰皿はまるで薄氷が割れるような、ちょっと不思議な音を立てた。そのくせ見た目は何も変わらない。

ぼくは足元に落ちたガラクタに改めて目を落とした。隣でチョビが、じっとこちらを見上げている。

（灰皿か。ヤニなんてなめたら、こいつ病気になるんじゃないかな…）

捨てた灰皿を拾い上げる。手にするとやっぱり人肌程度にぬくもりがあった。

きっとこいつの上でチョビがしばらく丸くなっていたせいだろう…。

ぼくはそう考えてガラクタを部屋に持ち帰った。

＊

「おい君」

夢かな、と思う。

「本当に大変なことをしてくれたな、おい君」

目の前の小さな物体。

手のひらサイズのぬいぐるみにも見えるけど、顔の正面はまあるく切り取られ、そこから人の顔がのぞいている。そう、まるで小さな着ぐるみだ。胴体はオレンジと茶色のまだら模様。この模様、どこかで見た覚えがある。たしか昔、父さんの書棚にあった天文図鑑に載っていた…、そうだ、木星だ！

「その通り。ぼくは木星からやってきた木星人。モッくまだ」

「わーーーーーーっ！」

ベッドから飛び上がり、いっきに壁ぎわまで後ずさった。

そもそもそんな小さな着ぐるみが、しゃべってること自体おっかないのに、そいつがぼくの心の声を読み取った瞬間、恐怖がリアルなものになったんだ。

「しっ！ 静かにしたまえ。これ以上面倒を増やした

くない」

　小さなくま（たしかに、そいつはくまに似ていた）は、ちょっと偉そうにそう言った。

「それにしても…。君のお陰で先生にまたご報告だ。本当なら神話の新しいデータを明日までに届けるはずだったのに。また怒られてしまうじゃないか」

「…せん…せい？」

　ぴっぽっぱっぽ

　モックまは小指ほどの携帯電話を取り出して、誰かに電話をかけ始めた。

「あ、先生ですか？　やっと繋がった。お言いつけ通り人気のない場所に隠れてたんですがね？

　ひょんなことから見つかってしまいまして…。

　先生のおっしゃる通りですね。地球の子どもはあなどれません。

　M－90を地上述べ140センチから落とし破壊。自動修理システムは何とか作動していますが、2週間はかかりそうです」

　小さなくまは言いながら、ぺこぺこと頭を下げる。

「そうなんっスよ…ぼくもね？　早くこの資料を先生に届けたくてウズウズしているんですが…。ええ、はい。申し訳ありません」

　見た目は着ぐるみみたいに可愛いのに、こいつひょっとして中身はオッサンなんじゃないだろうか…。話しぶりからそんなことを考えていると、モックまは突然、大声をあげた。

「ええっ！ぼくがですかっ？！いやですよ！」

　ドキリとして耳を澄ます。携帯の向こうには、いったい誰がいるんだろう…。

「そんなこと言ったって、それは先生のお役目でしょう？　ぼくは基本的に地球人が苦手なんです。

しかも子ども！しかもニッポン地区の子どもでしょう？！いやですよ。冗談じゃない！」

　モックまは、さも厄介ごとをまかされたと言わんばかりに、ぼくにチラッと目をやった。

「いやそりゃ、半月ほどは暇ですけど。でもM－90の状態を常に確認しなきゃいけませんし！

　ええ、まあ。自動修理システムは今のところ問題なく作動してますが…」

　モックまは必死に電話の向こうの誰かと交渉中だ。

　ぼくはその間、こっそりと小さなくまを眺めまわした。

　頭はテディベアのように大きくてモフモフだ。くまに似た耳もついてる。頭の真ん中にはまあるく穴が空いていて、そこから肌色の顔がのぞいている。なのに鼻だけはやっぱりくまだ。

　丸い胴体は木星柄で中央の顔以外は、すべてモフモフしている。

　ちらっと携帯をにぎる手のひらが見えた。

（ぷっ、ちゃんと肉球まであるじゃないか）

　ぼくが笑いをこらえていると、モックまはいつの間にか話を終えたようで、「わかりました。こうなったのもぼくの責任ですからね。ええ、ええ。お引き受けしますよ」そう言って電話を切った。

　はあ、と大きくため息をつく。

　ぼくは少しこのくまが気の毒になった。

「なんかあったの？」

「君の教育をまかされたのさ」

「教育？」

　一瞬、カチンときて訊き返した。

「そう、教育。君に『星の使い方』を教えるよう言いつけた」

「星の使い方」と聞いて、ほんのちょっぴり興味が湧く。

そう言えば小さい頃、父さんと一緒にプラネタリウムへ行ったっけ。あの時は母さんも姉ちゃんも一緒で、「今度は本当の星空を見に行こうよ」と、帰りの電車でせがんだんだ。

結局、約束は叶えられないまま、お父さんは出ていってしまった。

ふっとモックまの視線に気づく。

そうだ。こいつは人の心が読めるんだった。

慌ててぼくは首を振り、自分の中のもう一つの声を引っ張り出した。

（突然、我が家にやってきて『教育』なんてものを押し付ける。そんなのはごめんだね）

モックまは微笑んだ。

「君は本当に素直だな。まったく星の通りだ！」

何を言っているんだろう…？

眉間にしわを寄せ小さいくまを見返す。

どうやらぼくが、こいつの乗り物（たぶんあの灰皿のことだろう）を壊してしまい、しばらく「先生」とやらの元に戻れないらしい。

その失敗の穴埋めとして、ぼくに「星の使い方」を教えるよう「先生」はこいつに指示をした。

なんだよ、偉そうに。第一、乗り物を壊したなんて人聞きが悪い。そもそもうちの庭に勝手に入り込んだのは、そっちじゃないか。

「さあ、出てってくれ！」

そう声に出してハッキリ言おうとしたはずなのに、気づくとぼくは「星の使い方を勉強すると、どうなるの？」と尋ねていた。

自分でもびっくりだ。そんなこと聞いてどうするんだ？

まさかぼくは、このヘンテコな木星人から「星の使い方」を習おうってのか？

―　星の使い方

その言葉をくり返すうちに、なんて言うかぼくは、小さなワクワクが湧いてくるのを感じていた。勉強なんて大嫌い。英語も理科も数学も、面白かったためしなんてないのに…。

モックまはニヤリとした。

「どうやら興味が湧いてきたようだね。ふむ。やる気があるなら話は別だ。

よし。ぼくがここにお世話になる間、君に『星の使い方』のすべてを教えてあげようじゃないか」

心が読めるコイツに何を言っても仕方ないけど…。

ぼくは照れ隠しにこう言った。

「『星の使い方』なんて言うからさ。まるでなんかの魔法みたいじゃんか。けど言っとくけど、つまらなかったらすぐにやめる。迷惑に思ったら、お前とあの灰皿だって、とっとと出てってもらうからな」

そうしてぼくは、膝を折って中腰になると、モックまに視線を合わせた。

「ぼくはしょう太。よろしくな」

人差し指を差し出して小さいくまの肉球に触れる。モックまはニッと笑って、ぼくの指先をまるで握手するように強くにぎった。

＊

この夜を境に星のレッスンが始まった。

灰色だったこの世界が、あらゆる可能性に満ちあふ

れた超エキサイティングな世界に変わっていく。

そんな奇跡のレッスンがね。

そしてきっと…。ぼくに起こったこの奇跡は、物語を読んでいる君にだって起こるはずだ。

もちろんさ、人はそれぞれ違うから。何事も「絶対」はないって分かってる。

でももし、この物語を読み進めるうちに心の底からワクワクする、あの感覚が湧いてきたなら。

どうかその気持ちを大切にして欲しい。

そしてぼくと一緒にレッスンを続けよう。

君の中に眠る10の星の使い方。それを学んで実践するんだ。

実践？　いったい、いつ？　どこで？　そんな問いを投げてよこすかもしれないね。それはさ。

君の人生と言うフィールドで。たった一つの、短くも長い君だけの人生で。

そうしたら、かけがえのない大切なものに、きっと君は出会うだろう。

ぼくらが生まれてきた本当の意味。それを身体の内側から、いっぱいに感じるだろう。

さあ、用意はいいかい？

モックまの、星のレッスンの始まりだ。

---

2. ぼくはそんなもの信じない！

「さて早速レッスンのスタートだ。

『星の使い方』をマスターするには、君が生まれた正確な日時と、生まれ育った場所、この二つの情報がいる。

分かるかい？」

「生年月日だね。2004年5月13日。

生まれた時間はいつだろう。母さんに聞かないと分からないな。場所はここ、埼玉だよ」

とぼく。

モックまはさっきの小さな携帯を取り出し、ぴっぽっぱっぽっとタップした。

「ふむ。君の生まれた時刻は午前3時26分。

えーっと、いつまでも『星の使い方』じゃ具合が悪いな。地球のニッポン地区じゃ、これはなんと言われてるんだっけ…」

ネット検索の宇宙版みたいな機能があるんだろう。また、ぴっぽっぱっぽっと携帯をタップする。

「いくつか種類があるようだ。一番スタンダードなのは…、うん！　西洋せんせいじゅつ！」

「せいよ？　…せんせいじつ？」

耳慣れない言葉に怪訝な顔をするぼく。

「もうちょっと簡単な言葉だと、『星占い』とも言うらしいね」

「なんだよ―――――っ！」

ぼくは心底がっかりして、その場にへたり込んでしまった。

「星の使い方」なんて言うから期待したら、単なる星占いのことなんじゃ。

落胆しているぼくの姿を小さなくまが、面白そうに眺めている。

「悪いけどさ、くま。ぼくは占いなんて信じない」

「ほお。ここじゃ信じるとか信じないとか、そんな扱いなんだな。

どうりで行き詰まるワケだ。『世界はいつだって灰色で、すべてにうんざりする』ワケだ」

カチンとくる。

またしてもこいつときたら勝手にぼくの頭の中をのぞいたらしい。

「くだらない。科学的根拠も何にもない、インチキまがいの話だろ」

言いながらぼくはちょっぴり驚いていた。

―― 科学的根拠がない。

これは母さんの口癖だ。

薬局に勤める母さんは薬草なんかの民間療法を嫌って、「あんなもの、科学的根拠はほとんどないのよ」といつもブツブツ言っていた。

その母さんの口癖が思わず口をついて出たのだ。

「『草にだって効果があるかもしれないのに』そう思っていたんだろ?」

モックまが、すかさず言った。

やれやれ。こいつときたら、ぼくの心はすべてお見通しと言うわけだ。

たしかに、チョビが体調をくずしてる時、散歩の途中で好んで食べる草を、ぼくは知っている。

その草を食べた日は餌をほとんど喰わないで、犬小屋でじっとしている。するとたいてい翌朝には、すっかり元気になるのだった。

その話を姉ちゃんや母さんにしたことがある。

だけど二人とも笑ってちっとも相手にしてくれなかった。ひどいときにはチョビの調子が悪かったことすら気づいていない。

だからぼくは母さんの「科学的根拠はない」の口癖を、内心うざたく思っていたくらいだった。

なのに思わずその言葉が、口をついて出てしまった…。

モックまが言った。

「君が気づいていて、お母さんたちは気づいていないこと。気持ちとは裏腹な咄嗟に出た言葉。

それもすべて君の星の仕業だとしたら、どうだい?」

「ぼくの星の仕業?」

「そうさ」

小さいくまは、ちょっと威張ってそう言った。

「ぼくの星の仕業って、どういうことさ」

「ふむ。じゃあまずは『星の使い方』…、君の地区で言うところの『西洋占星術』の仕組みから教えていこうじゃないか」

3.「星の使い方」から分かること

「そもそも…『西洋占星術』で何が分かるのか、君は知っているかい?」

「占いだろ? だったらその日の運勢とか、ラッキーポイントとか、そいうヤツだろ?」

「なるほど、確かにそれもある。でも『星の使い方』としちゃ、ほんの一部にすぎないね。

メインはもっと別にある。なんだと思う?」

「…もったいぶらずに早く教えろよ」

モックまはニヤリと笑い、例の携帯電話をクルッと回転させた。あっという間にホワイトボードくらいの大きさになる。

驚いているぼくをしり目に、モックまは言った。

「西洋占星術で分かること。それは大きく分けて、二つあるんだ」

1
2
3
4
5
6
7

9

1 占星術あらまし ｜ ネータルチャート
出生図

西洋占星術は、大きく二つに分けることができる。

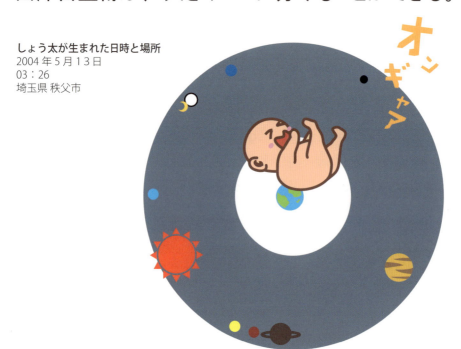

しょう太が生まれた日時と場所
2004年5月13日
03：26
埼玉県 秩父市

その一つが、あなたが、おぎゃあと生まれたその瞬間、空に位置する10の天体からわかる…

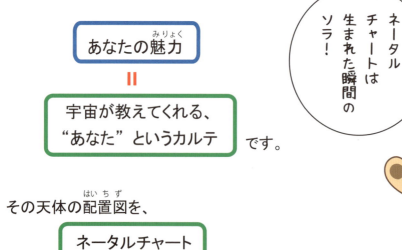

あなたの魅力（みりょく）
＝
宇宙が教えてくれる、"あなた"というカルテ　です。

ネータルチャートは生まれた瞬間のソラ！

その天体の配置図（はいちず）を、

ネータルチャート
＝
出生図　と言います。

1 占星術あらまし | トランシットチャート
現在の天体配置図

これは"今"のしょう太です。生まれてから約14年がたちました。天体はそのあいだ移動しつづけ、現在はまったく違う場所にあります。

今現在の日時と場所
2018年4月25日
3:00 現在
埼玉県 秩父市

今の天体からも、わたしたちは、いろんな影響を受けています。今、空にある天体と、その位置から…

人、学校、会社、国など
外からの影響

＝

宇宙が示してくれる
"今"のテーマ

がわかります。

この天体の配置図を、

トランシットチャート　と言います。

トランシットは今ソラだね

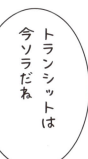

11

「つまり…。しょう太の言う『運勢』だの『ラッキーポイント』だのは、トランシットの星の影響から『運気』と言う視点で読み解いたもの、ということさ」

「…ふーん」

「そして今回、君が勉強するのは…」

```
┌──────────────┐
│  あなたの魅力  │
└──────────────┘
       ‖
┌──────────────────────┐
│ 宇宙が教えてくれる、     │
│ "あなた"というカルテ    │
└──────────────────────┘
       ↓
```

ネータルチャート

の読み方！！

ぼくはまた少しワクワクが戻ってくるのを感じたけれど、グッと我慢してくまに言った。
「それだって、占いの一種に変わりないだろ。
　知ってるよ。女の子が占い師の人んところに行って、自分の運命とか、男運とか、どうしたら結婚できるかとか、訊くやつだろ？
　そういうの、なんか苦手なんだよ。なんの根拠もないのにさ…」
（ああ、またいつの間にか、母さんと同じことを言ってる…）
　じわじわと心が重くなる。
「占星術」ってやつに興味を持ち始めている自分。
　それに反発して、母さんと同じ言葉を口にする自分。

どっちも本音じゃない気がしてモヤモヤする。
　結局たどり着くのは「そんな自分が、なんか嫌い」という気持ち。
「『世界はいつだって灰色で、すべてにうんざりする』。そうして君はいつだって、またそこに戻ってきてしまうんだな」
　モックまが言った。
　不思議と今度は腹が立たなかった。
　ヤツが気持ちを読めるって、諦めたせいもあるかもしれない。でも何となく今回は、くまの言葉に優しさみたいなものを感じたからだ。
　無性に悲しい気分になる。やっぱりすべてを放り出してゲームでもやりたい、そう思った。

「君の言う占いとしての『西洋占星術』と、ぼくが教える『西洋占星術』じゃ、実はとても大きな違いがあるんだ」モックまが言った。

「大きな違い…？」

ゆっくりと顔を上げる。

「うん。たしかに『西洋占星術』は君の星で言うところの『占い』だ。

ネータルチャートには

あなたの魅力

＝

宇宙が教えてくれる"あなた"というカルテ

が書かれてる。

占い師さんたちは、それを人々に伝えるのが役割だ。でもそれだけじゃ『占星術』の使い方としちゃ1割程度にも満たない。

まったく地球人は本当に、てんでもったいない扱い方をしてるんだよな…」

ぼくは少しむっとして、「そんなの余計なお世話さ。地球人だって、いろんな知恵をしぼって今に至ってるとぼくは思うぜ」と言い返した。

モックまは微笑んだ。

「仲間意識が強いのはいいことだ。少しはやる気が戻ってきたかい？」

言われてみると少し体温が上がっている。

さっきとはまた別の、（そこまで言うなら、ぼくが地球人の汚名を返上してやるさ）みたいな感情が、スッとよぎったのは確かだった。

やれやれ。こうしてみると、ぼくの中にはいろんな感情が渦巻いていて、出来事に合わせ目まぐるしく変化してるんだな。

「分かったよ。とにかくレッスンを続けよう。けどもしつまらなかったら…」

「すぐにやめる、だろ？」

モックまはそう言って、片目をつむってみせた。

---

4. ネータルチャートに書かれていること

「ネータルチャートには大きく分けて三つのことが記されている」

モックまはそう言って、スクリーンボードの画面を一枚めくった。

1

2

3

4

5

6

7

1 占星術あらまし : 天体
10のスペシャリスト

ネータルチャートの三つの要(かなめ)。その一つは10の天体。

彼らの専門性(せんもんせい)は以下の通り。

10の天体は、すべての人に平等に与えられています。

※ 起死回生（きしかいせい）とは、死にいたるような大変な状況にもかかわらず、一気によい方向に立て直すこと。

1	占星術 あらまし	サイン 12 のキャラクター

ネータルチャートの三つの要。　二つめは 12 のサイン。

12 の星座

↓

12 種類の質

=

12種類の キャラクター

12 サイン	それぞれの質
● おひつじ座	ぴんっときてパッ！突発的！
● おうし座	ゆっくりじっくり感じながら作るんだ
● ふたご座	「ねえ、どちてどちて？」好奇心いっぱい！
● かに座	「よしよし、いいこね」お母さん気質♥
● しし座	そう、わたしは主役！！だって主役だからっ！
● おとめ座	キチッぴしっ　ちゃんとこなせてるか、ああ心配…
● てんびん座	オシャレ好き！人付き合いはとっても軽やか♥
● さそり座	ハマったが最後、やりぬく、そして愛し抜く…
● いて座	あの星を手に入れるっ！話も夢もでっかく！
● やぎ座	さあ、どーやって結果出していきましょうかね
● みずがめ座	常識？壊すためにあるんでしょ？
● うお座	君が悲しいとぼくも悲しい… あれ…そもそもどっちの感情だっけ…

10 の天体がすべての人に平等に与えられているのに対し、<u>12 の星座は人によって強弱があります</u>。

12 の星座が示す 12 種類の質を、　12 サイン　と言います。

1 占星術あらまし | ハウス（場所）

ネータルチャートの三つの要。最後の一つは 12 のハウス。

が、記されています。

その 12 の場所を、 ハウス と言います。

すべての人に 12 のハウスは与えられていますが、12 サインと同じく、<u>発揮しやすい場所は人によって強弱があります</u>。

こちらが実際のネータルチャートです。まずは天体、サイン、ハウス、それぞれの役割を簡単に覚えておきましょう。

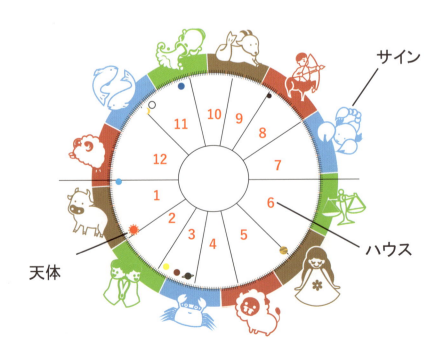

12 ハウス	それぞれの場所
1	自分の中心軸
2	指先から足先まで
3	兄弟姉妹・友だちまで（学び場）
4	家庭・心安らぐ場所
5	身近なプレイスポット
6	奉仕の場・職場
7	社交・お付き合いの場
8	密室・密談・閉じられた場
9	海外・研究所
10	社会の頂点
11	終業後の知的な交友の場
12	見えない世界（あの世）

近く

遠く

12　11　10　9　8　7　6　5　4　3　2　1

遠く　　　　　　　　　　　　　　　　近く

1
2
3
4
5
6
7

自分を中心に少しずつ活動場所の大きさが広がっていく感じだね

「あはは！」

　ぼくは思わず笑ってしまった。

「天体とサインで『個性』が分かるっていうのは分かった。それをハウスで使うのも分かった。

　でもさ。12番目のハウスの『見えない世界』ってなんだよ。『マルカッコあの世』ってなーー？！

　ここに天体ある人、超かわいそうじゃん！ 死んじゃってからしか使えないの？」

　爆笑するぼくをモックまが、生あたたかい眼差しで見つめている。ぼくの笑い声は次第に小さくなって、しまいには口をつぐむモックまを見返した。

「…あの、ひょっとしてぼくの天体のどれかが、ここにあるの？」

　小さいくまは、おもむろにうなずく。

「ど、どれ？」

「どれだと思う？」

「もったいぶるなよ！ あ、分かった！ 金星じゃない？ トキメキ専門の金星！

　トキメキってあれだろ？ 言っちゃえば恋愛だろ？

　ぼく、ぶっちゃけぜんぜん女の子に興味ないし！ この世でそういう出会いはないのかも！」

　くまのヤツときたら、何ともニヤけた目つきでぼくを見返す。

　やばい。こいつは人の心が読めるんだった。ぼくがひそかに気になっている木野さんの姿が、見えてるのかもしれない…。

「あ、だったらさ！ 土星だ！ キビシイ社会性専門のコイツ！ 別にキビシイのとかいらないし。これだったら12番目のハウスにあってもいいや！ 未練ない！」

　木野さんのことをごまかしたくて適当なことを言っ

たけど、正直「キビシイ社会性専門」と聞いて、浮かぶ顔がいくつかあった。

　学校でやたらと注意してくる体育の先生。以前、通った塾の先生も、ずいぶん口うるさい人だった。

（あ、でも、天体は『ぼくの中に在るスペシャリスト』なんだよな。外で出会う人は関係ないか…）

　と考えをめぐらせる。

　モックまはポンッと膝を打った。

「君はさすがにカンがいいな！」

「へ？」

「まずとっても大切なことだけど、12番目のハウスに天体があるとき、その天体は『あの世でしか使えない』という意味じゃないんだ」

「そうなの？」

「うん。『見えない世界』は、この日常にも存在している。君がそれを、ただ知らないだけ」

　ぼくは押し黙った。

　理屈はさておき一体どの天体が12番目のハウスにあるんだろう。そいつが気になってしかたない。

　小さいくまは、ぼくの気持ちを察したのか「ハウスに固執すると全体が見えなくなる。話を進めていこうじゃないか！」

　そう言って、スクリーンボードに視線を戻した。

---

5. 大切なのは、天体を「使う」こと

「ここまででネータルチャートに何が記されているのか。もう君は分かったね」

「うん。『天体と12のサインのかけ合わせ』で、ぼくらの『個性』が分かるんだろ？」

その『個性を、社会のどの場所だとより使えるのか』、
天体のある『ハウス』で分かるんだろ？」
「そう。この

個性 ✖ 場所

と言うのが鍵だ。覚えておいて」
　そう言うとモックまは、またゆったりと枕のくぼみ
に腰かけ短い脚を組んでみせた。

＊

「さて、ここで質問だ。君は自転車に乗れるかい？
しょう太」
「当たり前だろ。自転車なんて誰だって乗れるよ」
「ほう。最初っからすいすい乗れたのかい？」
（ちぇっ、ヤなヤツだなあ。ぼくの運動神経がイマイ
チなのを、こいつ知ってて訊いてるな）
　心の中でぼやきながら、しぶしぶ答える。
「小学4年生まで乗れなかったよ。お父さんが教えて
くれてさ。自転車はバランスだって」
「お父さんは、もっといろいろ教えてくれたかい？」
「うん…なんてったっけな。
　自分の身体の中心を感じながら、ペダルを回し続け
ればいんだよって。そんなこと言ってたかな」
「それを聞いて、君はすぐに乗れた？」
「ぜんぜん。言ってる意味は分かったけど実感が湧か
ない感じ？
　結局その言葉を思い浮かべながら3カ月、毎日練
習してやっと乗れるようになったんだ」
「そう！　それだ！」

1 占星術あらまし ｜ 実践の大切さ

個性を「知る」だけではなく「使う」こと。

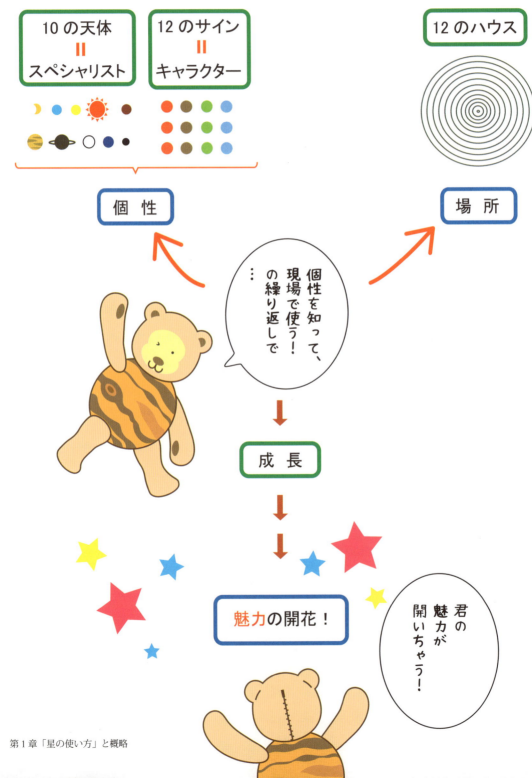

1 占星術あらまし　まとめ

西洋占星術をおおまかにまとめると…。

ネータルチャートとは…
あなたがおぎゃあと生まれたその瞬間、空に位置する 10 の天体配置図。

ネータルチャートから分かることは…
1. 10 の天体 12 のサイン のかけ合わせで生まれる、あなたの個性。
2. 12 のハウス から分かる、個性を発揮しやすい場所。

あなたの魅力
＝
宇宙が教えてくれる、"あなた"というカルテ

そしてもっとも大切なことは…

個性を、現場で、くり返し使うこと！

心して取り組みたまえよ

「ふーん」

　ぼくはたいして興味も湧かないままスクリーンボードを眺めている。

　一方、小さいくまは興奮気味に、「君たち地球人が『西洋占星術』を1割程度しか使えてないってのは、つまりこういうことさ！」そう言った。

「占い師さんに見てもらったところで、『自分のカルテ』を知っておしまい。くり返し使っちゃいないってこと？」

「そう！」

「そんなの当たり前だろ？」

　とぼく。

「雑誌なんかの占い見ても、内容なんてイチイチ覚えてないし。

　自分の個性とか才能とかなんとか。それがここにありますよって言われたら、ちょっとテンション上がるじゃん。別にそれだけの話でたんなるヒマつぶし。

　占いってそもそも、そういうもんだろ」

　それを聞いてモックまは、憐れむような生温かい眼差しでぼくを見返した。

「…その目、やめろ」

「つまりぼくらからするとだ。

　地球人はみんな『自転車はバランスが大事』とか、『体の軸を感じながらペダルを回す』とか、知識はあるけど乗れないヤツ、みたいなもんなんだよ。

　中にはそれすら知らない人もたくさんいる。

　自転車があるのに乗り方も習わずいつも徒歩！　何だったら必死で強歩！

　そんな奴がクラスにいたら君どう思う？」

「…ちょっとダサいね」

「だろ？　ぼくら木星人から見ると君ら地球人て、ちょっとダサいんだよ」

「失礼だな、おい」

「ぼくは君の表現を、ちょいと拝借しただけさ」

　モックまは澄ましてそう言うと、言葉を続けた。

「自転車に乗れた時のこと、思い出してみて。

　君には大切な思い出のはずだよ」

　ドキリとする。

　身体のシンが冷たくなって、押し殺していた悲しい気持ちが蘇ってくる。

　そう…。思えばあの頃が一番、父さんの近くに、いられたんだ。仕事で夜は遅いから、毎朝、二人で早起きをして、ぼくらは自転車の練習をした。

　父さんが後ろを支えてくれて、何度も二人でグランドを走った。

　スピードを出すのが怖いと言うと、自転車の後ろにぼくを乗っけて隣町までビュンビュン走った。父さんの大きな背中は安心で、怖かったスピードが、いつしかスリリングなものに変わったっけ。

　やばい、泣きそうだ。

　モックまときたらなんなんだ。出会ってから今の間に、ぼくときたら何度も悲しくて泣きそうになってる。

　コイツがやって来るまでこんな気持ち、感じたことなんかなかったのに…。

　その時ぼくは、ふいに父さんの言葉を思い出した。

「それだ！　しょう太！　お前が感じたその感覚！」

　あれはたしか、初めて父さんの助けなしで、一人で自転車をこいだ瞬間。

「分かったよ！　ぼく今、分かった！

　お父さんがいつも言う、『体の軸を感じる』ってヤツ、

22　第1章「星の使い方」と概略

やっと意味が分かったよ！」

そして、ぼくはこう続けた。

「体の軸を感じるって言うよりはさ、ぐっとペダルを押し込んで、上に上に背伸びする感じだ！！」

父さんは喜んで、「いいぞ！ しょう太！ それがお前の感覚だ！ お父さんが教えたことは、もう忘れていい。自分の感覚に従うんだ！」

そうして一時間もする頃には、ぼくは自転車に乗り風を切って走っていた。街中をビュンビュンと。乗れなかったことがウソみたいに。

学んだことを、体を動かし練習する。

そのくり返しの果てに、知識じゃなく自分の内側から「使い方」を知ったなら。「ああ、これか！」と、心と体で理解したなら。

その喜びはきっと計り知れない。

自転車に乗れるようになったんだ！ 自分の力でなったんだ！

そんな風に自分のことを心から誇らしく思えるだろう。

そしてもし…。

ぼくはぶるっと体を震わせた。

もしそれが自転車ではなく「10の星」だったなら？ 自分の中に眠る、まだ知らない10人のスペシャリストだったなら…。

いったいぼくの人生は、どうなっていくのだろう。

ぼくを取り巻く灰色の世界は、どんな色彩を持つんだろうか。

---

6. ぼくのチャートを読んでみる

小さいくまは笑を浮かべた。

「ふむ。どうやらやる気を取り戻したようだね。

今、分かってる範囲で君のネータルチャートを読んでみるかい？」

「えっ、読んで読んで！」

思わずそう声をあげる。

「いやいや、ぼくじゃなくて君が読むのさ」

「へ？」

「ネータルチャートの骨組みは教えたよ。もう大枠は分かってるはずだ」

「そんなむちゃぶりな…」

半分、呆れて言葉を返す。

「まあ、とりあえず君のネータルチャートを見てみよう！

分かりやすくするために、まずは10の天体と12のサインだけ！」

1

2

3

4

5

6

7

1 占星術あらまし　チャートを読む

ネータルチャートを読んでみよう。

ネータルチャートを読む時の基準は天体です。
まず 10 の天体がどのサインに在るかを、チェックするところから始めましょう。

例えば、しょう太のチャートでは、月と天王星がうお座にあります。しょう太のキャラクターは、特にうお座の質が強いことが分かります。

10 の天体がそれぞれ、どのサインに入っているかで、あなたの持つキャラクター、その強弱が決まるのです。

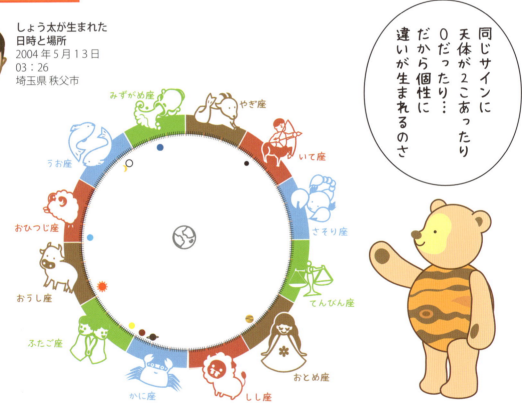

しょう太が生まれた日時と場所
2004年5月13日
03：26
埼玉県 秩父市

同じサインに天体が2こあったり0だったり…だから個性に違いが生まれるのさ

天体	それぞれの専門性
月	心と体
水星	知性
金星	トキメキ
太陽	自己表現
火星	パワー
木星	ゆる〜い社会性
土星	キビシイ社会性
天王星（てんのうせい）	革新
海王星（かいおうせい）	インスピレーション
冥王星（めいおうせい）	起死回生（きしかいせい）

12サイン	それぞれの質
おひつじ座	ぴんっときてパッ！突発的！
おうし座	ゆっくりじっくり感じながら作るんだ
ふたご座	「ねえ、どちてどちて？」好奇心いっぱい！
かに座	「よしよし、いいこね」お母さん気質♥
しし座	そう、わたしは主役！！だって主役だからっ！
おとめ座	キチッぴしっ　ちゃんとこなせてるか、ああ心配…
てんびん座	オシャレ好き！人付き合いはとっても軽やか♥
さそり座	ハマったが最後、やりぬく、そして愛し抜く…
いて座	あの星を手に入れるっ！話も夢もでっかく！
やぎ座	さあ、どーやって結果出していきましょうかね
みずがめ座	常識？壊すためにあるんでしょ？
うお座	君が悲しいとぼくも悲しい… あれ…そもそもどっちの感情だっけ…

　ぼくはしばらくネータルチャートをにらんでいたが、おもむろに口を開いた。

「素朴（そぼく）な疑問なんだけど、天体は実際に空にある10個の星じゃん。じゃあ12サインは？　大熊座やカシオペア座とかと同じで、空にある実際の星座なの？」

「いい質問だ！」

　モックまは嬉しそうに声をあげた。

「ぼくとしたことが大切なポイントを忘れていた！」

　そう言ってスクリーンボードのページをめくる。

1 占星術あらまし　黄道12宮

ネータルチャートと実際の空を比べてみると…。

.... は太陽の通り道で、 黄道 と言います。

太陽はわたしたちから見ると、地球の周りを1年かけて一周しているように見えます。※ この時、太陽の通り道に並ぶ牡羊座から魚座までの12の星座が12サインの基になっているのです。

このことから12サインのことを 黄道12宮（おうどうきゅう） と言います。

さて、こちらはしょう太の生まれた2004年5月13日3：26の実際の空です。この時、太陽はお羊座の位置にあります。

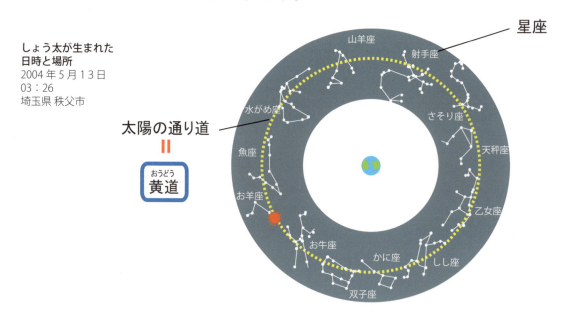

しょう太が生まれた日時と場所
2004年5月13日
03：26
埼玉県 秩父市

一方、同じ日時の空の図を、占星術のネータルチャートで表わしてみると…。

※　雑誌やテレビの星占いで「わたしは〇〇座だ」と、認識している人も多いでしょう。
これは、太陽とそのサインだけを取り出して見る方法で、いわば西洋占星術の簡易（かんい）版です。
太陽はちょうど1年かけて12サインを一回りします。
だから「〇月〇日生まれは何座」と定めやすく、面倒な計算がいりません。それゆえ、ある時期に雑誌などで取り上げられ広まりました。本来あなたには、太陽のほかにも天体が九つあり、それらを総合して読むことで、個性・魅力をより深く知ることができるのです。

実際の空と同じ 12 の星座が順番に並んでいますが、その大きさ、幅は同じではありません。

占星術では、春分点(しゅんぶんてん)（春分の日の太陽の位置）を、おひつじ座の 0°と決めて、そこから黄道 360°を 30°ずつ 12 等分しています。

それが、■ ■ ■ ■ で色分けした部分です。

そのため、実際の空とチャート上では、天体のある位置が違ってきます。
実際の空では、太陽はお羊座にありましたが、チャートではおうし座にあります。
混乱しないようにしましょう。

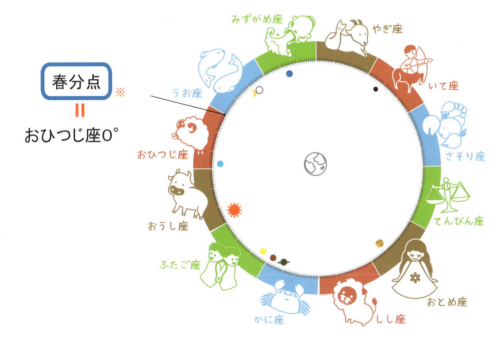

そしてもう一つ、西洋占星術には大切なルールがあります。

※ 春分点とは、黄道と赤道が交わる二つの点のうち太陽が南から北へ上がっていく方の点のこと。地球が太陽に対し約 23.5 度、傾いていることでこの交点が生まれます。
後で記す秋分（しゅうぶん）点はこの逆側の交点のこと。夏至（げし）点・冬至（とうじ）点は太陽が赤道面から最も遠くなる点のことです。

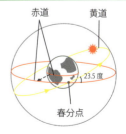

27

1 占星術あらまし | 占星術の視点

西洋占星術は「人の目から見えている宇宙」が基準。

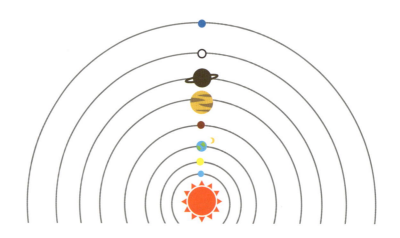

実際の宇宙は…
太陽の周りを、地球を含む8の惑星がまわり、月は地球の周りをまわっています。

西洋占星術では…
わたしたちがいる地球の周りを、月、太陽を含む10の天体がまわっています。

「ふーん。実際の宇宙じゃなくて、ぼくらから見た星空が元になってるんだ」

「そうさ。**占星術は『実際の宇宙』と『人の意識』のコラボレーション**だからね」

「まあいいや！ねえくま、これどうやって読むの？」

「すぐ人に頼ろうとする。そうだな。君はもうすぐ14才だったね？」

「うん」

「だったら手始めに月、水星、金星を読んでごらん。このスペシャリスト達は、いったいどのサインに入ってる？」

ぼくは自分のネータルチャートに目をやった。

月（心と体専門）—　うお座

水星（知性専門）—　おひつじ座

金星（トキメキ専門）—　ふたご座

まずは月から。うお座の質は…

——君が悲しいとぼくも悲しい…あれ…そもそもどっちの感情だっけ…

う〜ん。よく分からない。月は「心」専門だから、たぶんこんな風に感じやすいってことだろうけど…。

ぼく別に人が悲しんでるからって、自分まで悲しくなったりしないし。

月って「体」のスペシャリストでもあるんだよな？てことは、相手の体調の良し悪しが、自分にも移っちゃうって感じかな。これも理解不能だなあ。相手の体調なんて別に気にしないし。正直、自分には関係ないじゃん、て感じだもんな。

まあいいや、次。

水星は「知性」か。

勉強したり、本とか読んだりするチカラだよな。正直、自分に知性があるのかビミョー…。勉強とか嫌いだし。集中力続かないし。キャラはおひつじ座か…。

——ぴんっときてパッ！突発的！

そう言われましても…。

とその瞬間、（そういやぼくって『理由は分からないけどこう！』って、一瞬で分かったりするんだよな…）とよぎる。

あ、そうか。「ぴんっときてパッ」って、つまりカンがいいってことだ。カンはいいと思う！数学苦手だし公式分かんないはずなのに、なぜか答えがピンときたり。そういうことたまにある。

ひょっとしてぼくの知性ってこれかな？

「その通り！」

モッくまが言った。

「わっ、びっくりした！突然大きな声出すなよ！」

「そんなに大声は出しちゃいないさ。君が集中していただけ。**周りが見えなくなるくらいに一瞬で集中する。これもおひつじ座の特徴さ**」

「へえ、そうなの？」

「そのおひつじ座に水星があるんだ。カンは鋭い。

自分が興味を持ったことなら、時に理屈ぬきで理解する。そんな知性が君の中に眠っているってことだよ」

「へーーーっ！」

ぼくはちょっと嬉しくなって大きな声をあげた。

「すごいじゃん！ねえ、じゃあこれは？　金星のトキ

メキ！」

　尋ねながら、すでに頭の中はフル回転だ。

　トキメキってつまり恋愛だろ？　恋愛専門って言われても、ぜんぜんピンとこないな〜。そんなスペシャリスト、本当にぼくの中にいるのかよ…。

　女子と話すの苦手だし。「今 ,、話しかけていいかな？」とか「ウザくないかな？」とか、いっぱい考えちゃって全然ムリ。でも金星のキャラはふたご座で…。

　──『ねえ、どちてどちて？』好奇心いっぱい！

　わかんね〜。その要素、マジでないんですけど…。

　とそのとき、ふっと木野さんの姿が思い浮かんだ。

　いつも目をキラキラさせ、誰にでも気さくに話しかける彼女。おしゃべりで好奇心旺盛で…。

（て言うか、金星ってまるで木野さんじゃん）

　そう思った瞬間、「いい線いってるっ！」とモックまが言った。

「…そうなの？」

「そうさ。そもそも**金星ってのはね。君の中の女性的一面を表してる**。人は、男は男、女は女、そうパッキリ分かれてるわけじゃない。たいてい体は分かれているが…。でも心はもう少し複雑だ。

　男性の中にも女性的一面があり、女性の中にも男性的一面がある」

　言われてぼくはクラスの女子たちを思い浮かべた。

　やたら活動的で、仕切りたがりで、リーダーみたいな女子いるもんな。男は男で女子力高いヤツもいるし。

「ほら、女の人って男より恋愛上手が多いだろ？

　男がモテようと思ったら、自分の中の女性的一面を

　頑張って発揮することなのさ」

「えー！　でもナヨナヨしてるヤツ、モテないじゃん！」

「『ナヨナヨ』イコール女性的一面と言うのは偏見さ。**女性的な力ってのは言葉よりも雰囲気を大切に、周囲の人の思いをくみ取る力。その場に調和をもたらす力**」

　そう言われて、木野さんにいつもちょっかいかけてる高木の顔がちらついた。

　いわゆるフェミニン男子って言うんかな。雰囲気持っててさ。さりげなく話しかけて、しつこくないし、まあ、顔カッコいいってのもあるけど、木野さんに限らず女子にモテんだよな…。

「ずいぶん不貞腐れた顔をしているね。どうせぼくは顔もそこそこだし、背だって低いし、運動苦手だし、なぜか金星発揮されてねーし、どうせモテないし、誰もぼくに興味ないし、片思いだし、一生どうせ非モテだし…。なんて考えてるの？」

「…優しさ０かよ」

　小さなくまは、おかまいなしで言葉をつづけた。

「そしてね。**金星の特徴として、もう一つ。そのキャラが、まんま好みの女性になることが多いのさ**」

（恥ずかしいじゃないか…）と心の中でつぶやいて、頬を染めうつむくぼく。

　けどたしかに。まさしく木野さんって、

　──『ねえ、どちてどちて？』好奇心いっぱい！

て感じで、めちゃくちゃ可愛いもんな〜。

「て、なあ、モックま！　まんま好みの金星ちゃんが現れたのはいいけどさ。金星ってそもそも恋愛のスペシャリストでもあるんだろ？　その力を活かせてない

ならヘビの生殺しじゃん！

　どうやったら上手くいくのか教えろよっ！」

「それを自分で考えて使うから面白いんじゃないか」

「はあ？！」

　声をあげる。モックまは相変わらずすまし顔だ。

「何度も言ってるだろ？

　天体とサイン、そのかけ合わせで個性を知る。知った個性を現場で試す。そのくり返しの中で、自分の星の使い方を学習するのさ」

　ふくれっ面で言い返すぼく。

「だったら…、そうだ！ ハウスを教えて！ ハウスって場所だろ？ それぞれの天体を、どこでより発揮しやすいかが分かるんだろ？！」

「あれ？ 言ってなかったっけ？」

「なにをさ」

7．まずはハウスにこだわるな！

「ハウスは確かに『10の天体が発揮されやすい場所』を示してる。でも例えば、もし君の金星が10ハウスにあったらどうするつもりさ」

「え…」

――10ハウス：社会の頂点

「君が『社会の頂点』に達するのって一体いつだい？ 三か月後？ 半年後？ いや、たぶん結構なオッチャンになってからだよね」

「…うん」

「それまで君はトキメキのスペシャリスト、金星を一

切使わないつもりかい？」

「い、や…。でも10ハウスにあるんなら『社会の頂点』にたどり着くまでは発揮できないってことなんだろ？」

「できないとは言ってない。発揮しやすい場所が10ハウス、と言ってるだけさ」

「と、言うことは？」

　ぼくの肩をぽんっと叩くモックま。

「せいいっぱい、今いる場所で咲きなさい」

「なんの格言だよっ」

「**つまりさ。君はまだ子どもで、場所を自由に選べる立場じゃない。だったら目の前の場所でせいいっぱい星を使うしかないじゃないか。**

　だいたい考えてごらん。今みたいに女の子の気持ちばっかり気にしちゃって、ちっとも話しかけられない、自信がない。そんな状態で大人になってですよ？

『社会の頂点』50代半ばに達して、突然モテだすオッチャンがいると思うかい？」

「い、いいえ…」

「君の金星が10ハウスにあると仮定して、それまでの40年。金星を30％しか使わなければ、せいぜい線香花火程度。50％使っていたなら火薬花火。

　もし90％使いこなしててごらんなさいな。大輪の大花火が打ちあがるってぇワケよ！」

「急にイナセになったね…」

　言いながら、ぼくは遠い未来、オッチャンになった自分の姿を想像しゾッとした。

　アレコレ考えてちっとも女子としゃべれない。好きな女の子の目も見れない。そんなオッチャンにはなりたくないぞ！

「やりますっ！ 金星使わせていただきますっ！」

「その意気だ！ よし、そんな君に一つだけヒント！

彼女はふたご座のような魅力があるんだろう？

『ねえ、どちてどちて？　好奇心いっぱい！』そんなおしゃべり好きの子なんだろう？」

「うん」

「そういう彼女は、どんな相手を好むと思うかい？」

「んー、同じようにしゃべりが楽しいヤツかな？」

「ふむ。会話のスピードは、どうだろう？」

「速いよね。ぼく、どっちかと言えばスローペースだから。あれこれ悩んで黙ってるうちに話題変わっちゃって、話しかけられないってこと結構ある。て言うか、そんなんばっか」

「スピード、と言えば、思い出すことはないかい？」

　言われてぼくはハッとした。

「あ、ぼくの水星！」

「そうだ。君の水星はおひつじ座にある。おひつじ座のキャラクターは？」

「ぴんっときてパッ！　突発的！」

「そう言うこと！」

「おっしゃー！」

*

　ぼくがやる気の炎を燃やしているとモックまが小首を傾（かし）げた。

「どうしたの？」と尋ねるぼく。

「あのさ」

「なに？」

「君の月は？」

「へ？」

「だから、心と体専門の月はどうしちゃったの？」

　言われて、ああ、と軽くうなずく。

「月ね。ぶっちゃけこれだけ全然わかんなかったよ。

　うお座のキャラは『君が悲しいとぼくも悲しい。あれ…そもそもどっちの感情だっけ…』。

　だけどぼく、人のことなんてどうでもいいしさ。誰かの気持ちに感情移入とかないし。

　なんて言うか、よく言えばクール？　悪く言えば冷たいって言うのかな、…て、どしたの？　モックま」

　モックまは両目を見開き、こっちをガン見している。

「気づいてないの？」

「なにが？」

　小さいくまは、さらに大きく目を見開くと、「君の月の現状がどんなか、ほんっとに気づいてないんですかいっ？！」そう叫んだ。

「騒がしいヤツだなあ。なんだよ現状って。ヒトを緊急（きんきゅう）事態みたいに」

「あちゃーーーっ。

　先生が君をぼくに任せるわけだ。いやはや、こいつは時間がかかるぞ。半月やそこらで教えられるかな…」

　くまのヤツときたら聞こえよがしに、そんなことをつぶやいてみせる。

　ぼくはだんだん心配になって、「あの、ぼくそんなやばいの？　心、緊急事態なの？」と、ヤツの顔をのぞきこんだ。

　顔をあげるくまの目が、生温かく優しげだ。

「だから、その目やめろって」

　言いながら、その言葉に力はない。くまはやれやれと小さくため息をつき、こう言った。

「君のやる気を優先し、ネータルチャートをむりくり読んだのがまずかったかな。基本はやっぱり大事だね。

　さあもう少し、12サインを掘り下げてみようじゃないか」

8. 12サインのキャラクターをもっと詳しく

「『12サインは12種類のキャラクターを示してる』そう言ったね」

「うん。それと天体を組み合わせて、個性ができあがるんだろ？」

「その通り。じゃあ次は、12種類のキャラがどんな風に作られているのか、もう少し詳しく説明しよう」

2 サイン ┊ キャラクター　その成り立ち

12サインは「太陽の動き」を基に作られている。

			基　本　の　型												
太陽の動き		12サイン	♈	♉	♊	♋	♌	♍	♎	♏	♐	♑	♒	♓
	数	順番	1	2	3	4	5	6	7	8	9	10	11	12
	空間 (太陽の通り道)	黄道	0° 30° 60° 90° 120° 150° 180° 210° 240° 270° 300° 330° 360°　　春分点　　夏至点(げし)　　秋分点(しゅうぶん)　　冬至点(とうじ)											
	時	季節	3/21~ 4/20~ 5/21~ 6/22~ 7/23~ 8/23~ 9/23~ 10/24~ 11/22~ 12/22~ 1/20~ 2/19~ (頃)　　春　　夏　　秋　　冬											

太陽はおひつじ座から順に巡(めぐ)り、1年かけて、うお座まで到達すると言いました。
おひつじ座を「1」、次のおうし座を「2」と順番に数字をふっていくと、奇数(きすう)のサインと偶数(ぐうすう)のサインに分かれます。

占星術は、この奇数・偶数に意味をもたせました。

また、太陽がおひつじ座に入る日は、春分の3月21日あたり。
これは春の始まりの時期です。そしておうし座に太陽が移る4月20日あたりは、春の中頃。そのまま太陽は5月21日頃ふたご座へと移行し、この時期はもう次の季節、夏の準備が始まります。

こうした季節の「始まり」「中頃」「変わり目」にも、特別な意味があるのです。
次はそちらを見ていきましょう。

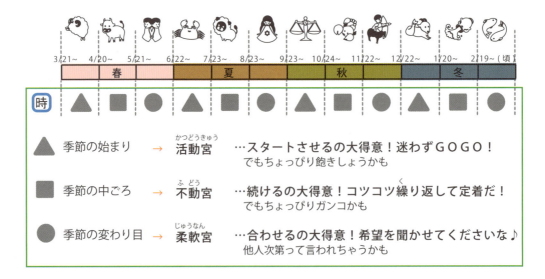

さらにこちらは、12のサインを四つの要素にタイプ分けをしたもの。
火は「精神性」、地は「肉体」、風は「思考」、水は「感情」を表すとし、おひつじ座から順番に、火・地・風・水を、くり返し当てはめたものです。

※1・2 ギリシャの哲学者ピタゴラス（紀元前582年-496年）は、数（すう）を数を数えるための道具ではなく、その一つひとつに意味が宿っていると考えました。
ピタゴラスは奇数を男性数、偶数を女性数ととらえます。
火・地・風・水の四つの要素も、ギリシャの哲学者が定めた「ものの見方」の一つ。西洋占星術は、こうした古代の哲学者たちの考え方をベースにしているのです。

この三つの視点を組み合わせ、生まれたのが12サインのキャラクターです。

- ぴんっときてパッ！突発的！
- ゆっくりじっくり感じながら作るんだ
- 「ねえ、どちてどちて？」好奇心いっぱい！
- 「よしよし、いいこね」お母さん気質♥
- そう、わたしは主役！！だって主役だからっ！
- キチッぴしっちゃんとこなせてるか、ああ心配…
- オシャレ好き！人付き合いはとっても軽やか♥
- ハマったが最後、やりぬく、そして愛し抜く…
- あの星を手に入れるっ！話も夢もでっかく！
- さあ、どーやって結果出していきましょうかね
- 常識？壊すためにあるんでしょ？
- 君が悲しいとぼくも悲しい…あれ…そもそもどっちの感情だっけ…

これを一目で分かるようにしたのがこちら！

「なるほど。じゃあ例えば、**おひつじ座は**の組み合わせだから…そのキャラを一言で言うと

(1) 奇 数 ― 積極的！ 発散！ 外側が大事！

(2) 活動宮 ― スタートダッシュ大得意！
　　　　　　でもちょっぴり飽きしょうかも。

(3) 火 ― 独立独歩！ 志高く上を向く！
　　　　理想論だって？ オレが決めたこと
　　　　ゴチャゴチャ言うねいっ

――ぴんときてパッ！ 突発的！

になるってワケね」

　モッくまは、うなずいて「まとめはこちら！」スクリーンボードを開いて見せた。

2 サイン　まとめ-1

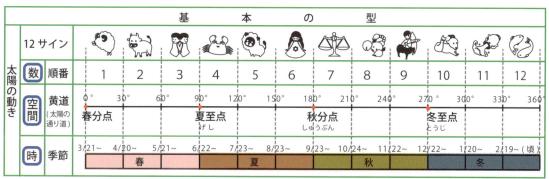

「太陽の動き」を基本に、12サイン（人の質）が作られている。

「さてここで君のネータルチャートをもう一度見て…」と、言いかけるヤツの言葉をぼくはさえぎった。
「ちょっと待って。この最後のハテナってなに？」
「へ？」
モッくまが、すっとぼけた表情で顔を上げる。
「だからさ。『太陽の動き』が基本型で、それを元に『人の質』ができたんだろ？

で、もう一つ『宇宙が示す○○ストーリー』ってもったいぶってるけど、これなんだよ」
表組の最後の枠を指さすぼく。
モッくまはニヤリと笑った。
「ああ、これね。これは後からのお楽しみ！
さあ習ったことを基に、もう一度君のネータルチャートを見てみようじゃないか！」

しょう太が生まれた日時と場所
2004年5月13日
03：26
埼玉県 秩父市

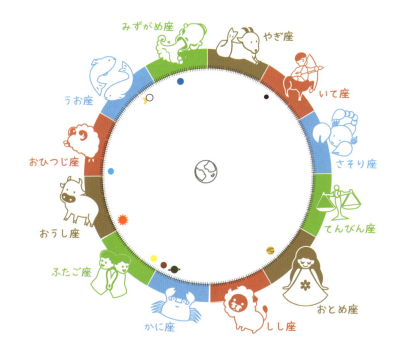

天体	それぞれの専門性
🌙 月	心と体
🔵 水星	知性
🟡 金星	トキメキ
☀️ 太陽	自己表現
🔴 火星	パワー
🟤 木星	ゆる〜い社会性
🪐 土星	キビシイ社会性
⚪ 天王星	革新
🔵 海王星	インスピレーション
⚫ 冥王星	起死 回生

12 サイン		それぞれの質
	おひつじ座	ぴんっときてパッ！突発的！
	おうし座	ゆっくりじっくり感じながら作るんだ
	ふたご座	「ねえ、どちてどちて？」好奇心いっぱい！
	かに座	「よしよし、いいこね」お母さん気質♥
	しし座	そう、わたしは主役！！だって主役だからっ！
	おとめ座	キチッぴしっ　ちゃんとこなせてるか、ああ心配…
	てんびん座	オシャレ好き！人付き合いはとっても軽やか♥
	さそり座	ハマったが最後、やりぬく、そして愛し抜く…
	いて座	あの星を手に入れるっ！話も夢もでっかく！
	やぎ座	さあ、どーやって結果出していきましょうかね
	みずがめ座	常識？壊すためにあるんでしょ？
	うお座	君が悲しいとぼくも悲しい… あれ…そもそもどっちの感情だっけ…

「天体がどのサインに入ってるかをもう一度チェック
してごらん。今度は 10 個全部。

その上で、まずは奇数と偶数を数えてみよう」
言われるままにノートに書き出してみる。

月― 　うお座　　　　女
水星― 　おひつじ座　　男
金星― 　ふたご座　　　男
太陽― 　おうし座　　　女
火星― 　かに座　　　　女
木星― 　おとめ座　　　女
土星― 　かに座　　　　女
天王星― 　うお座　　　女

海王星― 　みずがめ座　男
冥王星― 　いて座　　　男

　女― 6　　男― 4

「女 6、男 4。

ちぇっ。どうせなら男多めがよかったな」
「ふむ。と言うことは君の性質は受け身かい？ 積極
的かい？」
「まあ、受け身だね。実際、積極的とか能動的とか言
われたためしがない」
「じゃあ次は季節のエネルギーを見てみようか」

月―　うお座　　　　柔軟宮

水星―　おひつじ座　活動宮

金星―　ふたご座　　柔軟宮

太陽―　おうし座　　不動宮

火星―　かに座　　　活動宮

木星―　おとめ座　　柔軟宮

土星―　かに座　　　活動宮

天王星―　うお座　　柔軟宮

海王星―　みずがめ座　不動宮

冥王星―　いて座　　柔軟宮

活動宮―3　不動宮―2　柔軟宮―5

「ははっ、ぼく柔軟性ばつぐんじゃん！たしかにね。

友達といても、たいていその場に合わせるもんな。

合わせすぎて『しょう太はどうしたいの？』ってよく

聞かれるし。で、実際、自分でもよくわかってないし」

「君は人からの頼まれごとや状況の変化に対応する力

があるってことさ。

見ると、活動宮にも、不動宮にも、二つ以上、天体

が入っている。その力も、これから天体を使うことで

育っていくだろうね」

「うーん。ぼく的には何かをずっと続けるのが苦手か

も。小学生のときもサッカー部、途中でやめちゃった

し。塾もいやいや行ってたし」

「そうだね。それについては後で触れていこう。

まずは自分の得意は『柔軟に対応する力』ってこと

を覚えておいて」

「分かった」

そう答えて、ぼくはじわじわ喜びが湧いてくるのを

感じていた。

友達や姉ちゃんから、「おまえは結局どうしたい

の？」と訊かれるたび、いつも不安が首をもたげた。

どこかでぼくの振る舞いを、ダメ出しされてるよう

な気がして…。

でもそうではなくて、ぼくはみんなに合わせる力が

あって、柔軟性っていう個性を持っていたんだ。それっ

て何だかすごく嬉しいじゃないか。

喜びを噛みしめながら、ふと（ぼく、今まで気づい

てなかったな）そう思った。

（みんなに言われるたび、不安になってることにすら

気づいてなかった）

なんだろう。ちっぽけな気づきなのに、とっても大事

なことのように思えて、ぼくはそのまま自分の内側を感

じようとした。

心の奥の深いところに、大切なひらめきがあるよう

な気がした。

そのとき唐突にガチャッと部屋の扉が開いた。飛び

上がるほどびっくりして、モックまを背中で隠すよう

に振り返る。そこには姉ちゃんが、いぶかしそうな顔

つきで立っていた。

「あんたまだパジャマなの？　もう8時だよ？」

「ええっ！」

目を見開くぼく。

「またボーッとしてたんでしょ。お母さん今日、早番

だから。ご飯作ってもう出てったよ。わたしも朝か

ら授業なの。二度寝なんてしないでよ」

そう言って姉ちゃんは勢いよくドアを閉めた。

気づけばカーテンの隙間から、わずかに朝日が漏れ

ている。星のレッスンに夢中で夜が明けていることに気

づかなかった。

「大変だっ！遅刻しちゃうよっ！」

パジャマを勢いよく脱ぎ捨てる。

　するとモッくまが「まった、しょう太！　最後にもう一つだけ！」と声をあげた。

「なんだよ、モッくま。　もう時間がないよ！」

「大切なとこなんだ。君の12サインが、火・地・風・水どこに入っているか、数えるだけ数えていって！」

「えー！　もう仕方ないな…」

　急いでまた自分のネータルチャートに目を走らせる。

月―　　うお座　　　　水

水星―　おひつじ座　　火

金星―　ふたご座　　　風

太陽―　おうし座　　　地

火星―　かに座　　　　水

木星―　おとめ座　　　地

土星―　かに座　　　　水

天王星―うお座　　　　水

海王星―みずがめ座　　風

冥王星―いて座　　　　火

火―2　地―2　風―2　水―4

「…水が四つ。後はぜんぶ二つずつだね」

　言いながら、着替える手を止めた。

水（感情）：ハートで繋がりピタッとシンクロ。
　　　　　　愛してるからこそクヨクヨ。
　　　　　　重たいなんて言わないで♡

「…ぼく、これぜんぜんピンとこない」

「そのようだね」

　モッくまはうなずいて、「ぼくが言いたいのはだ。精神的なもの、五感、考えること、感情。この四つの中で、君の最も豊かな質は『感情』ということさ」そう言った。

　眉をしかめ、「別に『ハートでつながろ♡』とか思ってませんけど？」とぼく。

「そう？」と、小さくあくびをするモッくま。

　その態度にいっそう反発心が湧いて、「『愛してるからクヨクヨ…』とかないですけど？」と言葉を返す。

　モッくまときたら、もう耳を貸す様子もない。短い指で鼻の穴をほじっている。

　ぼくはだんだんムキになって、「『重たいなんて言わないで♡』とかマジでないし！

　オレ別に重たくないし！　なんだったら人にもぜんぜん興味ないしっ！」そう声をあげた。

「ふーん、ねえ、もう8時10分だよ？　学校大丈夫？」

　言われなくても分かってたけど、この結果はどうにも納得がいかない。

　食い下がりたいのを抑え、「分かった！　続きは帰ってから！　じゃあ行ってくる！」そう言って部屋を飛び出しパンを片手に玄関を出た。

　庭に周り、大急ぎでチョビの皿に餌を入れる。

　すると背後で部屋の窓が開く音。

「習ったことを現場で使う！　どうかそれを忘れないで！」

　ぼくはもうそれどころじゃなくて、チョビの頭を一なでしてやると黙って走り出した。

　もう既に人生が少しずつ動き出していることに、これっぽっちも気づかないまま。

さっそく君のネータル
チャートを見てみよう！

1. URLを入れてクリック！

http://moccuma.net/

※「モッくまくんの星のダイアリー 」（ https://twitter.com/moccuma ）
のトップ画面からも入ることができます。

2. メニューから「ホロスコープ」を選択！

ホロスコープ
※

3. 必要な情報を入れて… をクリック！

　1. 君は男タイプ？女タイプ？
　2. どの時期のエネルギー？
　3. 火・地・風・水どのタイプ？
　4. 君の月、水星、金星はどんなキャラ？

4. ご注意！

サイトでチャートだけを確認すると、天体が隣の
サインに入っているように見えることがあります。
必ずチャートの下の表でサインを確かめてね！

月はてんびん座？
おとめ座？

なになに？
これだけじゃ
物足りないって？
ふふっ。
その意気さ！

※ ネータルチャート、トランジットチャートなど
星の配置を示した図の総称（そうしょう）を
「ホロスコープ」と言います。

第2章

実践と天体

9. ぼくが初めて自分から、水星を使った日

その日は本当にさんざんだった。

ぼくときたら一時間目の授業に大幅に遅刻。おまけに慌てて出てきたものだから、髪もボサボサ、持ってきた教科書とノートだってちぐはぐだ。

いちいち先生に叱られるぼくを、クラスの女子たちが呆れて見ている。

木野さんだって例外じゃない。まるで面白いものでも見るみたいに、微笑んでぼくの醜態を眺めてる。

あ～あ。だからこの世界なんてつまらない。

モックまが来たからって、星の使い方を習ったからって、別にどうなるワケでもないじゃないか。

そうつぶやいて気がついた。

（ぼくってば、どっかでヤツに期待してたんだな…）

──世界はいつだって灰色で、すべてにうんざり。

そんな毎日が少しでも変わるって、本気で思っていたんだろうか。

「だとしたらバカみたいだ」

そう声に出しながら、わざと嫌味な感じに笑ってみせる。

教室は昨日と変わらない。

男子はみんなゲームの話に夢中。最近、女子たちの間では、誰かが日曜のバザーに忘れていったオセロゲームが、ちょっとしたブームだ。

木野さんときたら、休み時間はたいていオセロ盤を挟んで筒井とにらめっこ。話しかけるチャンスなんてちっともない。

筒井は数学が得意な女子で、オセロがめっぽう強いらしい。女の子たちの間ではアイツに勝てる子が、まだいないみたいだった。

盤を真剣に見つめる木野さんの横顔が、ぼくは結構好きだった。

屈託のないおしゃべりな彼女も可愛いけれど、静かで落ち着いた表情も、何というか、大人びてて綺麗なんだ。

その姿を横目で見ていると、いつも湧いてくる妄想があるんだな。

木野さんと向き合って余裕な顔つきでオセロをやってる自分の姿。

バカみたいだろ？ でも湧いてきちゃうんだから仕方ないじゃないか。もちろんちゃんと理由はあってさ。実はぼく、こう見えてオセロが得意なんだ。

五つも年上の姉ちゃんに小４の時に初めて勝って、それからしばらくハマってさ。母さんが喜んで、この子はやればできる子なんだって。それがきっかけで私立の中学を目指すハメになったんだけど…。

学校の勉強は結局、伸び悩んでダメだったけど、オセロはそれからずーっと得意で。

なんて言うか、ここぞって時に一番いい手が浮かぶんだ。

単なる遊びの範囲だよ？ 別にオセロをやってさえいれば幸せとか、すんごい情熱があるとか、そんなんじゃない。

でも強いんだ。これは本当。だからさ。木野さんがぼくと対戦して、ちょっといいとこ見せたなら、もしかしたらぼくのこと…。

首を振った。

どうせこんなこと考えてたって、声をかけられた試

しは一度もないんだ。そのうちオセロの流行も下火になって、妄想は妄想止まり。かわり映えのしない日々が続くだけ。

ぼくはため息をつき立ち上がった。

ちょうどそのとき筒井が、「わたしトイレに行ってくるね」そう言って席を離れた。

木野さんは盤を見つめたまま、こっくりとうなずく。どうやらまた、手こずっているみたいだ。

ぼくは好奇心から、通り過ぎざまにオセロ盤をのぞいて見た。

（あ…）

一目見ていい手が浮かぶなんてこと、いくらぼくでも滅多にあるわけじゃない。

でもさ。その時は浮かんだんだ。もしかしたら一度姉ちゃんとの対決で、似たような局面があったのかもしれない。

とにかくその時、（木野さん、ここでこう打てば勝てるのに！）そんなひらめきがスパーンと脳天を直撃した。

だからって、いきなり話しかけられるワケないじゃないか。

いつだってそう。きっと自分の力で勝ちたいだろうし、集中してるとこ邪魔されたくないだろうし。何よりぼくに話しかけられて、うざったく思うかもしれない。

そんな思いが次々よぎってフリーズする。

そうこうするうち、あっという間に時間は過ぎて、筒井のヤツ戻ってきてしまうんだ。

そうやって、ぼくはいったい何十回チャンスを逃してきたんだろう！

──君の水星を使ってごらん！

突然、モッくまの声が聞こえた。

ぼくの水星。ぼくの知性。まだちっとも取り扱いの分かっていないぼくの水星は…そう、おひつじ座にあったんだ。おひつじ座のキャラは…

──ぴんっときてパッ！突発的！

「ここをこうしたらいんだよ。そしたら筒井がここに打つ。そしたらこうする」

ぼくはすっとオセロのコマを３枚、動かして見せた。

えっ？ と驚いた表情で顔を上げる木野さん。

「あ、ごめん。自分でやりたいよね。なんかいつも苦戦してるからさ。筒井との勝負」

ぼくは思いっきり平静を装って、そう言ってみせた。

残念ながら、モテ男子高木みたいに目を見て優しく笑うとか、そんな芸当はできなかったけど。

伏し目がちにギクシャクそう伝えたぼくは、動かしたオセロを元の位置に戻した。

筒井が戻ってくる。

黙ってその場を離れるぼく。背中にじんわり木野さんの視線。

ああ、この視線はどんな視線？ 驚き？ びっくり？ メーワク？ ウザい？ わーわーっ！やらなきゃよかった！やらなきゃよかった！

心臓がバクバクして口から飛び出しそうだ。

ぼくの混乱をよそに、二人は勝負を再開。

そしてついに５限目の休み時間。どうやら木野さんは初めて、筒井に勝ったようだった。

女子たちの盛り上がりとは対照的に、木野さんは

はしゃいじゃいない。

ああ、やっぱりぼくに教えられて勝ったって嬉しくないんだ…。

どっと気持ちが沈んでいく。賑わっている女子たちの方を振り返ることもできずに、授業の終わりの鐘が鳴るとすぐ、ぼくは教室を飛び出した。

＊

（なんだよ、モックま！ 水星使えだなんで、あんなところでしゃしゃり出てきて！ おかげで木野さんと超々気まずくなっちゃったじゃないか！）

とそのとき、「ねえ！」と、背後から透き通る声。

立ち止まるぼく。

「岡田くん、帰るの速い！ せっかくみんなに種明かししようと思ったのに！」

なんと、木野さんがぼくの後を追っかけてくるじゃないか！

茫然と立ち尽くすぼく。木野さんは目の前まで走って来て、ニコッと優しく微笑んだ。

「まあいいや。ネタばらしは明日にしよう」

そう言って、ゆっくり歩き始める。

これは、この感じは、まさか二人で一緒に帰るっていう…あれ？

ぼくはもう、ぜんっぜん余裕がない。話しかけることも笑うこともできない。木野さんがしゃべるのを、ただただ聞くだけ。

「岡田くん、すごいじゃん。オセロ強いんだね」

言われてぼくは、ゆっくりと口を開く。

「そうでもないよ。なんとなく、あの時は手が分かったんだ」

「一瞬で良い手が分かるなんて、すごいよ！ あれがきっかけでわたし、一気に逆転して勝てたんだもん」

「うん…」

ぼくときたら！ 気の利いた会話の一つもできないのか？ 木野さんが喜びそうな面白い話。オセロに勝つコツとかさ。オセロの素敵な情報とかさ。オセロのオセロの、そう何度も反すうするも、頭の中は真っ白。

ああ、もう！ ぼくの受け身の質がもどかしい！

「あのさ」

木野さんが言った。

「岡田くんて、なんか不思議だよね」

「…え」

「気、悪くしないでね。

えっと、正直そんなに勉強できるとか、そんなわけでもないじゃない」

「ん、まあ」

コンプレックスがチクッと痛み、目をそらす。

「でもたまに、人が気づかないことに気づいてること、あるじゃない」

「え？」

驚いて思わず足を止めた。

「気づかないことって…例えば？」

「んーオセロのこともそうだけど、あのさ、たとえば体育祭の時とか」

きょとんとするぼく。

体育祭と言われても、まったく思い当たることがない。木野さんが気に留めそうなこと、ぼくなんかやったかな？

「リコが体調悪いの、岡田くんだけ気づいてたじゃない」

なーんだ、と心の中でつぶやきながら、ぼくは小さく笑った。

「あんなの、みんな気づいてただろ？　誰も言わなかっただけで」

「そんなことないよ！」

ぐっとこちらに前のめりになる彼女に、内心ドギマギしながら、「…そうなの？」と聞き返す。

リコは木野さんの幼馴染で、足の速い鹿みたいな女の子だ。体育祭のリレーの選手だったんだけど、朝からあんまり気分が悪そうだったのが気になって、先生にぼくが伝えた。

結局それがきっかけで、彼女は保健室で休むことになったんだ。

後で分かったことだけど、リコはそのとき胃潰瘍で、もしも走っていたら、ひどく負担になっていただろうって話だった。

「あの子、我慢強いから。責任感も強いし。言えなかったのよ。すごくお腹が痛いのに」

「うん」

「朝、親にもバレなかったのに。岡田くんに気づかれてビックリしたって言ってたよ」

「そうなの？」

木野さんは不思議そうに、ぼくの顔をのぞき込んだ。

「…気づいてないの？」

ドキリとする。

こんなに木野さんの顔が近くにあるなんて、本当にこれは夢じゃないのか。

胸が高鳴る。その時ふっと、

──気づいてないの？

モックまの言葉を思い出した。

木野さんが笑った。

「岡田くんって面白い。ねえ今度さ、オセロに勝つコツ、教えてよ」

「え、うん。別にいいけど…」

「こうなったらさ。岡田くんのお陰で勝てたのはみんなに内緒。で、本当に強くなって、今度は自分で勝てるようになるんだ！」

目をキラキラさせて話す彼女の表情が、まぶしい。

「うん。きっとなれるよ。木野さん、賢いもん」

そう言って、ぼくはやっと彼女の目を見返して、ニッコリと微笑むことができた。

空き地の草木が、まるでぼくを応援するようにサワサワと揺れていた。

10. 天体には「成長」する年齢がある？

「モックまーーーっ！」

部屋の扉を勢いよく開ける。

枕の上で寝そべりながら栗せんべいを食べている小さなくまを、思いっきり抱きしめた。

「すごいじゃん！ おまえっ！ すごいじゃんっ 星っ！」

「いてて、しょう太。地球人と木星人では重量も質量も違うんだ。もうちょっと手加減してくれないか？」

そう言って、ぼくの腕を押し返す。

「ああ、ごめん！ ごめんよ！」

力を緩め、小さいくまを枕に戻した。

我ながら現金だけど、ゆったりと座り直すモックまの姿がすっかり頼もしく見える。

「今日学校で『水星を使ってごらん』って言ってくれたろ？ テレパシーってやつ？

　あれのお陰でぼく、金星まで使えちゃったんだよ！ 恋愛のスペシャリストってやつ！」

「ほう、やるじゃないか。もう天体を連携して使う術を覚えたのかい」

「よく分からないけどさ！ とにかくめちゃくちゃいい感じなんだー！ 天体使うって超面白いじゃん！」

「ふむ、ふむ。まあ成功するときもありゃ、失敗するときもある。地道に現場で使い続けることさ。

　ところでしょう太。テレパシーってのは、なんのことだい？」

「へ？ 今日学校で送ってくれたろ？『君の水星を使ってごらん！』って…」

　モッくまは、すべてを見透かすような目でぼくを見つめると、「なるほど。今日はそんなことがあったんだね。けどしょう太。それは気のせいだよ」と言った。

「気のせい？」

「ああ。君は自分で気づいたんだ。自分の水星の使い方をね」

「え、でもすんごいリアルに、お前の声が聞こえたような気がしたけど…」

「まあ、君は直感と知恵がどこまでも繋がってるタイプだからね。

　だが覚えておくといい。君は既に一人で星を使えてる。ぼくの助けなど現場じゃ少しも借りていない」

「そうなの？」

　ぼくはだんだんワクワクしてきた。

　昨夜ほんの少し学んだだけで、もう星を使えてる。誰の助けもなしに、自分の中のスペシャリストを自分の力で！

じゃあもしも、こいつら10人ぜ〜んぶ使いこなせるようになったなら、ぼくは一体どうなるんだ！

「ねえ、くま！ 10の天体ぜんぶの使い方、教えてよ！」

「そうさねえ…」

　予想に反し、くまは渋い顔で腕組みをした。

「なんだよ、モッくま。もっとテンション上がると思ったのに」

「まあ待て、しょう太。君の気持ちは嬉しいよ。

　ぼくも星の使い方のすべてを、君に教えて帰るつもりではいる。

　ただね。天体は年齢によって、使える範囲に限りがあるから」

「え…？」

「よし。今日はまず、そこから勉強しようじゃないか！」

3 天体 スペシャリスト その成り立ち

天体（スペシャリスト）は「公転周期」が基

10の天体は10人のスペシャリストと言いました。12サインと同じように、これもまた意味づけの基になるものがあります。

それが、10の天体が太陽の周りを一周する期間 公転周期 です。

基本の型		
順じょ	天体	公転周期（おおよそ）
10	冥王星	249年
9	海王星	165年
8	天王星	84年
7	土星	29年
6	木星	12年
5	火星	2年
4	太陽	1年
3	金星	225日
2	水星	90日
1	月	28日

地球から遠い天体ほど一周するのに時間がかかるってわけ

※表記は、地球から見た天体の動きです。

この基本型をもとに「人の核・スペシャリスト」をさらに詳しく見ていくと…。

3 天体　天体の成長期　10区分

1から10の天体は人の成長段階とリンク。

月は「心」、水星は「知性」と言うように、天体はそれぞれ専門分野を持っています。よく見るとその専門性は、人の成長段階とリンクしています。

人の「心」は幼児期(ようじき)の経験が土台になり「知性」が最も発達するのは子ども時代。つまり10人のスペシャリストは、それぞれ発達しやすい年齢があるのです。

これを 発達年齢域(はったつねんれいいき) と言います。

年齢域を超えたのに、使えていない天体がある！そう思った君

大丈夫さ天体は、いつでも「使う」と決めた時から早巻きで使える今日からチャレンジさ！

50　第2章　実践と天体

基本型
（天体の公転周期）　**=**　発達の年齢
近さ　　　　　　　　若さ

基 本 の 型		
順序	天体	公転周期（おおよそ）
10	めいおう 冥王星 ●	249年
9	かいおう 海王星 ●	165年
8	てんのう 天王星 ○	84 年
7	土星	29 年
6	木星	12 年
5	火星	2 年
4	太陽	1 年
3	金星 ●	225日
2	水星 ●	90 日
1	月	28 日

遠い ～ 近い

人の核（スペシャリスト）		
専門性		発達年齢域
起死回生	たましいの声しか、聞こえまちぇん♥	死の直前
インスピレーション	天とつながり 導かれている…	85 才～
革新	常識を壊し、新しい風を吹き込もう！	71~84 才
キビシイ 社会性	社会のルールにのっとってこそ成果が出せるのじゃ	56~70 才
ゆる～い 社会性	良いも悪いも人間らしい どんどんいらっしゃいな	46~55 才
パワー	俺はこれを勝ち取りたい！ なんとしてもなっ！	36~45 才
自己表現	ぼくの夢はこれ！ 表現して生きるぞ！	26~35 才
トキメキ	きゃっきゃ、うふふ。オシャレ、ぜい沢大好き♡	16~25 才
知性	聞いて話して、調べて書いて学ぶのだっ！	8～15 才
心と体	心プルプル。泣いて笑ってあるがままのわたち	0～7 才

年寄り ～ 若い

1 2 3 4 5 6 7

「あれ？」

スクリーンボードの表組を見て首を傾げる。

「ぼくもうすぐ 14 才だけど…。

金星が一番発達するのは 16 才からってあるじゃん。

でもぼく、ちょっと使えた感じあるよ？」

「まあね。実を言うと**天体は発達年齢に達しなくても前倒しで使うことができる**んだ」

「じゃあいいじゃん！ ぼくに次の、太陽の使い方を教えてよ！」

「その前に！ 大事なことがあるのさ」

51

3 天体 ｜ 天体の発達レベル　4区分

発達レベルを四つに分ける。
レベル1は土台であり、その人の要(かなめ)。

「核が育つ」ってのはぶれない自分ができていくってこと！

基本の型			人の核（スペシャリスト）
順序	天体	発達年齢域	発達レベルの4区分
10	冥王星(めいおう) ●	死の直前	世代全体に影響 レベル4
9	海王星(かいおう) ●	85才〜	
8	天王星(てんのう) ○	71〜84才	
7	土星	56〜70才	36〜70才くらいまで／自分を社会に対応させる力をつける レベル3
6	木星	46〜55才	
5	火星	36〜45才	26〜45才くらいまで／自分を表現する力をつける レベル2
4	太陽	26〜35才	
3	金星	16〜25才	25才くらいまで／土台をつくる レベル1
2	水星	8〜15才	
1	月	0〜7才	

11．天体の「子ども時代」、「大人時代」

「つまりだ」
と小さいくまは言った。

「レベル1の土台をしっかり踏み固めたうえで、レベル2に移行する。レベル1、2がしっかり出来上がって、初めてレベル3がいい感じに機能するんだ」

う〜ん、とうなるぼく。
どうにも納得いかなくて言葉を返す。

「レベル1やりながら、レベル2に行くってのはダメなの？」

「もちろんいいさ。大切な視点だ。

レベル1がある程度しっかりしたら、レベル2にチャレンジする。

レベル2も半ばまで進んだら、レベル3の準備が始まる。

例えば火星の時期なんかは分かりやすいよね」

そう言って、モックまは「発達レベルの4区分」の火星を指さした。

「レベル2は太陽の『自己表現』と火星の『パワー』、この二つが発達する時期だろ」

「うん」

「火星は専門の『パワー』を使い、太陽の『自己表現』の欲求を世の中に押し出していく。

そこにはある程度、頑張りも必要だ。太陽だけだったら幾度か社会で上手くいかなかっただけで、諦めてしまうかもしれない。

ここぞと言うときにへこたれず、太陽を引っ張る力が火星にはあるんだよ」

「ふん、ふん」

「言い換えると火星は、『自分の個人的な欲求を社会で叶えるために頑張る』星。だからレベル3へ移った後も、『社会に自分を合わせる』ために走り続ける」

「あのさ」

ぼくは表組をにらみながら言った。

「太陽の専門性は『自己表現』ってあるけど…。ぼく、これよく分からない」

「ふむ。まあ簡単に言うと、夢だね」

「ゆめ？」

「そう。自分が肚の底からワクワクしてやまないことを、

実現しようとする意志。

そのためにレベル1で月の『心』・水星の『知性』・金星の『トキメキ感』を育てるのさ」

「その三つがどうして夢に関係あるんだよ」

「心。つまり感情ってのは、人の根っこ、根本だ。

例えば、親に愛されていると実感しながら、スキンシップや対話が充分な状態で育った人と…。

まあ、あり得ないけれど、お乳もおしめもぜんぶ機械、対話もスピーカーホンだけで育った人がいたとしたら、どちらがより人間らしく温かみのある人物になると思う？」

「そりゃ、人に育てられた方でしょ」

「そう。情緒はその人の基盤を作ってる。

つまり月は人間の最も大切な土台。すご〜く重要な天体なんだ」

「うん」

「そして水星の『知性』。

『学びの欲求』ってのは、そもそも心、月がベースになってるってのは分かるかい？」

「そうなの？　あんまり関係ない気がするけど…」

「天体は一つひとつが単独で成り立ってるように見えて、実は互いに影響しあってる。

特にその前後の天体と深い関わりがあるんだ。もう一度さっきの例を思いだしてみて。

機械で育てられた子どもと、人に育てられた子どもは、興味を持つ対象が違うだろう。人に育てられた子は、自然とぬくもりのあるものに関心が向くかもしれない。

そこに咲いている花とか、街を行く野良猫とか。お母さんの隣にいるお姉ちゃんとか。

けれど機械で育てられた子は、感情が上手く育って

いないために『何かに関心を持つ』ことそのものが、とても遅くなるかもしれない。

それは想像できるかい？」

「…なんとなく」

「そして水星を使い、周囲に関心を持って学ぶうちに『頭で理解する』だけじゃ飽き足らなくなってくる。もっと感覚的な喜びとかトキメキとか、そういうものを求め始めるんだ。

つまり、『勉強ばっかじゃつまらない。恋をしよう！』みたいな時期に突入する」

「なるほど。金星を使いたくなってくるんだね。

トキメキ専門の金星は、恋愛ばかりが得意分野じゃないのかな？」

「その通り。例えば君は今日、可愛い女の子とちょっと親しくなっただろ」

「え、まあ」

と、うつむくぼく。

「その後すぐに何をした？」

言われてドキリとする。

実を言うとぼくは、帰ってすぐにモックまの元に行ったんじゃない。

最初に向かったのは洗面所。鏡を見て髪型を整えたり、制服のヨレヨレが急に気になって、明日着ていくシャツにアイロンをかけたりしてたんだ。

さらにさ。姉ちゃんのメイク道具をこっそり借りて、眉毛なんか整えちゃったりしてさ。

妄想が膨らんで、木野さんが来たときに出す菓子とか。50円の駄菓子じゃ恥ずかしいし、外国のお菓子なんか小遣で用意しようかな、とか。

自分でも笑っちゃうくらい浮かれてたんだよね。

「そんな風に金星を発揮すると、オシャレとか贅沢と

か、そんな欲求が湧いてくるんだ」

言われて少し、罪悪感のようなものがよぎる。

「でもさ。あんまりお金使ったり、オシャレとかすると、母さんの財布にもひびくしさ。そもそも贅沢って良くないもんだと思ってたけど…」

「行き過ぎればね。それはすべての天体に言えること。

それについては後から学ぶとして、つまりだ。

すくすく育った『心』で学び、その『知性』を土台にして『トキメキ』を感じられる心の余裕、感受性を身につける。

そうなって初めて、太陽の『自己表現』が花開くと言うワケさ」

ぼくは押し黙った。

夢なんて、聞くだけで気恥ずかしくなるような言葉だった。そもそも夢を持ってるヤツなんて、ぼくの周りには見当たらない。唯一いるとしたら…。

「まあ、太陽の発達時期は26才くらいから。君の年で夢が決まってる人も、そういないさ」

モックまは言葉を続けた。

「そして、もう一つ大切なポイントがある。

最初に学んだことを思い出してほしいんだ。

サインと天体。この二つをかけ合わせ、個性が生まれる。そう言ったよね」

「うん」

「けれど、その人の素の個性。恋愛とか家庭とか、友達同士の付き合いとか。そう言う日常の顔を作るのは、1から5番目の天体に限られるんだ」

3 天体 ┊ 個人の顔と社会の顔　2区分

"あなたらしさ" を作る個人天体。

人は年齢とともに雰囲気や価値観が変わるもの。

人が持つ「さまざまな顔」は、天体たちを 個人天体 社会天体 と、大きく二つに分けることで表すことができます。

基 本 の 型			
順序	天体	発達年齢域	
10	冥王星（めいおう）	死の直前	② 社会天体
9	海王星（かいおう）	85才〜	
8	天王星（てんのう）	71〜84才	
7	土星	56〜70才	①
6	木星	46〜55才	
5	火星	36〜45才	個人天体
4	太陽	26〜35才	
3	金星	16〜25才	
2	水星	8〜15才	
1	月	0〜7才	

社会天体②は
ゆとり世代、団塊世代（だんかい）と言う言葉があるように約7〜20年スパンで変わる、同世代特有の価値観や雰囲気をつくります。

社会天体①は
社会に出てからの仕事ぶりや役割、社会貢献（こうけん）にたいする価値観など、あなたの「社会での個性」をつくります。

個人天体は家庭や恋愛、友だち付き合い、なりたい自分像などに表れる、「個人としてのあなた」、いわゆる"あなたらしさ"をつくります。※

※ 後に記しますが、天体同士の角度により若い頃からその雰囲気や個性に社会天体が影響することがあります。

3 天体　天体早見表

まとめると…。

基本の型			人の核（スペシャリスト）		
順じょ	天体	公転周期（おおよそ）	専門性		発達年齢域
10	冥王星（めいおう）	249年	起死回生	たましいの声しか、聞こえまちぇん♥	死の直前
9	海王星（かいおう）	165年	インスピレーション	天とつながり導かれている…	85才～
8	天王星（てんのう）	84年	革新	常識を壊し、新しい風を吹き込もう！	71～84才
7	土星	29年	キビシイ社会性	社会のルールにのっとってこそ成果が出せるのじゃ	56～70才
6	木星	12年	ゆる～い社会性	良いも悪いも人間らしいどんどんいらっしゃいな	46～55才
5	火星	2年	パワー	俺はこれをやり抜きたい！なんとしてもなっ！	36～45才
4	太陽	1年	自己表現	ぼくの夢はこれ！表現して生きるぞ！	26～35才
3	金星	225日	トキメキ	きゃっきゃ、うふふ。オシャレ、ぜい沢大好き♡	16～25才
2	水星	90日	知性	聞いて話して、調べて書いて学ぶのだっ！	8～15才
1	月	28日	心と体	心プルプル。泣いて笑ってあるがままのわたち	0～7才

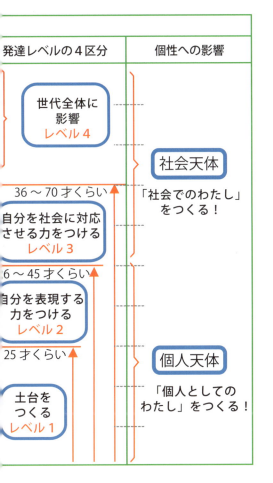

「ぼくが"自分らしさ"を発揮して、もっと魅力的になろうと思ったら、月、水星、金星、太陽、火星をいっぱい使ったらいいってことか」
「そうだね。レベル1を踏み固め、レベル2へ移行する。その順序は大切にした方がいいと思うけどね」
ぼくはまた押し黙った。
先からずっと、心に引っかかっていることがある。
モックまが、じっとぼくを見つめている。
こいつは既に、ぼくの言いたいことが分かっているようだった。
「レベル1をしっかりやらないと、太陽がうまく開かないのは分かったよ。でもさ。別にいいじゃん。
夢なんて、なくても生きていけるじゃん。
もし太陽を使わないままレベル3に移ったからって、別に死ぬわけじゃないだろ？」
「もちろんだ。死ぬわけじゃない。

もし君が夢を持ったなら。

それを現実にするために自分を磨き、自分の夢と社会からの要望、この二つを繋げていく。

もし夢を持たないなら…。

基準は夢ではなく社会そのもの。社会の要望に自分を合わせて、自分の時間と力を差し出すことになる。

それだけの違いさ」
「なんか、ヤなかんじ。自分を差し出すとか、社会の要望に合わすとか…」
ぼくは不貞腐れたようにそう言った。
「どうしたんだい？」
「世の中にはさ。養う家族がいたり、超貧乏だったり、体が不自由だったりして、夢なんて言ってられない人もいっぱいいるじゃん」
言ってるうちに興奮してくる。
「それをさ。『社会に自分の時間と力を差し出して生きるだけ』なんて。
さもダメなヤツみたいな言い方してさ。なんか、すげー横暴なリクツだよ」
「ダメなんて言っていない。ただ事実をそのまま述べただけさ。
それにね。家族がいる、超貧乏、体が不自由。イコール『夢が持てない』なんてのは、地球人特有の妙な理屈さ。ぼくら木星人からしたらね」

57

「知らないよ、木星人の理屈なんて。

太陽なんて使わない。星なんて使わないって道もあるはずじゃん。ぼくらは別に、星の言いなりになって生きてるわけじゃないんだ！」

自分からもっと星を使いたいと言い出したくせに、めちゃくちゃなことを言ってる。それは分かってたけれど、ぼくはすっかり熱くなって、怒ったような口調でそう言った。

モックまはため息をついた。

「また、大切な誰かさんのことでも思い出したかい？」

ああ、もう。こいつってば本当に腹が立つ。

その問いには答えずにそっぽを向くと、「散歩に行ってくる」そう言って部屋を出た。

犬小屋へ向かう。

部屋の窓からモックまが顔を出すかと思ったけれど、気配はない。振り返りたいのを我慢しながら、チョビの首輪にリードをつけ、庭を出た。

＊

思い出したのは父さんのことだった。

「本当は、そば職人になりたかったんだ」

ずいぶん前。あれはたしか自転車の練習の帰り道だったろうか。父さんが、そう話してくれたことがある。

「一度は弟子入りしたんだぜ？ 筋がいいって親方にも褒められたんだ」

誇らしげに語る父さんの姿が、キラキラしているように見えた。でもなんだか、無性に寂しくも感じられた。まるでさ。ずっと昔の記憶を拠りどころにして生き

てる。そんな気がして。

結局、母さんのお腹に姉ちゃんが出来て、父さんは夢を諦めた。大手飲食店に転職し、今は朝から晩までずーっと働き通しだ。

「夢なんて、別になくたっていいし。星なんて使わなきゃ使わないで、どうにでもなるし」

そう独り言ちる。そのときだった。

ウウーッ…。

ビクリとする。木立の影に何かいる。

しまった。ぼんやり歩いているうちに、うっかりあの家の前まで来てしまった！

「チョビッ！ 戻ろう！」

リードを引っ張り、きびすを返す。けれど遅かった。

木立からチョビの三倍くらいでかい犬が、勢いよく飛び出してくる。チョビはすごい剣幕で、そいつに向かって吠えまくる。

暗がりで犬の姿は、はっきりとしない。と言うより、怖すぎてしっかり見ることもできない。

チョビ、やられてしまうよっ！

半分、泣きそうになりながら、チョビを抱きかかえようとしたその瞬間、「こらーっ！」と家の門からオッチャンが飛び出してきた。

「うちのタロにちょっかい出すんじゃないっ！ ケガしても知らんぞ！」

そう言って大型犬の首輪をつかむ。

この辺りではちょっと有名な、筋骨隆々の変なオッチャンなんだ。

「あ、はい、すみません」と、咄嗟に謝るぼく。

「またお前かっ！ この道を通るなと言ってるだろが。こいつらはオレの目を盗んで、ときどき手綱をはずすからなっ」

例の大型犬はこのオッチャンの前じゃおとなしい。庭には他にも何頭かいて、木立の向こうからいくつもうなり声が聞こえた。

ぼくはブルッと震えた。

「あの、じゃあぼく帰るんで」

そう言ってチョビを抱きかかえ、元来た道を引き返す。振り返るとオッチャンが仁王立ちのまま、ぼくらの姿を見送っていた。

（ちぇっ、なんだよ。手綱を勝手にはずすなんて、そんなのそっちの問題じゃん。なんでぼくが怒られなきゃいけないんだ）

チョビは腕の中で震えている。さぞ怖かったろう。

「ごめんな、チョビ。うっかり変な道、通っちゃって。けどお前、すごいな。前だったらキャンキャンいって逃げまわってたのに、ちょっと強くなったんだな」

すると…。

「ひゃあ、怖かった！」

なんとチョビのお腹の辺りから、突然くまが顔を出すじゃないか。

「モ、モッくまっ！ここで何してるんだよっ！」

「いやいや、カンは的中！君が星を使い始めたからね。いろんな形で星からのメッセージが降りてくるだろう。そう思って、こっそりついてきたのさ。大当たりだ！」

「ほ…星からのメッセージ？」

---

12. 使わなきゃ天体はただの凶暴な犬

「さっきの出来事に、たくさんのメッセージが詰まってる。どうやら君はそれに気づかなかったようだがね」

「気づくもなにも、でかい犬に襲われて飼い主のオッチャンにイチャモンつけられた。それだけだろ？」

「まあね。でもぼくから見れば、あの凶暴な犬たちは君の使えていない天体たちさ」

きょとんとし、モッくまを見返す。

天体たちを『スペシャリスト』と言ったけど…。

これは一つの例え。『人としての核』とか、『強み』とか。『魅力の種』とか、いろんな表現に言い換えられる。

どんな言い方でもいいんだけど、いずれにせよ**天体たちは放置しているだけじゃ、たいして発達しやしない。『魅力』にも『強み』にもならない。**

コントロール不能なただのエネルギー。つまりは凶暴な犬ってことさ

「知って使わないと、天体は凶暴な犬…？」

「そうさ。例えばさっきの家。君はあの家に犬が何匹いるか知っているかい？」

「いや、知らない」

「じゃあ、さっき飛び出してきた犬の種類は？」

「う～ん。怖くて見れなかったからな。分からない」

「そうだよね。でももしだよ？

あの家には犬が４匹いて種類は秋田犬。メスが２匹と雄が１匹。もう１匹はまだ子犬。

そんな風に把握していたら、気分はどうだい？」

想像してみる。

不思議と何となく気持ちが落ち着いてくる。

「ただ怖かったのが、少し冷静になる…感じかな」

「さらにだ。

一匹は腹を空かせる夕方に機嫌が悪くなる。

一匹は眠くなる昼間にイライラしだす。

一匹は自分のテリトリーに誰かが入ってきたと感じたら、怒りがピークに。

1
2
3
4
5
6
7

そんな風に、それぞれの習性を理解していたらどうだろう」

「その時間には近寄らないし、万一、間違って通りかかっても、テリトリーを超えないように気をつけるかな」

「そう。さらにだ。

犬たちがどうしたら機嫌よく君に従うか。

それぞれの喜びポイントを把握したら、いったいどうなる?」

言われてぼくはまたイメージを膨らませ、「…たぶんぜんぜん怖くない」そう答えた。

「そして、1匹は金かい掘りの名人で、1匹は盲導犬にしたら超優秀、1匹は番犬にはもってこい。

そんな風にそれぞれの能力を知り尽くしたら?」

「怖いどころか、すげー心強いやつらだね」

「そういうことさ!」

とモックまは言った。

「君は『星の言いなりで生きたくない』そう言ったけど、**無視すればするほどに、かえって天体の方が君の主人になって、知らない間に暴れたりする。**

天体たちにいつの間にか主導権をにぎられてしまうんだ。

一方で、**君が能動的に天体を知り、そして現場で使い続けたら。**

使われるのは君じゃない。君自身が、天体の主人になると言うわけさ」

「無視していると、かえってぼくが天体に使われる、かあ。でも、ちょっとよく分からないな。もし天体に使われたら一体どうなるの?」

「まさしくさっきの君じゃないか!」

小さいくまは愉快そうにそう言った。

「え…?」

「ぼくが見たところによると、さっきの君は火星を使われたんだと思うがね」

「火星を、ぼくが…?」

ぼくは狐につままれたような気分で問い返した。

「えっと、たしか火星は『パワー』のスペシャリストだよね?」

「そう。『**パワー**』とは、言い換えると『**熱**』。そう言われて思いつくのは?」

「ん、お風呂…。温度とか? 人で言うなら体温か…。あとは熱血とか熱弁とか…」

「そうそう。熱血、熱弁がさらにヒートアップすると『怒り』に変わるかもしれない」

「そうだね」

「火星が使えていない人は怒りのコントロールが難しい。突然激しく怒って相手が傷つくような言葉を並べたり。

あるいは…自分が悪くないのに謝ってしまったり。本当は腹を立ててるのにね」

「…それ、ぼくじゃん」

モックまはうなずいた。

「そしてね。天体を自分で使わない間は、周囲の人達に使われる。そんな特徴もあるんだ」

「周囲の人たちに使われる?」

「つまりだな。

さっき君は感情にのまれて、ぼくに怒りをぶちまけた。おまけに君は自分が悪くもないのに謝ってしまう癖がある。つまり火星を使えていない。

したがって、通りすがりのオッチャンに『火星』、すなわち怒りのパワーを使われてしまった、と言うわけさ」

60　第2章　実践と天体

4 活用法　　天体を使う-1

使わない限り天体は、コントロール不能なただのエネルギー。※

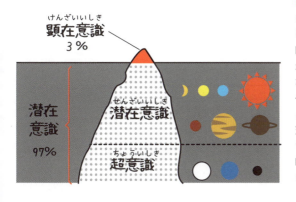

※　人の意識は大きく二つに分けられると言われています。
これはよく、海に大半を沈ませた、氷山にたとえられます。
「○○に旅行する」、「○○を食べる」など、自分の意志で決定、判断できる範囲を顕在（けんざい）意識。これに対し、無意識の部分が潜在（せんざい）意識です。
なれっこになった車の運転、自然にわいてくる親近感、排便（はいべん）の欲求なども潜在意識の領域で、全体の97％を占めているとも言われています。
天体は、潜在意識下で働くエネルギーと考えてみましょう。これを10に分類し、湧き上がる感情やパワーを識別する。さらに潜在意識に眠っているポテンシャルを、顕在意識にのぼらせて、現実に活かすこと。これが、西洋占星術の大きな意義の一つです。

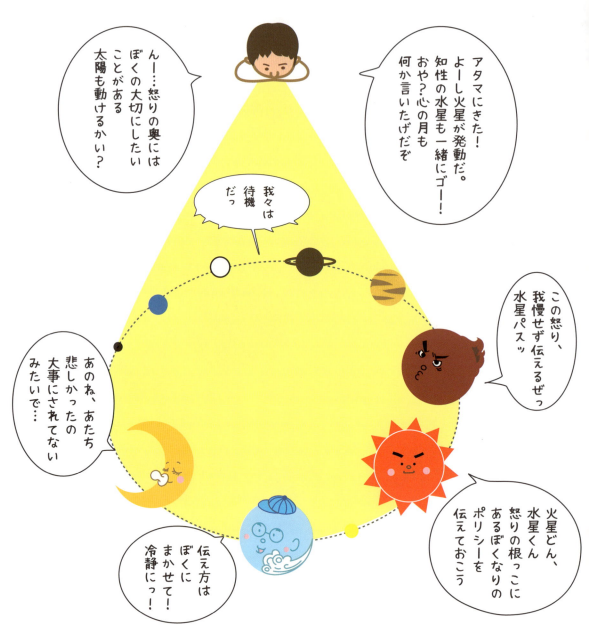

「天体は使わないと他者に使われる」という特性があり、逆に天体を知り、使うことで、それぞれの強みが発揮されていきます。※

自分で意識することで、天体は発達年齢域よりも前だおしで使うことができます。

※ 「天体は使わないと他者に使われる」と言うと、不思議に感じるかもしれません。これは心理学で言う「投影（とうえい）」と考えると良いでしょう。
自分が我慢（がまん）していることを他人が自由にしていると、人はいら立ちを覚えるものです。言い換えると、火星なら火星のエネルギーを使わず抑え込むことで、他者が自由に怒りを使う様子にモヤモヤとし、心が揺さぶられるのです。

モックまはチョビにまたがったまま、例の携帯をタブレット大にしてぼくに渡した。

「そうかあ」

うなずきながらも通行人に、くまとの会話を見られやしないか気が気じゃない。

「大丈夫。安心したまえ。周囲には、ぼくは小さなぬいぐるみにしか見えない」

と、モックまは片目をつむる。

ホッとする一方で、ぬいぐるみを犬にのっけて散歩する自分の姿を想像してみた。

「つまり、恥ずかしいのはぼくだけってことね」

「また大人ぶっちゃって。

ぼくの姿が見えるのは地球人でも子どもだけ。14才なんて大人のなりかけなのに、これだけ対話ができるんだ。君のハートがメルヘンチックな証拠だよ」

「……」

「それはともかく、どうだい？　占星術のレッスンを続ける気になったかい？」

言われてぼくは考えた。

確かに、無視したせいで天体たちに主導権を握られるとしたら、それってすごくつまらない。さっきの犬みたいにトラブルになったり、人に天体を使われて嫌な思いをしたりするなら、なおさらだ。

どうせなら、ぼく自身が天体たちの主人でありたい。

「分かったよ。ぼくもう少しやってみる」

「そうこなくっちゃ！」

モックまはこちらを見上げ、笑みを浮かべた。

＊

「ああそうだ。レッスンを再開する前に、君に一つ、

伝えておきたいことがある」

くまが言った。

「今日君は生まれて初めて自分で意図し、水星を使った。そのおかげで恋が進展したね。つまり見方によっちゃ、金星まで上手く働きだしたんだ」

頬を赤らめ、うなずくぼく。

「けれどね。天体を使うのを試みて、毎回必ず『良い結果』が出るとは限らない」

「え…」

ぼくは足を止めた。

「時には試してみたけど上手くいかず、恥ずかしい思いをしたり。またある時は、天体が入っているサインの良さが、てんで分からなくなったり。

そういうこともあるだろう。

自転車だってそうだったろ？　いろんな方法を試してみて、手ごたえを感じたときもあれば、あやまって転んでしまったこともあっただろ」

「まあ、そうだね」

「すべては練習の積み重ね。今回はいわゆるビギナーズラックだ」

言われてぼくは少しがっかりした。

「そうかあ…」

ため息交じりにそう返す。

「でも大切なことを思い出してほしいんだ。

君が勇気を振り絞って、おひつじ座の水星を使ったとき。初めて直感に従って、彼女に話かけたとき。

あのとき君は、君の体や感情はどんなだった？」

「どんなだったって言われても別に…」

「思い出してごらん。人は初めて何かにチャレンジするとき、必ず心や体に普段と違う反応があるはずだ」

陽は傾き、行き交う人々は皆、足早に帰路を急いで

63

いた。ぼくが一人、往来で突っ立っていたところで、誰も気に留めやしないだろう。

　目を閉じる。

　わずかに感じられる自分の鼓動。

　あのときのぼくは今の十倍くらい胸が高鳴って。足は震え、きっと声もうわずっていた。

　席に戻ってからだって、これで木野さんと気まずくなったらどうしよう、そのときはモックまに思いっきり苦情を言ってやろう、そんな風に考えていたっけ。

　でも…。

　もし、あのときコマを動かさず、彼女に話しかけなかったら？　おひつじ座の水星を、結局、使わずじまいだったら？

　二人の自分を想像してみる。

　今まで通り、彼女の横顔を盗み見るだけの日々。

　オセロ盤をはさんで、木野さんと親しく話す自分の姿、ニッコリこちらに微笑みかける彼女の姿、もう何百回もくり返してきた、そんな妄想の中に生き続ける過去の自分。

　一方、勇気を振り絞って話しかけて、嫌われちゃったもう一人の自分。

　もし、そんな二人がいるとしたら…。

　ぼくはやっぱり、頑張った自分の方が、うんと好きだ。

　目を開いた。

「失敗したってかまわない。何もやらないより、やって後悔する方がずっといいや」

　言葉にした瞬間、にわかに照れくさくなって、ごまかすように鼻をする。

　いつだったか、ドラマか何かで同じようなセリフを聞いた覚えがある。そのときは使い古されたつまらない言葉と感じたのに、不思議と今日は新鮮だった。

　肚の底から突き上げるような熱を感じた。

　ぼくはそのとき知ったんだ。

　天体を使って生きることが、「失敗」とか「成功」とか、そんな一言で表せられるような、ちゃちなものじゃなくて。

　チャレンジして生きることそのものが、最高にエキサイティングな時間なんだって。宇宙がぼくらにくれた、何にも代えがたいプレゼントなんだって。

　モックまは回答を待ちくたびれたのか、チョビの上ですやすやと眠っている。

　帰ったらまた星のレッスンの再開だ。

（そのときまで寝かせておいてやろう…）

　そう思い顔を上げた。

　ふいに、清々しい風が頬を打った。

　家並みの間を割って差し込んだ夕陽が、ぼくらの姿を赤々と照らし出していた。

---

13. 月の専門は「源の欲求」

　急いで夕飯を食べ終わると「ご馳走さま」と手を合わせ、ぼくは茶の間を後にした。

　廊下に出るとすぐ背後で、姉ちゃんのヒソヒソ声。「あの子、どうしたんだろ？　いっつもボーッとしてるかゲームしてるかのくせに。変にテンション高いよね」そして、「あとちょっと色気づいてない？」そう母さんに耳打ちする。

　ドキッとして、聞き耳を立てるぼく。

「彼女でもできたのかしら…」

と心配気に答える母さん。

一方、姉ちゃんは、「まさかー！」と大笑いだ。

（ふん。いつか木野さん連れてきて、ビックリさせてやるからな）

ブツブツ文句を言いながら自室に戻る。

扉を開けるとモックまが、相変わらずゆったりと枕の上に腰を下ろしていた。

「先生、お待たせしましたっ！」

その姿に調子を合わせるように、声を張り上げる。

「やれやれ。君は本当に吸収が速いな。見たところ君の金星が絶好調だ」

モックまはそう言って、小さく笑った。

「へ？」

「まあいい。

本題に入る前に復習といこうじゃないか。まず一つ質問だ。君はまだ、自分の月がしっくりこないかい？」

「え…」

せっかく新しい天体について学べると思ったのにまた月の話か…。

少しがっかりしてノートに目を落とす。

ぼくの月。心のスペシャリストはうお座にある。うお座のキャラは…。

――君が悲しいとぼくも悲しい…。あれ？ そもそもどっちの感情だっけ？

何度、見てもピンとこない。

そもそもぼくは人に興味がない。

木野さんとか好きな女の子は別だけど、姉ちゃんなんてどうでもいいし、母さんだって、言わないだけで内心反発することばかり。

周りの友達もゲームする仲間だけで、すげー好きとか別にない。感情移入なんてしようがなかった。

首を横に振る。

モックまはうなずいた。

「じゃあ質問を変えよう。

君の天体は10個中4個が水のサインに入ってる。水は感情を司る。これについてはどうだい？」

「…質問の意味は同じじゃん」

「ふむ。確かにそうだ」

モックまはふんっと鼻を鳴らした。

「さっきも言ったけど…。

天体には四つの発達レベルがある。土台のレベル1がしっかりして、初めてレベル2が生きてくる。

ところが君はどうやらよほど西洋占星術を学びたいらしく、水星や金星、火星までもがずいぶん元気に反応し始めているんだな」

「土台の月はイマイチ働きが悪いけど、他の天体達がヤル気だしてる。そういうことだろ？ 別にいいじゃん。そのまま進んじゃおうよ」

「うん。確かにそれも一つのテではある。

何故なら**月はほかの個人天体すべてとふか〜く連動しているからね。**

他の天体から揺さぶって、月を起こしていくという方法もあるかもしれない」

1

2

3

4

5

6

7

4 活用法 | 天体を使う-2

月は人の最も基礎になる天体 ※

自分の月。自分が何を感じ何を求めているかを、日頃からじっくり味わう習慣をつけましょう。そうすることで、ほかの天体も連動し、磨かれていきます。

水星：知性
何に心ふるえるかで、学びたい分野が決まりますよね。そしてぼくらの会話は、取扱説明書みたいに機械的じゃありません。対話力、文章力にも、情緒、つまり月ちゃんの存在は大きく影響しているんです。

金星：トキメキ
トキメキってそもそも感情がベースでしょ。「あどけなさ」「素直さ」は月ちゃんの専売特許。わたしの女子力の背後で、一役かってくれてるのよ♥

太陽：自己表現
月ちゃんが発達する0〜7才にハマったこと。例えばいつも空想にふけったり、ありの観察に熱中したり。その時期の本能的な衝動がのちに夢の根っこのエネルギーになるってことは、よくあるのさ。

火星：パワー
オレの専門はパワー。すなわち「熱」だからな。お前らの体温だってオレが関係してる。つまり免疫力や活力だ。体担当の月のヤツとはここでつながってる。それにだ。「怒り」をとことん感じてみるとその奥にはたいてい「悲しみ」があるのさ。オレと月のヤツはけっこう密に通じあってるんだぜ。

※ すべての天体は潜在意識下のエネルギーと言いました。それを意識して使うことで顕在意識に昇りますが、月はいつまでも潜在意識の領域を大きく残し続けます。
月は個人天体の中でも、特別に奥深く、神秘的な天体なのです。

「へー。月ってすごいんだね」

「月がすべての土台と言う意味が分かったかい?」

「ぼくの土台、どうして見当たらないんだろう?」

「まあ、心配せずとも良くあることさ。君に限ったことじゃない」

「そうなの?」

「ギリシャ神話にもあるだろ? 巨人アトラスの物語」

聞きなれない言葉に首を傾げるぼく。

「知らないのかい? まったく地球人は不思議だな。

神話という人類最高のテキストが現存するってのに、ほとんど誰も学んでいない」

「だからさ。地球人を悪く言うなって」

モッくまは「はい、はい」と軽くあしらうと、巨人アトラスについて語り始めた。

アトラスは最高神ゼウスの命により、永久に巨大な天空を担ぎ続けなければなりませんでした。

そんなある日、アトラスの前を英雄ペルセウスが通りかかります。

ペルセウスは、目を交わせば人を一瞬で石に変えてしまう怪物メデューサの首を討った帰り道でした。

苦行に疲れ果てていたアトラスは、ペルセウスに頼んでメデューサの毒を浴び、姿を石に変えてもらったと言います。

「ひでー…。アトラス超悲惨じゃん」

「まあね。神話は人の常識に照らし合わせて読めば、ひどいことばっかりさ。けれどその読み方はときに神話本来の意義を見逃してしまう」

「本来の意義?」

モッくまはゆっくりうなずいた。

「アトラス神話が教えてくれているのはね。

『人はあまりに辛い思いをすると、自らを石化して守ろうとする』そんな心のシステムさ」

「え…」

「さあ、神話の話はここまで。月から順にもっと詳しく掘り下げていこうじゃないか。

せっかくだから専門家をお呼びしようかね」

モッくまは例の携帯電話を取り出すと、誰かに電話をかけ始めた。

「あ、もしもし? モッくまです。今日は折り入って頼みがありましてね。

え、今からお昼寝の時間? まあそう言わずに…」

ぼくの心はここにあらず。ぼんやりと、さっきの神話を思い返す。

(あまりに辛い思いをすると、石化して守ろうとする…)

それはつまり、ぼくの月、心が石化しているってことなんだろうか。でも別にそんな辛かった記憶なんてないけどな…。

「そうこなくっちゃ! じゃあよろしくっ!」

モッくまが、はずんだ声で電話を切る。

そしてややもするとポンッと黄色い塊が、ぼくらの前に現れた。目を見張る。

なんと三日月の赤ちゃんが、そこで微笑んでいるじゃないか。

「こんばんは。あたち、月赤ちゃん。あたちのこと知りたいって言ったのは、あなた?」

「どうせなら、ご本人に直接教えてもらおうと思ってね!」

そう言ってモッくまは、枕のくぼみを大きく広げ、月ちゃんに席を譲った。

67

教授交代というわけだ。月ちゃんは愛らしい仕草で
その場所に腰かけ、ニッコリと微笑んだ。

「じゃあさっそく。あたちの専門性は何かしら？」

そう言われ、慌ててノートをめくる。

「えっと、心！ 心と体のスペシャリストだ」

「ちょうね。じゃあ、あたちが黄道12宮を一周する
のは何日間かけて？」

「公転周期だね。28日！」

「ちゅご〜い。ちゃんと勉強してる！

じゃあね。28日と聞いて、何か思い出すことは？」

首を傾げるぼく。

「あなたが男の子だからかちら。28日って言うとね、
女の人は『ああ、あれ！』ってピンとくるんだから！」

そう言われて、「…生理？」と応じるぼく。

「女の人の月経の周期は約28日間。人の細胞の入れ
替わりも、およそ28日周期なんだ」

月ちゃんに替わってモックまが言葉を足した。

「へー！」

「あたちが『心』だけじゃなく『体』のスペシャリス
トってことも、これで分かったでちょ？

それにね。心と体って実はしっかり繋がっているの」

首をかしげ、その意味を考えていると、モックまが
横から口をはさんだ。

「例えばさっきの散歩道で、君は大きな気づきを得た
だろう。初めて勇気を出し行動したときの、体の感覚
を思い出して…」

「お前、あのとき起きてたの？」

「もちろん。ぼくたち木星人は『人の気づきの瞬間』
をとても心地よいと感じるんだ。

あのときは、ただ君の気づきに身をゆだね、リラッ
クスしていたのさ」

少し恥ずかしくなり、うつむくぼく。

「あのとき君は自分の経験と、そのときの体感を思い
だした。そこから君なりの、素晴らしい回答を得たじゃ
ないか」

たしかにその通りだった。

決断し、行動した瞬間、生まれた胸の高鳴り。震え、
湧き上がってくる熱。その感覚をめいっぱい感じるこ
とで、大切なことに気づいたんだよな…。

心と体は繋がっている。

ぼくはあらためて、そう思った。

月ちゃんが言葉を続けた。

「心と体。キーワードが二つ出てきたわ。

でもあたち、これだけじゃないのよ。**月が一番、育
つ年**。いつだったか覚えてる？」

「発達年齢域だね。えーっと、**0才から7才まで**だっ
たかな」

「そう。じゃあね、この年の子どもにとって、いーち
番大切なこと。なんだと思う？」

「そりゃあ、お母さんの愛情とか。お乳をいっぱい飲
めることとか？」

「うんうん、お乳をいっぱい飲める。つまり『ご飯』ね。
それから？」

「えっと、赤ちゃんと言えば寝顔だよね。しょっちゅ
う寝てるイメージがある」

「お乳がいっぱい飲めて、寝たいときに寝れて、愛情
もたっぷり…」

月ちゃんは言いながら、うっとりとする。

「それはいったいどんな状態？」

とモックまに問われ、「…安心、安全な状態？」そ
う答えるぼく。

月ちゃんは微笑んで、くまに合図を送った。

3 天体 | 月 | 源の欲求

欲求
心・肉体
家庭・習慣
素の自分

人の根源（こんげんてき）的な欲求をつかさどる月。

あたちが土台よ！

心 プルプル
月 赤ちゃん

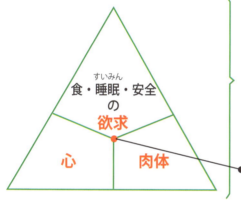

源（みなもと）の欲求

食・睡眠（すいみん）・安全の欲求
心　肉体
家庭 ＝ 生活 × 素の自分
習慣

肉体
- 持って生まれた肉体の力
- 子宮（しきゅう）（丹田（たんでん））

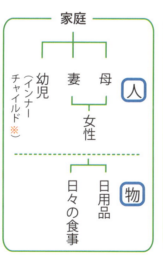

心
- 感受性（かんじゅせい）
- 聴く力
- 受け身
- 母性

家庭
- 母
- 妻
- 幼児（インナーチャイルド※）
- 女性 【人】
- 日用品
- 日々の食事 【物】

習慣
- 感情のパターン
- 行動のパターン
- あらゆる生活のパターン

欲求
- 願望
- イメージ力
- 大衆心理

※「インナーチャイルド」とは心理学の言葉で、和訳は「内なる子ども」です。人は大人になっても、内側に子どもの一面を宿していると言います。そうした存在と対話をし、幼少期に受けた心の傷、あるいは個人的な喜びの源を深く感じる、といったメンタルワークがあります。西洋占星術の場合、これを〇〇座の月と認識することで、内なる子どもの性質、キャラクターを、より深く理解できるのです。

スクリーンボードの三角形を見つめるぼく。

「確かにね。『食べる』『寝る』『安全』って、つまりそれ『家』だもんね。

家の自分　＝　素の自分

ってのは分かるなあ。でも…」

ぼくはボードに指をさし、

生活　✕　素の自分　＝　習慣

「これちょっと意味わかんない」と言った。

月ちゃんが小首を傾げた。

「あらちょお？ じゃあ、質問。あなたは朝起きたら、まず初めに何をする？」

「え…、顔洗って歯、磨くかな」

「歯はどこから磨く？ 左の奥？ 右の奥？ それとも前歯？」

言われて歯ブラシを持つイメージで、手を口に持っていく。

「…意識してなかったけど、いっつも左奥歯から磨くかな」

「そう！ それよ！ それが習慣！」

「ああ、なるほど。自分が何も考えなくても自動的にやっちゃってること？」

「そうそう！」

「なるほどー。そう考えると生活って習慣の集まりだね」

ぼくはさらにスクリーンボードの図解をじっと見つめた。

『習慣』から枝分かれし『感情のパターン』、『行動の

パターン』、『あらゆる生活パターン』とある。

パターンって『同じことのくり返し』だよな。習慣と同じ意味？ にしても『感情のパターン』って何だろう…。

すると月ちゃんが、「あなたがいつも無意識に、くり返し思っちゃうことよ」囁くように言った。

言われて思いだしたのは木野さんのこと。急激に仲良くなってからというもの、しょっちゅう彼女の姿が浮かんじゃうんだよな…。

だけどさ。密かにぼくが思うのは、オセロを教えてあげる機会なんて本当にあるのかってこと。

明日になったらなんとなく距離があって、結局やっぱり話しかけづらくって、今まで通りの関係に戻っちゃうんじゃないかな…。

「あ…」

感情のパターンって、これかも。

せっかくいい方向に行きかけても、期待しないようマイナスなことをイメージしちゃう…。ぼくこれ、いっつもやってるかも…。

「そういうこと！」

「そう考えてみると、**毎日の生活に限らず、気持ちまで習慣ってあるんだな。そういうもの全般を月が受け持っているんだね**」

あらためて、スクリーンボードに目をやる。

（月の専門分野ってたくさんあるんだ。覚えられるかな…）

そんな心の声が聞こえたんだろう。

「大丈夫。もし迷ったら月の受け持ちは『源の欲求』と思いだちゅの。ぜ～んぶ、ここに含まれてるんだから」

そう言うと、月ちゃんは目をトロンとさせ、ふあ～っ

と大きくあくびをした。

「おやおや、お昼寝のところ悪かったね。ありがとう、月ちゃん！」

とモックま。慌ててぼくもお礼を言う。

月ちゃんはよほど眠かったんだろう。

返事もなく船をこぎ始め、そのまますうっと消えてしまった。

後には枕のくぼみだけ。ぼくはと言うと何だか少し寂しい気分だ。

「次は水星。知性のスペシャリストだね」

空席の枕に視線を落とし、つぶやいたとき。

ピュウッと窓から強い風が吹き込むと、水色の玉が現れた。

「やあ、お待たせっ！」

眼鏡をかけた利発そうな男の子。

10歳くらいかな？　声はハキハキ明瞭だ。

「やあ、水太くん！　メッセージを送ってからコンマ1秒！　迅速なご対応、感謝するよ！」

モックまは枕をポンポンッと整えると、はずんだ声でそう言った。

---

14. 水星が司る「二つの知性」

彼は水星、水太くん。専門分野は知性。

ノートをめくりチェックする。

眼鏡の向こうの瞳をキラリと光らせ、水太くんが言った。

「せっかくですから、ここまで学んだ内容をしょう太くんから発表してもらいましょうか」

なかなか挑戦的じゃないか。

ぼくは出来るだけ手元を見ないで発言しようとノートを閉じた。

「えーっとね。0才から心の発達が始まって、徐々に言葉を覚え始める。

身近な人達を観察して、話したり聞いたりしながら興味が湧いたことを学んでいくんだな。

だから水星が一番発達する時期は8～15才。

てことは、水星の力ってつまり、言葉の能力を指しているのかな」

「ふむふむ。悪くありませんよ！

ただし。ぼくの力はあくまで知性。言葉と同じく計算の能力だって欠かせません」

1
2
3
4
5
6
7

3 天体 水星 | 知性

言語の能力
計算の能力
学習
ビジネス

知性、技能をつかさどる水星。

占星術はイメージの連想ゲームです！頭を柔らかくしてトライ！

バビューン
かしこい水太くん

知　性

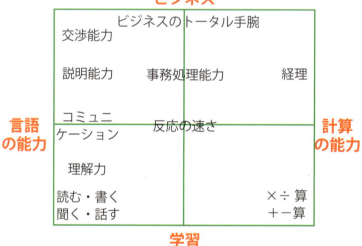

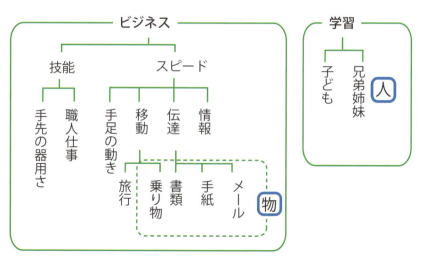

「なるほど。『言葉の能力』と『計算能力』か…」

　ぼくはうなずき、水星の図解をノートに書き写す。水太くんは言葉をつづけた。

「そして大人になった君たちは、知性をどんな風に使っている？」

「んー…、先生になって教えたり。さらに深く研究したり？　あと仕事でも使うのかな」

「そうですね。**子ども時代、ぞんぶんに学習することで知性は大きく育っていきます。**

　そして大人になるにつれビジネスなどで活用し、応用力を高めていく」

「そっか。子ども時代は学習、大人になったら仕事に役立てるんだね。

　『言語能力』、『計算能力』、『学習』、『ビジネス』。

　この四つが、水星の専門性の基本なんだな」

「そしてね。いわゆる『技術』もぼくの専門」

「技術？」

「はい。**月ちゃんが『触れて感じる』ことで吸収するなら。水星は『手先を使う』ことで、さまざまなことを学ぶのです**」

「指でなぞって文章を読んだり、文字を書いて覚えたり？」

「それだけじゃありません。箸やフォークの使い方を覚えたり、ペンや鉛筆を使い分けたり」

「そう言えば、手先を使うと頭が良くなるって聞いたことあるな」

「よく知っていますね！　だからぼくは**指先を使うような細かい技術や身体技能も司っているんです**」

「なるほど」

　水太くんは満足したようにニッと笑い、「その調子で、金子ちゃんについてもアッと言う間に習得です

ね！」と言った。

（金子ちゃん？）

　と聞き返そうとしたその時、「ん…うん」と、背後で軽い咳払い。何だかちょっと色っぽい。

　振り返ると、そこに立っていたのは、まばゆい金色の玉。

---

15. 金星は「充足の欲求」

「あたしの名前は金子。金星の金子よ」

　ぎょっとするぼく。

　金子ちゃんの姿をマジマジと見つめる。

　なんと…、その顔はぼくの大好きな女の子、木野さんそっくりじゃないか！

　いや正しく言うと、あと数年経ったら…って、一人想像を膨らませていたときのハタチくらいの彼女。目が綺麗で、優し気なのにいたずらっぽい表情で。すごくチャーミングな女性。

「あらなあに？　あたしの顔に何かついてる？」

　そう言って、こちらを見返す金子ちゃん。

　ぼくは目をそらし、そのまま顔も上げられない。

　金子ちゃんは、ふふっと笑って枕にふわりと腰を下ろした。

「しょう太くんったら。うつむいてちゃ何も始まらないじゃないの。まあいいわ。

　あたし、そもそも勉強は苦手なの。何か別のことして遊びましょっか」

　声まで木野さんそっくりで、ぼくはもうクラクラだ。

　横から水太くんが励ますように声をかけてくる。

73

「しょう太くん、しっかり！ 星の勉強をしたいんでしょ！」

「う、うん。そうだけど、あんまり金子ちゃんがその、友達に似てるもんだから…」

しどろもどろになるぼくを、じれったそうに見守っていた水太くん。

「仕方ありません。このレッスン、ぼくがリードしましょう！」

と手を挙げた。

「うふ、ありがとう。先生なんて責任が重くって。

気が進まなかったの。助かるわ」

まるで奔放なお姉ちゃんと、しっかり者の弟みたいだ。二人の関係を可笑しく思いながら、内心ぼくは彼の申し出を嬉しく思った。

何といっても水太くんの説明は、とっても分かりやすかったから。

「じゃあ、しょう太くん。金子ちゃんについて、これまで学んだことを発表してくれるかい？」

「うん。**月の『心』がすくすく育つと、学ぶ意欲が芽生え、水星が活発化する。**

『知性』が充分に働くようになると、次は感性を磨く時期へ。16 から 25 才くらいだね。

その年頃に湧いてくる『トキメキ感』みたいなもの。それが金星の専門性だ」

水太くんがうなずいたそのとき、金子ちゃんがクスリと笑った。

「二人とも固いなあ。そんな勉強の仕方じゃ、わたしの魅力は、一生、分からないわよ。

それよりしょう太くん。そのヘアスタイル、子どもらしくて可愛いんだけど、あなた近頃ちょっぴり大人びてきたから。

少しアレンジするだけで、もっと素敵になると思うの」

「そう言われても、今、勉強中だからサ」

なにせ恋をしている身だからね。金子ちゃんお勧めのヘアアレンジってのにすごーく興味があったけど、ぼくはぐっと堪えてそう答えた。

すると今度はモックまが「いいじゃないか！ 金子ちゃんにまかせてみたら！」と口をはさむ。

「え、遊んじゃっていいの？」

驚いて聞き返すぼく。

「ふふっ。話が分かるわ、モックまくん」

そう言って、金子ちゃんはパチンとウインクして見せた。モックまは照れ笑いだ。

それにしても金子ちゃんときたら、とっても素敵だ。気ままに振舞ってるようで、周りの空気に自然に溶け込んでいく。みんながウキウキし始めて、何となく気持ちが上を向く。

華やかな女の人って一緒に居るだけで、こんなに気持ちを明るくしてくれるんだなあ。

「そ、こ、が、あたしの魅力よ」

やれやれ…。どうやら天体たちまで、ぼくの心をお見通しらしい。

「あたしはね。**その場を調和的にまとめたり、スマートに人と人を繋げたり、そんなことが得意なの**」

言いながら彼女はぼくの後ろに回り込み、髪に優しく触れ始めた。

ドギマギする気持ちを抑えながら、背後の金子ちゃんに話しかける。

「でもさ。クラスを見回しても人付き合いの上手いヤツ、下手なヤツ、まちまちだよ？

金星は皆に平等にあるはずなのに、どうしてこんなに

違いがあるの？」

　金子ちゃんが後ろで小首をかしげる。すると代わりに水太くんが口を開いた。

「誰しも得意、不得意はありますからね。

　たとえ星の使い方を知らなくとも、もともと金星使いが得意なタイプ、水星や火星が得意なタイプ、個人差はありますよ」

　たしかになあ。

　数学女子の筒井なんかは、どうみても水星ガンガン使ってるもんな。得意なのは数学だけじゃなくて作文でもよく賞をとってる。

　けどアイツがいても、ちっとも雰囲気なごまないし、いつもムスッとして超気い使わせるし、ぜんぜん金星使えてないもんな。

　金子ちゃんはぼくの髪をいじりながら、モックまが出してきたおやつを一つまみした。

「あら、美味しい。栗とカスタードがよく合うわねえ」

「へえ。これ栗も入ってたんだ。ぼくぜんぜん気づかなかった！」

「あたしは味とか香りとか、色とか音とか、そういうものにも敏感なのよ」

「てことは、五感？」とぼく。

「そうね。例えば…、お勉強家の筒井さん？　彼女は案外、五感が鋭いんじゃないかしら」

　たしかに…。

　アイツ、オシャレでも何でもないけど、弁当はやたら綺麗でうまそうなんだよな。そのくせ、このフライは塩味がきついとか、ゴマの風味が抜けてるとか、ブツブツ言ってるの聞いたことある。

　あんな豪華な弁当持たせてもらって贅沢なヤツ、と思ってたけど五感が鋭いってことか。

「金子ちゃんの場合も図解にすると分かりやすいですよ！　こんな風にね」

　水太くんはそう言って、スクリーンボードを開いて見せた。

1

2

3

4

5

6

7

3 天体　金星｜充足の欲求

五感・センス
女性的魅力
恋愛・社交

月の「心」が満たされて花開く、金星の感性。

自分をちゃんと満たしてる？

キャッキャ うふふっ
女子力金子ちゃん

充足の欲求

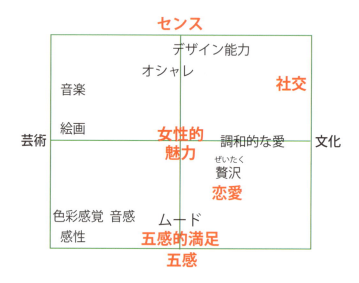

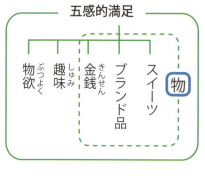

「なるほど…」

　と、感心するぼく。

「すごいわ。わたしも感覚でしか分かってなかったの！よくまとめたわねえ」

　水太くんが誇らしげに鼻をこする。

「そしてね。オシャレとか贅沢って、そもそも平和じゃなきゃできませんよね。

　人は長い歴史の中で『芸術』や『文化』を生み出してきました。これは衣・食・住の安定が約束された貴族や上層階級の間で、特に大きく発展していったんです。

　つまりです。**月ちゃんの『源の欲求』がしっかりして初めて、金子ちゃんの『充足の欲求』が大きく発展する**」

「月がしっかり育たないと、金星は働かないってこと？」

　ぼくがそう尋ねると、髪をいじる手を止めて金子ちゃんが口をはさんだ。

「あら、働かないってことはないわ。

　どんなに心が不安定でも誰しも恋をするもの。

　でも…、なんて言うか、不安定な恋、満たされない心を穴うめするような贅沢。

　そんな風に、いびつになっちゃうってこと」

不安を紛らわすような恋や贅沢…。

それは全部、月が不安定なまま金星を使った結果なんだな。

　そう考えると月って本当に大切なんだ。ぼくのうお座の月。本気で見つけてやらないとな…。

「はい、できました！」

　金子ちゃんははずんだ声でそう言うと、スッと鏡を差し出した。

　おお、真ん中分けで子どもっぽかったのが、くせ毛を無造作にアレンジしたことで、何かちょっといい感じになってる。大人っぽいというか、男っぽいというか…。

　これは明日、いいことありそうな予感！

「あたしがあなたに教えてあげられるのは、これでお終い。楽しんでもらえたかしら？」

「うん！ありがとう。

　ぼく、もうちょっとオシャレに気を使ってみる。

　自分の月の居処も探しながらね！」

　そう答えると、金子ちゃんはニッコリと笑顔になった。

「やあ、もうこんな時間だ！時は金なり！ぼくはそろそろ失礼しますよ！」

　そう言って、水太くんが飛び上がる。

　そしてガラッと窓を開けると、来た時と変わらぬ超特急で風の様に去ってしまった。

　続いて金子ちゃんも立ち上がる。

「初めての恋、頑張ってね」

　耳元で囁いて、フッとそこから消えてしまった。

---

16. 太陽は「自分を表現する力」

　二人が帰った後は部屋の中が静かになって、少し寂しい。モックまは枕のくぼみを自分サイズに整え直し、腰を下ろした。

「ここまでで一区切りだ。何か質問はあるかい？」

　一区切り。『自分の土台を作り上げる』月から金星までのレベル1が終了した。

　この先は、まだちょっとピンとこない『自分を表現

する』ってところに入っていく。

ノートに目を落とした。

「…土台を作るって、自分の気持ちを大切にするってことなんだろうか」

「どうしてそう感じるんだい？」

「ぼくさ。今まで自分の気持ちなんて無頓着に生きてきたなって思ったんだ」

「ほう」

「気持ちなんて目には見えないしさ。『大事にする』って意味もよく分からなかった。

例えば学びたいって欲求とか、誰かを好きって気持ちとか。

そういう感情も何となく湧いてきて、何となく消えていって、『大切にする』って意識したこと、なかった」

小さいくまは何も言わない。目を閉じ、穏やかな表情でぼくの言葉に耳を傾けている。

「よく分からないけどさ。

ぼくは星の使い方に興味があって、勉強していて楽しい。もっと知りたいって思う。

その気持ちがここにあるって意識する。

木野さんのことが大好きで、会いたいなって思う。その想いを感じてみる。

で、そんな自分をさ、ちょっと好きだって思えること。そのことが…」

言葉を切った。

照れる気持ちと、きちんと想いを口にしたい気持ち、その両方が内側にある。

どっちの感情も何だか自分らしくて嫌いじゃない。

「なんだかすごく嬉しいんだ。ぼく、自分のことなんて少しも好きじゃなかったから」

モックまはうつむいたまま、口元だけが柔らかく緩

んでいる。散歩の帰り道、チョビの上で眠っていたときみたいに。

（レベル１の「土台を作る」って、ひょっとしたら「自分を好きになる」ってことなのかもしれない…）

そのときだ。

背中にほのかな温もり。次第に汗がにじむ。

いぶかしく思って窓の方を振り返り、ギョッとした。

カーテンの隙間からなんと、朝日が差し込んでいるじゃないか！

「モックま、大変！ もう朝になってるよ！」

＊

ガラリと窓を開けて入ってきたのは、サンサンと輝く光の玉。そう、太陽だ！

「おはよう、諸君！ や、間違えた。今は夜だったね。挨拶は『おはよう』しか知らないものだから。ハッハッハッ」

小さな目をパッと開き、モックまが立ち上がった。

「お待ちしてましたよ！」

「熱と光の量を調整しないと君たちの元には降りられないだろう？ その加減が難しくてね。遅くなってしまったよ！」

ドキリとする。

金子ちゃんほどド真ん中じゃないけれど。太陽くんの表情が父さんに似ている。

何だか無性に親しみを覚えて、「初めまして、太陽さん」と自分から声をかけた。

「やあ、君がしょう太くんか！ 若いのに『星の使い方』を学びたいとは感心だね！」

清々しい声。やっぱりちょっと若いときの父さんに

似てる！

がぜんやる気になって、ぼくは椅子に座り直した。

「ぼく、予習もしています。

太陽の専門性は『自己表現』。一番発達しやすい年齢は26才から35才ですよね」

「その通り！」

その声に、ぐっと誇らしい気持になる。

「先ほどのモックまくんとのやり取りも、聞くつもりはなかったが耳に入ってきたんだよ。

レベル1の『土台を作る』ということは、自分を好きになること。

この視点、素晴らしいじゃないか！」

「本当ですか？」

「**月ちゃん、水太、金子ちゃん。この三人を大好きになること。それはつまりね。『何も成さない自分を好きになる』ということなのさ**」

「何も成さない…自分？」

太陽くんはうなずいた。

「**誰かのために頑張る自分。周囲に役立つ自分。自分のために頑張る自分。**

そんな自分じゃなくとも、ただ存在しているだけで素晴らしい。肚の底からそう思えると言うこと」

ぼくは戸惑い、口をつぐんだ。

人のために頑張ったり、役立ったり。そういうことに、ぼくはもともと興味なんてなかった。

でもそれはすごく我がままで、言葉にしたら怒られて当然だし、自分もそんな自分を好きだなんて思えたこと、なかったけどな…。

「よく分かりません。

人のために何もしない状態で自分を好きでいるなんて、間違ってるような気がします。

誰だってそんな自分を責めちゃうし、それでも好きでいるなんて、できる人いるのかな…」

太陽くんは、ぼくの言葉をまるのまま受け止めるように、ゆっくり首を縦に振った。

「そうだな…。例えば金子ちゃん。彼女は言ってなかったかい？ 『教えるなんて、責任が重くてやりたくない』そんな風に」

確かにそうだった。

彼女は教えることを、ぜんぶ水太くんに任せて、自分は髪をアレンジして、お菓子をつまんで、時々おしゃべりしてただけ。

「金子ちゃんは、オシャレや贅沢、人との交友が大好きだ。仕事をやり抜いたり、結果に対して責任を取ったり、そんなことは大嫌い。

社会のために、人のために何かを成そうなんて少しも考えていない」

「はい。でも彼女、素敵でした」

金子ちゃんが悪く言われているような気がして、咄嗟にかばうような口調になる。

目をパチクリさせる太陽くん。

「ハッハッハッ！ 彼女は魅力的で素晴らしいよ！ それはぼくだってよ～く知ってるよ！」

言われてぼくは合点がいった。

そうか…。

あるがままの金子ちゃんを魅力的と思う。

これってつまり、ただ欲求を満たすこと、そんな自分を肯定するってことなんだ。

「そう。月ちゃん、水太、金子ちゃん。この三人を大好きになること。それはつまり『何も成さない自分を好きになる』こと。

そしてね。人は誰だって肯定されると本来の力を発

揮する」

「え…？」

「例えばだ。少し嫌な思いをさせるかもしれないが、ゆるしてくれよ」

太陽くんはそう前置きをし、わざとらしく眉間にしわを寄せてみせた。そして、「しょう太はてんでダメだなあ」と、投げやりに言う。

その途端、気持ちが沈み、呼吸がわずかに浅くなる。胸の辺りがモヤモヤする。

「なんて言われたら、どう感じるかい？」と、太陽くん。

「…悲しくなります」

「うん、なるほど…」

「自信がなくなって、ちょっと休みたい感じ…」

すると太陽くんは立ち上がり、ぐっと拳をにぎって見つめかえした。瞳はしっかりとぼくを捉え、いつかの父さんのように優しく頼もしい表情だ。

「しょう太、君はそのままでいいんだよ。どんな君だっていいんだよ。心から信頼している」

我ながら単純だけど、今度はへその辺りが熱くなって脚に力が戻ってくる。

「嬉しくなります。ぼくだってやれるんだって気持ちになる」

太陽くんはおもむろにうなずいて、「ありがとう、しょう太くん」と言った。

「同じことが、月ちゃん、水太、金子ちゃんにも起こってる。在るがままを肯定すると彼らはやる気が湧いてきて、自分の得意分野をこなし始める。

逆説的だが『何も成さない自分』を肯定すると、かえって何事かを成してくれるんだ」

「何も成さない自分を肯定すると、かえって何事かを成す…」

月ちゃんはただそこにいて、うたた寝したり、笑ったりするだけで、ぼくの気持ちをほぐしてくれた。

モッくま相手だったら反発しそうなことも、素直な気持ちで聞くことができたっけ。

金子ちゃんだってそう。彼女が奔放に、自由に遊んでくれたことで返って、金星の魅力をよりハッキリと理解できた。

「でも…」

ぼくは首を傾げ、「水太くんは？」と尋ねた。

水太くんはなんだか、ぼくのために頑張ってくれたような気がしたからだ。

「ふむ。確かに水星には、太陽の夢のため、骨身を惜しまず働いてもらうことがある。言語能力にしろ、計算能力にしろ、より高めようと思ったら努力は必須だ。

でもそれは、水星が充分に開花してからの話さ。

何かに役立つとか、そんなことは脇に置き、まずは彼の知的好奇心にしたがい自由にさせてあげること」

たしかにそうかもしれない。

「星の使い方」を学び始めた頃、いつか母さんや姉ちゃんに話して、二人のネータルチャートを読んでみようか、なんてことも考えた。

でもすぐに打ち消した。

だって二人とも、「くだらないことしてないで勉強しなさい」って言うに決まってる。せっかく打ち込めるものを見つけたのに、へこまされるのはゴメンだもの。

水星の知的好奇心。その出端を折ることなく、まずは好きなだけやってみる。

きっとこれもすごく大切なことなんだ。

太陽くんは深くうなずき、スクリーンボードを開いてみせた。

3 天体 太陽 | 自己表現

人生の目的
意志
自我・成長
なりたい自分

月が「素の自分」なら、
太陽は「なりたい自分」。

さあここから！「自分で使う」と意図することがさらに求められていくんだ！

自分らしくイキイキ 太陽くん

自己表現

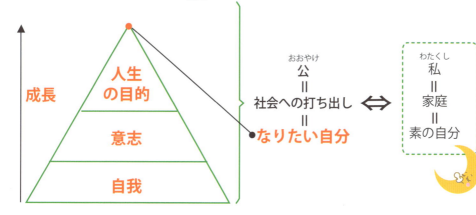

成長 ↑
人生の目的
意志
自我

公（おおやけ）＝社会への打ち出し ⇔ 私（わたくし）＝家庭＝素の自分

なりたい自分

成長

表舞台
健全さ
すがすがしさ
→ 栄光

夫・父・男性 [人]

人生の目的

生命感
夢の具現化欲求※
→ ワクワク感

意志

意欲
主体性

※ 具現化（ぐげんか）とは、思い描いたことを、形あるものに作り上げること。

（あれ？　これと似たものをさっき見た気がするぞ？）

ノートをめくって月ちゃんのページに戻る。

同じ三角形だけど、月は視点が中央へ。一方、太陽は上へ上へと向かっている。

「いいところに気が付いたね。

太陽と月は対局を成してる。

月ちゃんは内側にエネルギーが向かうけれど、ぼくは外へ。上へ上へと向かっていく」

「お母さんとお父さん。子どもと大人。そんな感じかな？」

「うん！いい視点だ！」

不思議だけれど、太陽くんが力強く答えてくれるたび、やる気が湧いてくる。何だか自分の夢も見えてきそうな気がしてくる。

ジワジワと湧き上がる根拠のない自信。そんなものを感じて胸を張った。

「そのやる気、このオレならもっと引き出せるぜ」

突然、背後から野太い声。驚いて窓の方に目をやると…。

---

17. 火星が司るのは「パワー」

赤紫色の大きな火の玉。鋭くワイルドな目が、こちらをじっとにらんでいる。

こういうタイプのオッチャンが、正直、一番苦手なんだ。

「やあ、火星どん！よく来てくれた！ちょうどぼくのレッスンも終わりかけだ」

そう言って、太陽くんが立ち上がる。

「太陽くん、ありがとう。あの、もう帰っちゃうの？」

寂しいのと、火星どんと二人っきりが怖いのとで、すがるような気持ちだ。

「いやいや、彼の魅力を伝えるために、もう少し残っているよ」

ホッと胸をなでおろすぼく。

その様子を見ていた火星どんが、「どうやらお前はこのオレ様が苦手らしいな」と言った。

「えっ！いや、その、とんでもないです！ただあの、緊張するだけで…」

慌てて言葉を返す。

火星どんはぼくの口元に耳を近づけ、「あ？何だって？ぜんぜん声が聞こえねえぞ」と大声で言う。

「に、苦手なんてことありません。緊張しているだけで…」

心臓がギュッと縮んで、声はますます小さくなる。

「ふん。まあいいや。太陽のヤツが教授席を陣取っているからよ。オレはお前の隣に座ってよ、男同士いろいろ語り合おうじゃねえか」

そう言って、ドカッとぼくの横に腰を下ろした。

（えーっ！この人ずっとぼくの隣にいるのっ？！）

心の中で叫ぶぼく。

そもそもぼくは男の人があんまり近くに来るの、苦手なんだ。圧迫されるようで、どうにも息苦しくなる。

それでも何とか作り笑いを浮かべて、「は、はい。よろしくお願いします」そう答えた。

ギラリと目を光らせる火星どん。

じっとぼくをにらみつける。

（今度はなんだよ。なんか気に障ること言ったかな…）

とそのとき、火星どんは豪快に笑って、「おめえってヤツは、てんでこのオレの使い方を知らねえなっ！」

勢いよくぼくの背中を引っぱたいた。

いててて、何て力だ！ 心の中で文句を言いながら、それでも火星どんの言葉を反すうする。

（オレの…、火星の使い方を知らない？ これ、前にモックまにも言われたぞ…）

「おうよ。オレがお前だったらこう言うね。『悪いがあんた、もうちっと距離を置いて座ってくれねえか』ってね」

なんてこった。天体たちが心の内を読めることを、すっかり忘れていた。

「あ、あの、ごめんなさい。火星どんみたいな人、あまり身近にいなくって。その…」

「野郎。この期（ご）に及（およ）んでまだ言い訳するのかよ？

適度な距離感ってのは人それぞれだ。

そいつは自分から言わなきゃ伝わりっこねえ。

お前みたいなヤツが、我慢に我慢を重ねて最後に大爆発を起こすんだ。

それで、『火星が暴走した』とか言われてよ。またオレ様のイメージが悪くなっちまうのさ。へっ」

「まあまあ、火星どん。しょう太はまだ14才。君を使いこなすには、ずいぶん若い年齢だ。

あまり無茶を言わないで、一つひとつ教えてあげようじゃないか」

太陽くんが言った。

その言葉にすがるように、幾度もうなずくぼく。

太陽くんは言葉を続けた。

「しょう太。火星どんの発達が最も高まる年齢。そして、彼の専門性は何だったか覚えているかい？」

「はい。**火星の発達年齢域は36才から45才。**

専門性は『パワー』です。

そして『怒り』や『体温』も専門分野の一つです」

「じゃあよ。『怒り』が湧くときってのは一体どんなときだ？」

と火星どん。

ぼくは少し考えて、「誰かがぼくにとって嫌（いや）なことをしたときです」そう答えた。

「そうだ。嫌（いや）ってのは相手の要望（ようぼう）や言動を受け入れられないってことだな。つまりだ」

火星どんは立ち上がり、スクリーンボードに『**NOと言う力**』と書き込んだ。

――『NOと言う力』

言われてみればぼく、これがすごく苦手かも。

NOなんて言ったら相手が傷つきそうで、つい他の言葉を探してしまう。曖昧（あいまい）で当たり障（さわ）りのない言葉。

それで結局本音をちゃんと伝えられないで、モヤモヤが残ってしまうんだ。

「そしてな。オレは別にNOとばかり言うのが仕事じゃねえ。それじゃあただのアマノジャクだろ？ こいつはおもしれえ。そう思ったときには…」

『**競い合う力**』。火星どんはそう記すと、「これを発揮する」誇らしげに振り返った。

83

3 天体　火星｜パワー

体の熱・情熱
NOと言う力
競い合う力
男性的魅力

心と体の熱、
パワーをつかさどる火星。

時にオレ様は暴走を生むからなおっかないワードが目立つのはそのせいだだがな、適時に使えば強〜い味方になる

情熱マッスル
火星どん

パワー

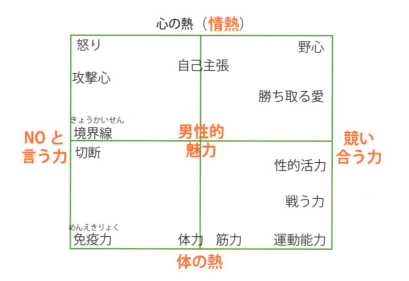

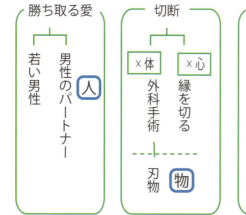

勝ち取る愛
＝
男性的な魅力
＝
若い男性

⇔

調和的な愛
＝
女性的な魅力
＝
若い女性

月ちゃんと太陽くんみたいにわたし達も対局なの♪

「分かったろ？ オレの専門は『パワー』。

荒々しさとか野心とか、オトコっぽいこと全般だ」

言いながら、隣で力こぶを作る火星どん。

相変わらずぼくの真横に座り、どうにも居心地が悪い。とそのとき、図の中の『境界線』という文字が目に留まった。

（火星の専門性に境界線？）

なんだかピンとこない。

その様子をじっと隣で伺っている火星どん。首に息が吹きかかるくらいの近距離だ。いい加減イライラし始めて、ふと、あることに思い当たった。

「この境界線ってのは身体と身体の距離感ですか？」

そう尋ねる。

火星どんはニヤリとして、「それもある」と言った。

「てことは他にもあるんですね。何だろう」

「なあ、お前。最近いい女を見つけたそうじゃねえか。

オレはめっぽう女好きでな。スタイルはどんなだ？ 色白か？ え？」

言われてカッとなる。ぼくが大切に思ってる女の子を、変な風に詮索されたくない。

第一、初対面のオッチャンのくせに、あまりに失礼じゃないか！

「それだ！」

と火星どんが声をあげた。

「え…？」

ああ、そうか。**これ以上立ち入ってほしくない心の距離。その境界線を超えてきた相手にハッキリNOを言うこと。それが火星を使うってこと**か。

それにしても…。やっぱりぼくは火星どんが好きじゃない。こんな風に人の嫌がることをして、自分の特性を教えるなんて悪趣味だ。水太くんみたいに図解で説明するだけで充分じゃないか。

相変わらず火星どんは、ぼくに体を寄せて距離感なんておかまいなし。

ぼくは眉間にしわを寄せ、プイッとそっぽを向いた。

その先に、じっとこちらを見ている太陽くんとモッくまの姿。二人とも「ファイト！」と囁いて、ぼくの方を見つめている。

（あ、そうか）

深く息を吸って、ぐっとお腹に力を入れる。

大丈夫。これは練習。何かあったら太陽くんとモッくまが、とりなしてくれる。

そう自分に言い聞かせ、コホンッと咳払いをした。

「あ、あの、火星どん！…さん」

「ん？ 妙な呼び方をする奴だなあ。オレのことは火星どんでいいぜ」

「あ、はい。すみません。火星…どん」

ああ、ダメだ。勇気が出ない。力なく首を振る。

するとまた、拳をにぎるモッくまと太陽くんの姿が視界に入る。二人にうなずき返し、今度は体ごと火星どんに向き直った。

「あの、もうちょっと、離れて座ってもらえませんか！ す、すみません…」

火星どんはニヤリと笑った。

「何も謝ることはねえ。ハッキリ言ってくれた方がオレだって気持ちがいいや」

そう言って立ち上がり、向かいのベッドに腰を下ろした。

なんだ、話せば分かるじゃないか。

と思ったのもつかの間、「さてお前。もう一つ、押し殺してることがあるだろう？ 例のあの子のことを詮索されて…」

忘れかけていた話を蒸し返されて、ぼくはまた火星どんにイライラした。

なんだってこんなに無神経なんだ！

（そうだ。木野さんを守る。そんな気持ちで伝えてみたらどうだろう）

そう思い直し、胸に手を当て一呼吸する。そしてグッと火星どんをにらみ返した。

「あの、ぼく。好きな女の子を変な目で見られるの、嫌です。あんな風に彼女のこと言うの、二度としないでください」

言えた！　自分の気持ちをごまかさず言えたぞ！

「やるじゃねえかっ！」

火星どんは飛び上がった。

「それでこそだ！　頼もしいガキだな！　なあ、太陽よ！」

火星どんはもう大喜びで、ぼくはすっかり拍子抜けだ。不思議なことに怒りをちゃんと伝えたら。火星どんへのイライラが消えてしまった。

なんだ…。

いろいろ理由を並べて怒ってたけど、ぼく別に火星どんにムカついてたわけじゃないのかも。ただ単に、怒りをなかなか言えない自分に、イラだってただけなのかも。

「いい視点だ」

と太陽くんが言った。

「夢、目的を持って、人生をイキイキと渡っていくには、『成長』を続けることが大切だ。

他人に対して抱くさまざまな感情は、君が使えていない天体たちの声だ。

つまりここに成長のヒントが隠されている」

「天体は使わないと、誰かに使われる…」

「その通り。**それは大抵、怒りやいら立ち、批判感情や嫉妬心なんかで表れる。**

そんな感情が生まれたら、自分の中のどの天体が使えていないのか点検すること。

そして使ってみようとチャレンジすること」

それが夢を叶える一番の早道だから。

太陽くんは最後にそう付け加えた。

ぼくはうなずいて、太陽くんと火星どんにレッスンのお礼を言った。

「明日の一日は、新しく学んだ太陽と火星、こいつの存在を感じてみな。

お前なら、きっと色んな発見があるはずだぜ！」

「頑張れよ！　しょう太くん！」

そう言って、火星どんと太陽くんは天高く舞い上がると、夜空の彼方に消えていった。

---

18. ぼくの太陽と火星

「さて、明日も学校だ。そろそろ休もうか。しょう太」

モックまは、こさえてやったタオルのベッドに腰かけ、そう言った。

ぼくはと言うとまだノートを見つめている。

「ぼくの太陽はおうし座かあ。

　おうし座　—　ゆっくり感じながら作るんだ

たしかにぼく、スローペースだけどさ。これだけじゃ、ぜんぜん分かんないや」

「そんな時は、12サインの3種類の区分を思い出してごらん」

5 チャート | 月から火星を読む -1

しょう太の
生まれた日時と場所
2004年5月13日
03：26
埼玉県 秩父市

| 1 |
| 2 |
| 3 |
| 4 |
| 5 |
| 6 |
| 7 |

こんな風に無意識に思っちゃいやすいの	12 うお座	12　女 　　柔軟宮 　　感情	受け身・取り込む♡ 内側が大事♡ 合わせるの大得意！希望を聞かせてくださいな♪ 他人次第って言われちゃうかも ハートで繋がりピタッとシンクロ 愛してるからこそクヨクヨ。 重たいなんて言わないで♡	君が悲しいとぼくも悲しい…あれ…そもそもどっちの感情だっけ…
こんな風にぼくの知性は発揮されるんだ！	 1 おひつじ座	1　男 　　活動宮 　　精神	積極的！発散！！外側が大事！ スタートさせるの大得意！迷わずＧＯＧＯ！ でもちょっぴり飽きしょうかも 志高く上を向くっ！ 理想論だって？？俺が決めたこと ゴチャゴチャ言うねいっ	ぴんっときてパッ！突発的！
こんなことにトキメキ感じちゃうの♥	 3 ふたご座	3　男 　　柔軟宮 　　思考	積極的！発散！！外側が大事！ 合わせるの大得意！希望を聞かせてくださいな♪ 他人次第って言われちゃうかも 学ぶ、伝える、楽しいな♪ 一人に肩入れムリー！何でも 軽やか、重い責任はニ・ガ・テ♪	「ねえ、どちてどちて？」好奇心いっぱい！
ここに人生の目的、その活力があるんだ！	2 おうし座	2　女 　　不動宮 　　肉体 　　（五感）	受け身・取り込む♡ 内側が大事♡ 続けるの大得意！コツコツ繰り返して定着だ！ でもちょっぴりガンコかも 形にする。見える化する。 リアルって大事！ちゃーんとわたしに 利益はあるんでしょうね？？	ゆっくりじっくり感じながら作るんだ
こういうことに俄然ヤル気がわいちまうのさ	4 かに座	4　女 　　活動宮 　　感情	受け身・取り込む♡ 内側が大事♡ スタートさせるの大得意！迷わずＧＯＧＯ！ でもちょっぴり飽きしょうかも ハートで繋がりピタッとシンクロ 愛してるからこそクヨクヨ。 重たいなんて言わないで♡	「よしよし、いいこね」お母さん気質♥

「おうし座は二番目のサインで、女タイプ。自分の手の中に取り込むのが好き。地のサインだから、目に見える物、触れる物に価値観があるんだろ？

そんで不動宮だから、くり返しコツコツ積み重ねるのも得意。なんかいっぱい物を抱え込むイメージがわく」

「そうだね。実際おうし座は12サイン中、最も『物持ち』がいいサインだ。自分の気に入りを見つけて、それを大切に持ち続ける」

「やっぱりそうなんだ。地のサインだから五感も冴えているのかな？」

「ああ。地のサインの中でもおうし座は、一番五感が鋭いと言っていい。

色彩感覚や味覚、音感が優れていたり。骨とう品などの審美眼がある人も少なくない」

「へー。金子ちゃんがもし、おうし座にあったら彼女すんごい喜びそうだね！」

モックまはうなずいた。

「その通り。実は天体にはそれぞれ相性のいいサインというものがある。金子ちゃんはたしかに、おうし座と、とても相性がいい」

「もしぼくの金星が、ふたご座じゃなく、おうし座にあったら。ぼくの金星はより元気に働いたってこと？」

「うむ。今よりいっそう美的な物、五感を喜ばせることを楽しめたかもしれないね」

「そうかあ。おうし座にあるのが金星じゃなく太陽なんだよなあ…。

てことは『楽しめる』って言うより、それが『人生の目的』になっちゃう感じかな」

人生の目的。夢…。ぼくにはそれが未だによく分からない。

「さらに分からないのは、かに座の火星だよなあ。

　　かに座　―　『よしよし、いいこね』お母さん気質♥

うお座の月と言い、かに座の火星といい、ぼくこんなに優しいオトコじゃないし。

誰かを面倒見るとか、やったことないけど」

モックまは小さく笑って「そうかい？　君はなかなか世話焼きと思うがね」と言った。

「ぼくが？」

「こうしてぼく用のベッドもこさえ、こっそりおやつまで運んでくれる。君の弟分だってほら、この家で一番、頼りにしてるのは君じゃないか」

「弟分？」

モックまが窓の向こうを指さした。

庭先の犬小屋から「くうん」とチョビの鳴き声が聞こえてくる。

「ああ、チョビか。アイツはぼくが拾ってきたからさ。

姉ちゃんだっていたんだよ？　二人で面倒みるって約束したのに結局ぜんぶぼくまかせ。

お乳だってぼくが哺乳瓶で一晩中飲ませてやったんだぜ？」

「そういうとこさ」

「…そういうとこか」

次第に自分ってものの認識が、怪しいような気がしてくる。

ひょっとしてぼく、気づいてないだけで、かなり優しいオトコなのか？

モックまが言った。

「かに座のお母さん気質って言うのはね。いわゆる身内意識が強いってこと。

自分が身内と感じたもの、個人的に気に入ったものを大切にしたい、守りたい意識。

えこひいきと言うと聞こえは悪いが、これがあるから仲間意識や結束が生まれる」

「…ぼく、そんなに身内意識強い?」

「思い出してごらん。君がぼくに反発するのは、たいてい『身内』が絡んだときさ」

言われてみれば、父さんのことを悪く言われた気がして、怒ったことがあったっけ。

「ほかにも。ぐっとヤル気に火が点くのは、たいてい『地球人ってのはまったく…』そんな風にぼくが冗談めかして言ったとき」

ぼくは苦笑し、「そんなデカイくくりで身内意識が芽生えちゃってるんだ」と言った。

「身内意識ってのは、なにも家族だけとは限らない。

普段は関心のないクラスメイトも隣のクラスの連中から悪く言われたら腹が立ったりするだろ?」

「まあ、あるね」

「ところが今度は他の学校の子どもたちが、彼らをバカにしたら? 昨日までケンカしていた隣のクラスの連中に対しても、かばいたい気持ちが芽生えてくる。『身内』の範囲ってのは『外敵』の大きさによって変わるものさ」

「…それって誰でもなんじゃないの?」

「まあね。**誰にだって少なからず、かに座の質はあるからね。ただそのサインに天体がある者は、より強調される**」

「ぼくは人より、かに座の質が強いってことか」

「そう。そしてそいつは火星らしく表れる。やる気とか、怒りポイントとかでね」

「なるほど…」

「君はよほど『星の使い方』が面白いらしいね。明日一日、こいつを持っていくかい?」

そう言ってモックまは携帯をタブレットサイズにし、ベッドの上にポンと置いた。

「いいの?!」

「ああ。お友達や家族のチャートも見てごらん。

天体×サインで、いったいどんな個性の持ち主かが分かるはずだ。

自分だけじゃなく、人のを読むことで理解も深まる」

やった! これで明日は休み時間に勉強しまくろう!

ひょっとしてぼく、将来は占い師になっちゃうのかなあ。

そんなことを考えながら布団に入る。

目をつむった。

まぶたの裏に木野さんの姿。

彼女のチャートはどんなだろう。やっぱり天体たちはふたご座に集まっているんだろうか…。それとも…。

第3章

夢

19. 軽薄なぼくの一面

　ずいぶん遅くまで起きていたのに、翌朝ぼくはスッキリと目が覚めた。

　金子ちゃんが教えてくれたヘアスタイルを、早速チャレンジしてみる。耳の横のくせ毛がはねてイマイチ決まらない。

　一瞬クヨクヨしそうになったけど、（これが感情のパターンてやつだ）と思い直し、「初めての割には上出来じゃん！」鏡に向かってそう声をかけた。

　後ろで笑ってるに決まってる。

　そう思ってモックまの方を振り返ると、意外に真面目な顔をして、「そうそう！ そのいき！」とガッツポーズだ。

　ぼくはいよいよ元気になって、柄にもなくガッツポーズをし返すと、少し早めに家を出た。

＊

　おはよう、ニコッ、おはよう、ニコッ、おはよう、ニコッ…。

　モテ男子高木のスマイルを参考にするのは悔しいけれど、アイツの金星使いは並みじゃない。お手本にできるもんはお手本にして、追っつけ追い越せだ。

「おはよう、岡田くん」

　と、背後から澄んだ声。

　口から心臓が飛び出しそうになりながら、「あ、おはよ」とぼく。

　残念…。微笑み返せず。目も見れず。

　内心、泣きたくなるくらいがっかりしたけど、木野さんはまったく気にする様子がない。

「今日、授業が終わったら教室でオセロ教えてほしいの。もし予定がなかったら！」

　と、小声で誘ってくるではないか！

「うん。別にいいけど」

　と、相も変わらずつっけんどんなリアクション。

　月の専売特許、「習慣」の威力をヒシヒシ感じながら、それでも期待以上の進展に、胸が高鳴る。

「じゃ、後でね」

　そう言って通り過ぎようとした木野さんは、ふいに立ち止まり振り返った。

「あれ？ 髪型変えた？」

　ドキッ！

「あ、うん。少し」

「あれー？ 眉毛も変えたでしょ！」

　ドキドキドキッ！

　ぼくってヤツは、なんてバカなんだ！ 昨日の今日で髪型も眉毛も変わっていたら、意識してるのがバレバレじゃないか！

　恥ずかしさで消え入りそうになりながらも、相変わらずのポーカーフェイスで、「…分かるんだ。すごいね」そう答えた。

「分かるよー！ どうしたの？ 急に」

　必死で頭をフル回転させる。

「姉ちゃんがこういうの、こっててさ。昨日やらせてくれってしつこくて」

「そうなんだー。いいな、うちの弟、絶対いじらせてくれないもん。羨ましいなー」

「……」

　彼女、なんだか楽しそう。そう言えば、いつにも増して瞳がキラキラしてる。

「木野さん、オシャレだもんね」

そう言うと、彼女は眉間にしわを寄せ、「そんなことないよー。わたしなんて全然」と手を振った。

その様子から、オシャレが彼女にとってすごーく大事なんだと直感する。

ぼくはあること気になって、「あのさ」と強い口調で詰め寄った。

少し驚いたように、こちらを見返す彼女。

「木野さんって夢とか、ある？」

「え…？」

「あ、いやその、将来の夢とか、そういうの持ってるのかなって」

「ゆめ…？」

「変なこと聞いちゃったね。ごめん、忘れて」

そう言って、ぼくはニコッと微笑んだ。

もっともこれは、さっきの練習の成果じゃなかった。

何というか「夢」と口にした木野さんが、少し苦しそうに見えたんだ。心の中に葛藤が生まれ、そのことに小さく動揺している感じ。

理由は分からないけれど、そんな思いをさせたことが申し訳なくて、ぼくは咄嗟に微笑んだのだった。

「あるにはあるけど…」

木野さんは躊躇いがちにそう言った。

「へえ、すごいな」

「すごくないよ。叶いっこないって分かりきってるような夢だもん」

夢の話になると、ずいぶん後ろ向きになるんだな。

普段は気さくで明るいのに、意外な一面を見たようで、ぼくは驚いていた。

でも、そんな木野さんも何だか繊細で愛おしい。

（結局、好きになっちゃったら金星っぽいとか、そうじゃないとか、関係ないよな）

内心可笑しく思いながら、だんだんリラックスしてきたぼくは、「そうなの？　それってどんな夢？」と尋ねた。

「えーやだ。教えない」

言いながら、照れくさそうに笑う彼女。

「なんで。木野さんなら絶対、叶うよ」

「やだったら。岡田くんてば、どうしてそんなこと訊くの？」

「え、だってオレ、夢を叶える方法知ってるもん」

「え…？」

目を見開いて、こちらを見る。

うわっ、ぼくってば、すごい大口叩いてしまった！彼女が楽しそうにしてるから、つい調子にのっちゃったー！

「夢を叶える方法って？」

「まあ、もちろん。魔法じゃないからさ。行動は必要だけど」

偉そうに…。ぼくってヤツは、いつからこんな軽口が叩けるようになったんだ？

「なにそれー？　教えてよ！」

「えーやだ。教えない」

と、いよいよ調子にのって、木野さんの口真似をして見せる。

「もうー！」

そう言って、ぼくの背中を叩く木野さん。

…幸せである。

女子の口真似をして叩かれる男子。

これはもう、付き合う５秒前と思うのはぼくだけですかっ？！

「じゃあさ。オセロはまた次！　今日は『岡田くん式

1
2
3
4
5
6
7

93

夢を叶える方法』を教えてよ」

「んー…」としぶるぼく。

　もったいぶってるわけじゃなく、夢を叶える方法ってのが、いわゆる星占いだって知った時の彼女の反応が、ちょっと心配になったんだよね。

「それは良いけど木野さん引かないかなあ…」

「もう、ますます気になる。岡田くん、ずるいなあ」

　教室に入り互いの席につくぼくら。

　しばらく一人で幸せを噛（か）みしめていたけれど、ふと気になって、モックまから借りたタブレットを取り出した。自分のネータルチャートを開いてみる。

　（さっきの軽口マシンガンは、一体どの天体が働いたんだろう…）

　「ぼくらしさ」を作る個人天体。月・水星・金星・太陽・火星をチェックする。

　何となく受け身ってよりは積極的だったから、たぶん男タイプ。

　　水星：おひつじ座

　　金星：ふたご座

を、ピックアップする。

　対話がスムーズに進んだから水星の活躍かなあ。

　おひつじ座は、活動宮　×　火のサイン。

　　活動宮：スタートさせるの大得意！　迷わずGOGO！

　　　火　：志高く上を向くっ！

　んー何か違う気がするぞ。となると、ふたご座の金星？　ふたご座は…

　　柔軟宮：合わせるの大得意！

　　　風　：何でも軽やか、重い責任はニ・ガ・テ♪

　これだ…。

　相手のリアクションに合わせてクルクル対応を変化させる感じだったもん。

　ふたご座って好奇心旺盛（おうせい）ってだけじゃなく、軽快なトークとか、打てば響くような返しとか、そういうのも得意なんだな。

　そこに金星があるってことは、ぼくって案外、軽ノリのコミュニケーションもできちゃうんかも。意外だ…。

　ふと、モテ男子、高木の姿が頭に浮かぶ。

　軽薄で、可愛い女子には誰でもちょっかいかけるのに、なぜか女子たちに人気がある。

　気に喰わないヤツって思ってたけど、ひょっとしてぼく、アイツに金星を使われてただけだったんかな…。

　ふいに、太陽くんの言葉を思い出す。

　──心のザワつきは使えていない天体の声。その天体を使うことで成長していく。

　ぼくは嬉しくなって、自分の中の金星に話しかけた。

　（お前、なかなかやるじゃん。軽口、叩くなんて自分らしくない。

　そんな風に思ってたけど悪かったよ。これもぼくの魅力なんだって気づいたよ）

　じんと胸が熱くなる。

　自分の星を使うことは、自分を好きになること。

　その意味がまた一つ、分かったような気がした。

94　第3章　夢

20. 簡単には叶わなかった、ある夢の話

その日一日、ぼくは上の空だった。

早く放課後になって、木野さんに「星の使い方」を教えてあげたい。

最初は戸惑うかもしれないけれど、彼女だって知るほどに、この面白さに気づくはずだ。

あんなに素敵なのに自信がないなんて信じられない。きっとまだ気づいていない、使えていない天体たちが彼女の中でくすぶってる。

ぼくはそう確信していた。

最後の授業、5限目は美術だった。

教室の扉が開き、三沢先生が入ってきた。

瞬間ぼくは、（あ、しまった！）と思った。

三沢先生は左足が義足の体の大きな先生で、ぼくらの間ではちょっと人気がある。

怒るとすごく恐いけど、いつも優しい眼差しで、ぼくらの絵を描く姿を眺めている。

教壇に立った先生は、「授業に入る前に一ついいかな」そう切り出した。

「今週の火曜、廊下で外国のコインを拾った子はいなかったかい？」

ドキリとし、思わずうつむいてしまう。

そう。そのコインは確かに一昨日、ぼくが拾った。

あの日、三沢先生は片手に資料を持ちながら手すりに捕まり階段を上っていた。

少し汗ばむ陽気で、途中、先生は上着を脱ぎ資料と一緒に抱えこんだ。

その瞬間、上着のポケットから例のコインが転がり落ちた。そいつはちょうど階段のすべり止めの上で跳

ね、音もなく転がって、離れて立っていたぼくの爪先に当たったのだった。

そのときぼくは、ずいぶん機嫌が悪かった。

なんでかって言うとさ。

普段から、どうも折り合いの悪い体育の先生に、「岡田！ 廊下は右側通行！」なんて、大きな声で怒鳴られたばかりだったから。

左を歩いてる奴なんて、たくさんいるのに、なぜかぼくだけ名指し。

先生なんて、どいつもこいつも気分で怒ったり褒めたりする。

そう思うと無性にイライラしてさ。転がってきたコインを、しばらく拾う気になれなかったんだ。

廊下の窓から校庭を見下ろし、街の向こうの山並みを眺めながら、（世の中なんてくそくらえだ）そんな風に心の中で悪態をついていた。

だからって足元のコインが消えるわけじゃない。

次第に気持ちが落ち着くと、ふうふう言いながら階段を上る三沢先生の大きな背中が思い出された。

後からこれ、探しに来るかもしれない。

足が不自由で階段はわずらわしいだろうに、なんであのとき渡してあげなかったんだろ。

ぼくは小さな後悔を抱きながら、かがんでコインを拾い上げた。

片面には樹木、もう片面には男の顔が刻まれた、何の変哲もない外国のコイン。

放課後、職員室に立ち寄ってみたけれど、先生の姿はなかった。ぼくはそのまま持ち帰り、チョビの犬小屋の前でそいつを落っことしたのだった。

ぼくときたらそのことを、今の今まですっかり忘れていたんだな。

静まり返った教室を見回して、三沢先生は「やはりないか」とつぶやくと、「じゃあ授業を始めよう。今日の授業は模写。みんなはオランダの油絵画家、フィンセント・ファン・ゴッホを知っているかい？」そう声を張り上げた。

*

鐘が鳴り木野さんの方を振り返ると、こちらを見てニコッとする。

ぼくは速足で彼女に近づき、「ごめん、木野さん。ぼく、ちょっと三沢先生に話があるんだ。少しの間、待っててくれる？」そう言った。

「え…」

彼女の表情が少し曇る。

「ごめんね。すぐ戻るから」

きちんと説明してあげたかったけど、三沢先生にできるだけ早く伝えたくて、ぼくは教室を飛び出した。

あの日、職員室に先生はいなかった。もしかしたら…。そう思って美術室をのぞいてみると…。

いた。三沢先生だ。

そのまま声をかけようとして、言葉を呑み込んだ。

白いキャンバスに絵の具をランダムにのせていく。複数の色彩が重なって、すごく綺麗だ。

けれど一体何を描いているのか分からない。

そう思う間に気づけば人の姿が浮かび上がり、艶やかな裸婦が現れた。

思わず前のめりになる。

その弾みに、立てかけてあったイーゼルに肘が当たった。

手を伸ばすが間に合わない。

板を激しく叩きつけるような音が、静まり返った室内に響いた。

ハッと身を震わせて、三沢先生が振り返った。

「す、すみません。邪魔しちゃって」

先生は筆を置き、ゆっくりと立ち上がった。

「なんだ。岡田か。どうした、こんなところまで」

廊下を通る生徒たちはイーゼルの激しい音に気を引かれたのか、ジロジロこっちを見ながら行き過ぎていく。気持ちを落ち着かせようと美術室の扉を後ろ手に閉めた。

*

ぼくは先生にいきさつを話した。

拾ったコインは持ち帰って、今はチョビの犬小屋にあること。先生の顔を見るまで、そいつをすっかり忘れていたこと。明日はきっと、持って来れるということ。

「気にすることはない」

三沢先生は微笑んだ。

カバンからオレンジジュースを取り出すと、二つのカップに分けて注ぎ一つをぼくに手渡してくれる。受け取りながら、ぼくはチラリと時計に目をやった。

先生はぼんやりキャンバスを見、時折その先の窓の向こう、青い空を眺めている。

木野さんのことが気になったけど、なぜだか席を立てなかった。三沢先生の言葉には、もう少し続きがあるような気がした。

「…あのコインは、お前のチョビくんにあげようかな」

先生が、ぽそっと言った。

驚いて顔をあげる。

「大切なものじゃ、ないんですか?」

「まあな。けどきっと、そろそろオレの元を離れる時期だったんだろう…。

よし決まりだ。あれはお前のチョビくんの新しいオモチャだ」

先生は笑ってポンッと両膝を打った。

「どうしてですか?」

思わずぼくは問い返した。

胸の内に立ち込める黒雲のような感情。ずっと以前にも味わったこの感情。

――本当は、そば職人になりたかったんだ。

目を合わせないまま、そうつぶやいた父さん。

遠くの空に諦めと懐かしさを感じながら、それでも自分を奮い立たせるような、そんな切ない目をしていた。

「心配しなくとも、あのコインはそんなに高価なもんじゃないぞ?」

三沢先生はハッハッハッと、わざとらしく笑って見せる。

「…もう、いらなくなってしまったんですか?」

ぼくは静かに尋ねた。

先生は顔をこわばらせ、「いらないというか…」そのまま言葉を詰まらせる。

ぼくは少し考えて、「もう持っていても仕方がないということでしょうか」と続けた。

先生の目が一瞬、火のように強く光る。

その瞳に恐れを感じ、目を伏せた。次第に後悔する気持ちが広がっていく。

「そろそろ行きます」

沈黙に耐えかねて、そう切り出そうとしたとき、「鋭いヤツだなあ。お前は」三沢先生が、ため息まじりにつぶやいた。

＊

あのコインは、先生の思い出の品なんだそうだ。

10代の頃にスペインへ渡り、そこで沢山の美術品に触れ画家を志した。日本に戻ると美大に入り教員免許を取得し教師になった。

「まずは国内の画壇で力をつけて、またスペインへ渡ろう。

そんな夢を抱きながら画展に作品を出し続け、気づけばもう 30 になっちまった」

三沢先生は、ちょっと寂しそうに笑った。

「スペインで世話になった人がいてな。部屋貸しを商売にするドケチな婆さんだったが、どう言うわけか、ずいぶん可愛がってくれてなあ。

『あんたには才能があるから』と言って、他の連中には内緒で、こっそり飯なんか食わせてくれた。

別段、目利きだったワケじゃないんだぜ? でもな。オレはその婆さんの言葉に、ずいぶん励まされた。

帰国するときスペインの古いコインを出してきてな。

これ見て思い出せって。スペインで一旗あげるんだって、見る度に思い出して、いつか必ず帰ってこい。

そう言って目に涙をためて、見送ってくれたんだ」

スペイン時代の話をするとき、先生の目は美しく輝いた。

「色彩ってのはな。風土で決まる。もっと言や、その土地、その国の光で決まる。

オレはスペインに渡って初めてそれを知ったんだ。

足元の赤土。海の青。若葉の緑。女の肌。市場に並ぶ果実の色。

湿気の多い日本とは光の質も、量も違う。だからこそ、そこに生まれる色が違う。

理屈じゃなく、言葉じゃなく、光は色なんだって、全身全霊で感じた」

話しながら先生はキャンバスに描いた裸婦像を、ぼんやり眺めている。まるで色彩の向こうの記憶をゆっくりと手繰り寄せるように。

ふいに、脚に違和感を覚えたのだろう。自分の義足に目を落とした。

「オレは子ども時代、ちょっと苦労したからな。

この脚を見れば分かるだろう？　ガキの頃は、こいつがそりゃあ苦になった。なんで生まれてきたんだろうか。そんな風に幾度嘆いたかしれない。

だからな。光は色だと悟った瞬間。オレは涙が止まらなかった。

世界は美しいんだ。途方もなく美しいんだ。

こんな当たり前のことを、なぜオレは知らないまま生きてきたんだろう。

そう思ったら、自分の体、この使えない左脚すら、とてつもなく愛おしく感じてな。

心の底から感謝が湧いて止まらなかった。

そしてそのとき決めたんだ。

この躍動を形にしよう。せっかく生まれてきたんなら、この色彩を、この世界の美しさを、自分の手で形にしようってな」

声は少しずつ力を失い、言葉の後には悲し気な余韻が残った。

先生はぼくの目を見ない。あのときの父さんと同じ、色あせた記憶の中に身をゆだねて、瞳はどこか遠くを見ている。

ぼくは言った。

「もうスペインには行かないんですか」

先生は小さく笑い、「もう30だからなあ。それにな。画展に毎年、出品する。こいつも一種の趣味みたいになって、それはそれで楽しくなってきた。

お前らに絵を教えるのも、充分にやりがいがある」と言った。

ぼくらに絵を教えることに、やりがいを感じている。

きっとそれは本当なのだろう。なのになぜ、こんなに寂しい気持ちになるんだろう。

ぼくはうつむき小さな声で言った。

「…夢って、結局は叶わないものなんでしょうか」

先生がハッと向き直る。

「いや、しまったな。まずい話をしちまった。

なあ、岡田。オレとお前じゃ一回り以上、違うんだぜ。

お前はまだ14才。これから何だってできる」

先生こそまだ30だ。太陽期のど真ん中じゃないか。ぼくは心の中でつぶやいた。

「それにな。オレは充分、今の生活にも満足してるんだ。授業も楽しいし、こうして時間を見つけて絵も描ける」

先生の夢が美術教師だったなら、きっとこんなに悲しくなったりしない。

その言葉を呑み込んで、ぼくは立ち上がった。

「じゃあ、あのコインはチョビにやります」

少し唐突だったろうか。だけどぼくはこれ以上、父さんと同じ目をした先生を見ていられなかった。

そのまま速足で美術室を出る。先生が慌てて立ち上がったのが分かったけれど、ぼくは振り返らなかった。

走って走って、教室に戻る。扉を開けるとそこには
もう誰の姿も見当たらなかった。

---

21. 木野さんのネータルチャート

空っぽの教室には、西の窓からうっすらと夕日が差
し込んでいた。どのくらい話し込んでいたんだろう。
（木野さんに悪いことしちゃったな…）
肩を落とし、きびすを返そうとしたその時、わっと
背中を押す誰かの手。
振り返ると、そこには木野さんが立っていた。
「待ちくたびれて帰ろうかと思っちゃった」
「ごめん。よかった、いてくれて」
木野さんは笑って、「三沢先生と何話してたの？」
と尋ねた。
「授業が始まる前にコインを落としたって言ってたろ。
あれ実は、ぼくが拾って持ってるんだ」
「そうなの？」
「それをさ。明日、届けるって言いに行ったの。でも
もういらないんだって」
「え、でも探してるみたいだったのに…」
「昔の夢の思い出なんだって。でももうそれも諦め
たって」
ぼくはつっけんどんにそう言うと、小さくため息を
ついた。
「夢があるだけでもすごいのに、どうして簡単に手放
せるんだろう」
半分、独り言のように言ってみる。
何となく同意してくれることを期待したのに、彼女
の答えは予想と違っていた。

「わたし、分かるな」
「え…」
顔を上げる。
「大事な夢だとダメだったときに悲しいじゃん。それ
くらいなら早めにやめちゃおうって思うんじゃない」
「……」
そう言うもんだろうか。
ぼくはまだ自分が何をやりたいのかも分からない。
そんな中で、あんな風に目をキラキラさせて語れる
何かがあるだけで羨ましいのに。
そう思いながら、伏し目がちな木野さんの姿が気に
なった。
「木野さんも、そうなの？」
「わたしは最初っから、叶いっこない夢だって分かっ
てるもん」
「…そっか」
励ましてあげればいいのに、どうにも気持ちが落ち
込んで、言葉が出ない。教室はいよいよ西日が強くなっ
て、二人の影を細長く映した。
グランドから、クラブの連中の掛け声が聞こえてく
る。間延びした声が物悲しく響いて、ぼくはますます
寂しい気分になっていった。
「岡田くん、教えてあげれば良かったのに」
ふいに木野さんが言った。
重たい空気を変えようとしてくれたのか、口元に少
し笑みを浮かべている。
「何を？」
「え、だから。今日、言ってた『夢を叶える方法』。
三沢先生にさ」
言われてぼくはハッとした。
先生に「星の使い方」を教えてあげるなんてこと、

99

少しも頭になかったから。

「いや、でも先生、大人だしさ。たぶん本気で取り合ってくれない気がする」

「えーでも、大人だからこそ必要なんじゃない？」

「そうなんだけど…」

「誰だって知りたいよ。使うかどうかは知ってから決めればいいんだし。教えてあげればきっと喜ぶよ」

何だか木野さんに励まされている。そう感じて、ぼくは気持ちを奮い立たせた。

「そうだよね。なんでオレ、切り出さなかったんだろ」

「明日、話してみたらいいじゃない」

「うん。ありがと」

答えながらぼくは、あることに気が付いていた。

本当は誰より木野さんが、「夢を叶える方法」に興味を抱いてるってこと。

三沢先生のことはオマケで、「夢を叶える方法」を知りたいのは、実は彼女自身なんだってこと。

そう思ったら、ぼくはにわかに元気になって、「『夢を叶える方法』ってさ。実はほとんどの人が知ってるものなんだ」と言った。

「そうなの？」

「うん。雑誌なんかでたまに見かける。でもちゃんと理解して使ってる人が、すごく少ないんだ」

木野さんの瞳に小さく光が宿る。

「なんて言うか、みんな占いみたいにしか扱ってない。

でももっと奥深くて、エキサイティングで、実用的なものなんだ。

木野さんが、『自分の夢は叶いっこない』って思ってるのも、きっとそいつをうまく使えていないから。

たぶんこれは、ぜんぜん根拠のない『心の習慣』てヤツなんだと思う」

「…心の習慣？」

「そう。人はみんな習慣を持ってる。

歯は左の奥歯から磨くとか、階段は右足から上がるとか。無意識にパターン化されてることが、いっぱいあるんだ。

同じように『大切なことは叶わないって思うことで、後でガッカリするのを防ぐ』っていう心の習慣があるんだと思う」

木野さんは黙って聞いている。表情はいつになく真剣だ。

「何が言いたいかって言うとさ。

まずは心が勝手に習慣化した思い込みを、ちょっと脇に置いて。偏見なしで、ぼくの話を聞いてほしいってことなんだ」

彼女の目をじっと見つめ語りかけた。

ぼくだって、大好きな木野さんが「星の使い方」をバカにしたり、ちゃちに扱ったりしたらきっとすごく傷つくだろう。

だからこそ、その良さを丁寧に伝えたい。その努力をしたい。そう思った。

「分かった。ちゃんと聞く」

木野さんが言った。

ぼくはニコッと笑い、彼女に誕生日と生まれた場所を尋ねた。

「2004年10月12日。生まれた場所は埼玉。

時間はママに訊かないと分からないけど…。明日でもいい？」

ぼくはうなずいて、モックまから借りたタブレットに、彼女の情報を打ち込んだ。

5 チャート | 月から火星を読む -2

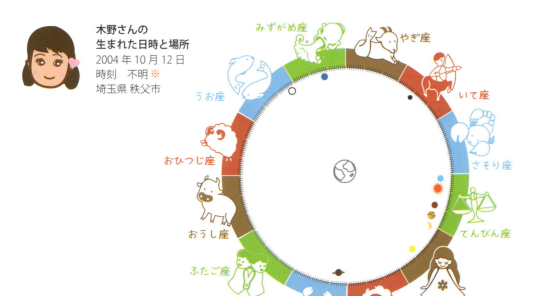

木野さんの
生まれた日時と場所
2004年10月12日
時刻　不明※
埼玉県 秩父市

※　生まれた時刻が分からない場合は、仮で12：00とします。
月は12時間で約6度移動するため、前後のサインと6度以上の開きがあるかをチェックしましょう。開きが6度未満であれば出生時刻によっては隣のサインに月が在る可能性も出てきます。自分に照らし合わせながら、両者の月をイメージし読んでみましょう。またこの場合は、ハウスについては正しく表示されないため、読みません。

101

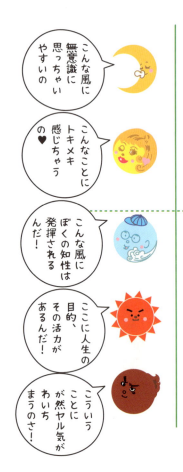

　木野さんのネータルチャートを見て、ぼくは思わず「へえ…」と声をもらした。
　ぼくのチャートは月から火星までサインがすべてバラバラだったのに、彼女ときたら二つのサインに偏(かたよ)ってる。
　まだ習っていない木星も入れると、全部で四つも、てんびん座にあるじゃないか。
「こんなケースもあるんだなあ…」
と一人つぶやくぼく。
　木野さんは待ちきれないと言った様子で、「ねえ、なになに？ それで何が分かるの？」と肩を寄せ、のぞきこんできた。
　一瞬、胸が早鐘(はやがね)を打ったけれど、ときめいている場合じゃない。ぼくは頭を振ってタブレットを机の上に置いて見せた。
「これなあに？」

「木野さんが生まれた瞬間、10個の天体が空のどこにあったのか。それを記した図。

ネータルチャートって言うんだ」

「これを見れば、夢を叶える方法が分かるの?」

「いや、見るだけじゃ分からない。

その天体の持つ力、専門性を知り、どんな個性を持っているかを理解すること。

そしてね。知って理解しただけじゃダメ。

日常の中で自分で工夫しながらその力を使っていく。これが一番大事なこと」

「…力を…使う?」

木野さんは首を傾げた。

ぼくは習ったことを復習するつもりで、一つひとつ、彼女に説明を始めた。

---

22. 12サインの復習だ!

「10の天体は10人のスペシャリスト。心強い専門家だ。まずは彼らが主役と思ったらいい。

そしてその10人が一体どんなコスチュームを着ているのか。

いわゆる性格づけを決めるのが12のサイン」

木野さんは意外にも、うんうんと熱心に聞いている。

どうやら興味を持ってくれたらしい。ぼくはホッと胸をなでおろした。

「そして12サインはね。大きく三つの視点で読み分けることができる」

「三つの視点…?」

「そう。その一つが、男タイプか女タイプか。

木野さんの場合、男タイプのサインに6、女タイプのサインに4、天体が入ってる」

「えー! わたし、そんなにがさつかな?」

がっかりしたように彼女が言う。

「男タイプは何もがさつって意味じゃないよ。

普段ぼくらが使ってるような男っぽい、女っぽいとはちょっと意味が違う。

男タイプ─積極的! 発散! 外側が大事!
女タイプ─受け身 取り込む♡ 内側が大事♡

つまりさ。**自分の内側よりも外で起こっていることに関心が向いたり、外に向かって積極的に行動したり。そんな質が男タイプってこと**」

「ふーん。人と話たり、外に出て動き回ったりするのは好きかも…。

でも、実はくよくよ考えちゃったり、内にこもっちゃったりすることもあるよ?」

木野さんは少し言いづらそうに、言葉を返した。

「そうだね。**女タイプは外でなく内側に目が向いている。自分が大切に思ってる人や物。何を手にできて何が手に入らないかを観察する。内面で起こる気持ちの変化なんかも大事にする**んだな。

木野さんの場合、天体四つは女タイプのサインにあるからね。こちらの要素も同時に持ってるんだ」

「そっかあ。どっちもあるのね」

「そして**二つ目の視点。**

季節の初め、季節の中頃、季節の変わり目の3区分。

【季節の初め】活動宮

スタートさせるの大得意! 迷わずGOGO!

でもちょっぴり飽きしょうかも

【季節の中ごろ】不動宮

　続けるの大得意！コツコツ繰り返して定着だ！
でもちょっぴりガンコかも

【季節の変わり目】柔軟宮

　合わせるの大得意！希望を聞かせてくださいな♪
他人次第って言われちゃうかも

　季節の初めはスタートの時期。

　ほら、仕事とか、学期とか。たいてい何でも季節ごとに始まるだろ。衣替えしたりして気分一新するのもこの時期じゃん。

　この時期に当たるサインを『活動宮』と言って、ここにたくさん天体がある人は、**今までやってきたことを潔く終了し、新たに何かをスタートするのが得意**なんだ。**自分の力で道を切り開いたり、周囲を引っ張っていったりする。**

　季節の中頃に当たるサインは『不動宮』。

　変化はないけど**着実に何かを定着させていく**時期だ。

　ここに天体が多い人は、**続ける力、持久力があるん**だな。物を作ったり研究したり。自分の信じた道を突き進んだり。思想とか、そういうものを広めたり。**こういうことって継続が大事だろ？そんなパワーを持っている**んだ。

　そして最後は『柔軟宮』。

　季節の変わり目の時期だから、気候の変化に合わせ、対応する。

　春先、暖かくなってきたと思ったら夜は急に冷え込

んだり。それに合わせて着るものや食べ物を、臨機応変に決めたりする。

　これを人の質に置き換えると、**周囲に合わせて対応する**、そんな力を示してる。

　状況の変化によってやり方を変えたり、何とか相手の要望を形にしようと努めたり。相手の感情をくみ取って応じたり。柔軟宮にたくさん天体がある人は、そんな力を持ってるんだ」

　木野さんは、目をぱちくりさせている。

　自分なりに勉強し、まとめた内容を伝えてみたけれど、この説明で分かったかな…。

　少し不安になって、ぼくは一呼吸を置いた。

「ここまでで、質問ある？」

「うん、今のとこ大丈夫。で、わたしはどこに天体がたくさんあるの？」

　前のめりになり、そう返す彼女。ぼくは彼女のチャートに目をやった。

「木野さんは、活動宮5、不動宮1、柔軟宮4」

「えー！やり抜く力なさすぎじゃない！」

　と、間髪入れず声を上げる彼女。

　ぼくは面白そうに彼女を眺め、「結構、ないトコに目が行くんだね」と言った。

「え…」

　ドキリとしたような表情で、こちらを見返す。

「あ、ごめん。木野さんはつまりさ。何かをスタートさせる力や場の雰囲気を方向づける力。そんな『活動宮』の力が強いってこと。どう？」

「ん、そうかな。自分では分からないけど…」

「えーそうなんだ！」

　意外過ぎて、少し大きな声をあげてしまう。

　木野さんはクラスの中でも特別に華がある。

「ねえ、こうしよ！」と彼女が一言発すれば、パッと皆の気持ちがそちらに向く。

クラスで少し浮いてる子や、暗い子が、口の悪いヤツにいじられても、明るい笑顔でぜーんぶ冗談にしちゃうから、場の雰囲気が変な方向に偏(かたよ)っていかない。

「木野さんのリアクションで空気が切り替わったり、いい方向に進んだり。見てると、そういうことよくあるよ？」

「全然分かんない。わたしただ、おしゃべりしてるだけだけど」

自分の魅力に無自覚でいるってこういうことか…。

ぼくはマジマジと彼女を見つめ、言葉を続ける。

「オッケー。まあまずは自分にはこの質があるって、頭の片隅(かたすみ)にひっかけといて。

…そしてこれを見ると、柔軟宮もなかなか強い」

「相手に合わせる力かあ。これも分からないなあ。

わたし予定変更って苦手なの。

みんなでプールに行く約束して色々準備するでしょ？ 全員分のデザート作ってみたりとか、おしぼり人数分用意したりとか。

なのに朝になって、『今日は肌寒いから映画にしよう』みたいな話になるとイライラしちゃうの。

変更するならもっと早くしてよ！ って思っちゃう。

臨機応変(りんきおうへん)とかホント無理」

デザートとか、おしぼりとか用意しちゃうんだ…。ぼくなら絶対に予定変更なんてしない…。

危(あや)うく妄想(もうそう)が始まりそうになるのを抑(おさ)え、真面目な顔つきでうなずいて見せる。

「それはもしかしたら、**三つ目の視点**で分かるかも。

火・地・風・水の４区分」

【火】精神

独立独歩！ 志高く上を向くっ！

理想論だって？ オレが決めたことに

ゴチャゴチャ言うねいっ

【地】肉体（五感）

形にする。見える化する。

リアルって大事！ ちゃーんとわたしに

利益はあるんでしょうね？？

【風】思考

学ぶ、伝える、楽しいな♪

一人に肩入れムリー！ 何でも軽やか、

重い責任はニ・ガ・テ♪

【水】感情

ハートで繋がりぴたっとシンクロ♡

愛してるからこそクヨクヨ。

重たいなんて言わないで♡

「これはね。それぞれの特色を理解するとよくて。

火はぼくら人間にとって、時折、太陽の代わりを果たすだろ？ 熱をもたらし光となって先を照らしてくれる。

だからね。**火の質の人は何か崇高(すうこう)な目的に向かって、頑張ることが得意**なんだ。

火は上に向かって燃え上がる。志ってのは天に向かって掲(かか)げるもんじゃん。だからある意味じゃ**彼らは理想主義者でもある。**

そして火は近づくものを燃やしてしまう、寄せ付けないって特性もあるから。

人が依存して寄っかかってきたり、考えを押し付けられたりってことに、ストレスを感じやすい。自分が独立心旺盛な分、人のそんなところが苦手なんだ。

こんな特徴があるから、**火は人間の『精神性』を表すと言われてる」**

ぼくは一息つくと立ちあがり辺りを見回した。

ロッカーの上のベゴニアの植木鉢に目が留まる。

「木野さんは植木鉢が何で出来てるか知ってる？」

「え、粘土かなんかかな？」

「そうだよね。たぶんこれ、元は土で出来てる。

つまりさ。土は一度固めてしまうと、もう形が変わらない。そしてこうやって手で触れることも、目で見ることも出来る。植木鉢として、ちゃんと実用性もある。

こいつを人の質に置き換えると…。

地の質は現実主義者が多いってこと。自分や周囲の利になるのか。社会で成り立っているか。物やお金など、実際にこの手にできるのか。そんなことが大事なんだ。

その分、**社会で結果を出すのが得意**だし、それがなきゃ、いくら立派な理想を掲げたって意味がないとも思ってる。

火・地・風・水は人間の四つの要素を表している。

地は形あるもの、つまり『肉体』。肉体には見たり聞いたり匂いをかいだり、そんな感覚が備わってる。だから同時に『五感』って意味も含まれるんだな」

木野さんはうなずいて、自分のチャートに目を落とした。

「自分の質が気になるよね。木野さんの天体が一番たくさんあるのは風のサイン」

「風は『思考』かあ。そんなに考えること、好きじゃないけどな」

ぼくは植木鉢を置いて立ち上がり、窓を開けた。

涼やかな風が入ってくる。

西日で熱っぽかった教室は、あっと言う間に新鮮な空気に包まれた。

「『風の噂』、『風通しのいい関係』、『風の便り』…。

風を例えにした言葉ってたくさんある。これぜんぶ、言葉やコミュニケーションを示すよね。

つまり風の質の人達は、そんな力に長けてるんだ。

そして風は人間で言うところの『呼吸』に当たる。呼吸は体内に風を送り込むことだからね。

深い呼吸をすると意識がハッキリし、集中力が湧いてくるだろう？

木野さんはピンとこないかもしれないけど、やっぱ**り学ぶことや人に教えることが得意**だったりするんだよ。

風はあらゆる場所に万遍なく吹く。逆に一処に滞ると不快な感じがするだろう？

つまりさ。**一人の人に肩入れしたり、べったりした関係は苦手**なんだ。**もしかしたら時々、八方美人て言われちゃうかもしれない。**

そしていつも風のように軽やかでいたいから**重い責任も苦手」**

「あーそれ！ 分かる！ ママにいっつも言われるの。お前は誰にでもいい顔するって…」

「はは、そうなんだ」

「わたしはただ、誰か一人の味方になるのが嫌なだけなのに…。

風の質かあ。言われてみればそうかもな。

友達は多い方だし、ケンカした子達をとりなしたりするの、割に得意だし」

「それだよ、それ！ コミュニケーションのセンスが

めちゃくちゃ、あるんだよ」

　木野さんは嬉しそうに微笑んで、「あと自分の好きなことなら結構、集中して勉強するかも」と付け加えた。

「だろ？」

　ぼくはにわかに自信が湧いて、「次は水、『感情』だ」と続けた。

「水はさ。無色透明で色を混ぜたらいくらでも染まる。コップに入れればその形になるし、茶碗に入れればそこに治まる。

　つまりさ。**相手に染まる、相手の色や形をコピーする、そんな質がある**んだ。

　映画観てて、主人公が悲惨な状況になったらイチイチ気持ちを理解しようとしなくても、自然に悲しくなったり腹が立ったりするだろ。

　人って知らない間に、他人の感情に影響を受ける。いつの間にか相手の気持ちをコピーして、同化してるんだ。

　水の強い人は、人の痛みが分かったり、感情を察したり。優しく育んだり、癒したり。そんなことが得意なんだ。

　そしてね。**相手の動きや技術をコピーする、なんて力も秘めている。**

　水って物理的に重いだろ？　この『重さ』を人の質に置き換えると…。

　『あんたのために言ってるの』なんて過剰に心配したり、相手をコントロールしようとしたりする。

　心に寄り添う分、自分の想いを押し付けて人を変えようとする。

　時にそんなことも引き起こしてしまうんだよね」

　ぼくは言葉を続けた。

「**火は風にあおられ大きくなる。だからこの二つは仲がいい。**

　2区分で言えば男タイプ。

　水は土の入れ物の中で安定する。だからこの二つは相性がいい。

　2区分で言えば女タイプ」

　唐突に木野さんが言った。

「もしかして岡田くんって、水に天体がいくつもある？」

「えっ！」

　不意を突かれ、ぼくは言葉を詰まらせた。

「そう…見える？」

「うん。だってすごく優しいし、思いやりあるじゃない」

「…そうかな」

「そうだよ！　自分で気づいてないの？」

　と、不思議そうに言う彼女。

「木野さんだってだろ！　いろいろピンとこないって、さっき言ってたじゃん！」

　思わず切り返すと、木野さんはハッとた様子でこちらを見返した。

「そっか。これって自分のことは分かりにくいのかな」

「うん、そうかもしれない。

　でもだからこそ、きちんと知って使うことで、もっと自分を好きになれる」

「…自分を好きになる？」

　木野さんは目を瞬かせた。

「例えばさ。さっき臨機応変が苦手って言ってたろ？

　柔軟宮に月と金星があるのに、人に合わせられないって」

「うん。あんなことくらいでいちいちイラつくの嫌だなって思うけど…」

と眉間にしわを寄せる彼女。

「それはさ。きっとよほど皆のこと考えて、キッチリ用意したからだと思うんだ」

木野さんは頬杖を突き、聞くともなく聞いている。

ぼくは慎重に言葉を選びながら、彼女の想いを出来るだけ感じ取りたいと思った。

「木野さんの月と金星は、おとめ座にある。

おとめ座ってほら、柔軟宮でもあるけど地の質だろ。**唯一形が変わらないもの。**

皆のことを考えてしっかりと準備した。デザートはもうジュースに変えられないし、おしぼりだって…。場所が映画館なら、どっちも何だかちぐはぐだ。

何が言いたいかって言うとさ。木野さんが用意したものって、今さら要らないって言われても変えることができないものばかりなんだよ」

彼女の横の髪が少し落ち、瞳は隠れ表情が分からない。ぼくはそのまま言葉を続ける。

「おとめ座の質を一言で言うと…

——キチッぴしっ　ちゃんとこなせてるか、ああ心配…。

つまりさ。今さら変えようのない形あるものを、自分なりに完璧に準備した。それが喜んでもらえるか。本当に必要なものなのか。そんな心配までしてるんだ。

それを簡単に反故にされたら、そりゃ傷ついて当たり前なんじゃないかな」

言葉を切り、見えない横顔をじっと見つめる。

開け放した窓から風が入り、彼女の髪が、また少し乱れた。

いつもなら、すぐ髪をかき上げ、笑顔を見せるだろうに動かない。ぼくは少し心配になった。

「…傷ついて、当たり前かあ」

木野さんが、ぽそりとつぶやく。

そして「あれ…、やだな」そう声を漏らしたかと思うと、ポタリッと膝に光るもの。言う間に彼女は両手で顔を覆い、何とその場で泣き出したじゃないか！

「ど…どどどどうしたの？」

立ち上がりオロオロするぼく。

それでも彼女は顔を上げない。それどころか小さく嗚咽を漏らしながら、肩を震わせ、さらに激しく泣き始めた。

ぼくはどうすることも出来ない。彼女の肩に触れることも、気の利いた言葉をかけてやることもできず、ただただ、その場に立ち尽くした。

---

23. 木野さんの月の声

夕日は傾いて、窓から入る風が少し冷たい。

ぼくは黙って彼女が落ち着くのを待った。椅子に腰かけ深呼吸する。

窓の向こうの鮮やかな夕焼けを眺めていると、焦る気持ちは少しずつ引いていった。

すべてはいい方向に行っている。不思議だけれど、ぼくにはそれが分かった。

どのくらい経っただろう。

木野さんはゆっくりと顔を上げ、「はあー…。泣いたあ」そう独り言ちた。

カバンからハンカチを取り出し濡れた頬をぬぐう。顔にはやや赤みが残り、瞳はまだ潤んだままだ。

けれどその目は、すがすがしい光を宿していた。

「やられたなあ。岡田くんに」

　小さく笑って、そんなことを言う。

「オレ、何かやらかした？」

　わざと軽い口調で答えると、木野さんはふふっと笑って、「やらかした、やらかした」と言葉を返した。

　ぼくは知っていた。

　内側に芽生える相手への不満や批判感情。そしてそんな自分を責めることで、またさらに苦しくなる。

　だけど本当は…。

　月、心をとことん感じていったなら。相手への想い、愛情に、きっとたどり着く。

　その感情を誰かが汲み取ってくれたなら。その想いに自ら気づくことができたなら。

　ぼくらは初めて自分自身を、本心からゆるすことが出来るんだ。

　そして自分を、相手を、また一つ愛おしいと思える。

　月、心の本当の想いに気づかないまま、自分を、誰かを責め続けている人が、一体どのくらいいるんだろう。

＊

「わたしね。ヘアメイクアーティストになりたいんだ」

　帰り道、肩を並べて歩きながら木野さんは言った。

　辺りはすっかり暗くなり、クラブを終えた生徒達ももういない。彼女が臆せず夢を口したのは、人気の少なさもあったのだろう。

　ぼくは小さく笑って、「すごいな。もう成りたいものが決まってるんだ」そう答えた。

「うん。大好きなファッションデザイナーさんがいてね。東京コレクションで彼のショーのメイクやヘアを担当するのが夢なの」

「東京…コレクション？」

「ファッションショーの一つだよ。岡田くん、そういうの興味ないでしょ？」

「うん」

　その返事をたいして気にする様子もなく、彼女は朗らかに笑った。

「でもね。調べたらヘアメイクの学校って全国に200以上あるの。そこに毎年何十人も入学するのよ？毎年だよ？

　ものすごく大勢の人がヘアメイクアーティストを目指してるってことでしょ？

　そんなたくさんの中から勝ち抜くなんて、現実にはとても無理。ずっとそう思ってたの」

　黙って彼女の話に耳を傾ける。

　内容よりも彼女のウキウキ感が伝わって、自然と顔がほころんだ。

「だけど、ひょっとしてこんな風に現実的なことばかり考えちゃうのも、わたしの月がおとめ座にあるせいなのかなって…」

　ぼくはうなずいた。

「そうだね。**おとめ座は地のサイン**。リアルが大事だよね。それにどうやら、**すべてのサインの中で一番完璧主義**みたいだから…。**出来ても出来てないって自分を厳しく律しやすい**んだと思う」

「そういう風に、無意識に思っちゃうってこと？」

「ああ。月がおとめ座ならそうなるよね」

「わたしの場合、トキメキ担当の金星もおとめ座よね？　これはどう働いてるの？」

「どう思う？」

　モックまの真似をして尋ね返してみる。

109

「趣味とか遊びとか、何してるかってことよね…」

　木野さんはしばらく考えて、「好きなモデルやデザイナーの、ファッション写真を切りぬいたりしてる…」と答えた。

　ぼくは思わず吹き出して、「そんなことしてるの？意外！」と言うと、「えー楽しいよ。あとメイクやヘアの道具、買ったりするのも好きかも」と彼女。

「なんかすごいキチッと手入れしてそう…」

「してるー！ 自分のだけじゃなくてママのも時々整理してるもん」

「まさにおとめ座って感じだね。それにさ。友達と遊びに行くときのマメな感じ。あれもおとめ座の金星が働いてるなーって思ったよ」

「そっかあ…」

　木野さんは深くうなずいて、「面白いね、星の使い方」と笑みを浮かべた。

「正直まだ、これで夢が叶うって言われても分からないけど。おとめ座に天体があるなら、完璧にやろうって努力するのが得意ってことでしょ？

　そう思ったら少し勇気出てきた」

「その調子だよ」

「それにわたしのチャート見たら、すごーくたくさんてんびん座に星が入ってて、びっくり」

「てんびん座の質は『オシャレ大好き』だもんなあ。木野さん、そのまんまじゃん」

「ねーっ！ ここにこんなにいっぱい天体がある人も、きっと少ないよね？！」

「うん。きっとそうだ」

　そう答えると木野さんは、はしゃいだように話を続けた。

「水星がてんびん座にあるってことはオシャレに関す

る勉強が得意ってこと？」

「てんびん座は風のサイン。

　風はそもそも思考を司るし、何か一つに偏ることなく学ぶこと、それを実際に使うのも得意だろうね」

「太陽もてんびん座だから、『自分の表現したいこと』が、てんびん座的って思ったらいいんでしょ？」

「そうだね」

「そこにパワーの火星もあるんだもん。夢に向かってまっしぐらって感じよね」

「てんびん座は人付き合いもうまいから、そこにある火星を使うなら人の輪の中で頑張るのもいい。切磋琢磨することで、やる気に火がつくかも」

「へえ…」

　目を輝かせて語る彼女が、ぼくは少しうらやましかった。

　やりたいことが決まっていて、ネータルチャートは明らかに、そいつを後押ししているように見える。

　それに比べて自分のチャートはどうだろう。

　いったい夢が何なのか、どこに向かっているのか、ちっとも想像できやしない。何だかずいぶんと不公平に思えた。

「ねえ、明日はもっと詳しく教えてくれる？」

「ん、ああ。もちろん」

　我に返り、そう答える。

　木野さんはすっかり星の使い方が気に入ったらしく、「明日は三沢先生も誘ってみようよ」と楽しそうだ。

　今夜の星のレッスンが、二人の夢に役立てばいい。ぼくはそう自分に言い聞かせた。

24.「君の夢は○○だ」とモックまに明言される

　家に帰りチョビの散歩を済ませると、ぼくは夕飯を盆にのせ自室に戻った。

　今日は仕事が遅番で、母さんは夜10時を過ぎるまで戻らない。姉ちゃんもアルバイトでいないから、ぼくには好都合だった。

　部屋ではモックまがタオルを重ねた自分用のベッドに横になり、おやつの栗きんとんを頬ばっていた。

「お帰りー。ずいぶん遅かったじゃないか」

　と手を挙げる。ぼくはそれには応じないで、盆を勉強机に無造作に置くと、ドサッとベッドに横になった。

「何かありました、と言わんばかりだね」

「…もっと優しい声がけとか、できないの?」

　うつ伏せのまま、そう答える。

「まあ落ち込むのは君の自由で、それを心配しないのも、ぼくの自由だからね」

　ぼくは勢いよく飛び起きて、「何それ?　木星人ってみんなそうなの?」と尋ねた。

「さあ。それは分からないが優しい言葉をかけてほしいなら、『気落ちしていて相談にのってほしい』そうハッキリ言ったらいいと、ぼくは思うがね。

水の強い人はなまじ共感能力があるものだから、それを他人にも求めやすい。だがぼくは、ハッキリ要望を口にしてもらった方が、正直、楽だね」

　言われて大きくため息をつく。ベッドの上に起き上がり、あぐらをかいた。

「…あのさ。夢って誰でも持って生まれてきてるのかな?」

　ぼくの皿からトマトをつまみながら、さも当たり前

と言わんばかりに、うなずくくま。

「人生の目的。夢。この世で何をして還るのか。

　言い方はなんでもいいが、すべての人間はそいつを決めて生まれてきている」

「じゃあさ。早くから夢に気づいてる人、そうでない人の違いは何なの?」

「まあ、いろんなケースがあるけどね。

水星期で早々夢に目覚めると決めてきた人。かと思えば太陽期はいろんな迷いを経て、火星期にようやく本道に乗る人。

　消極的なパターンじゃ、とうに気づいていいはずなのに自分の星をてんで使わないで、『夢なんてくだらない』そう思って生きてる人。後はそうだな。

金星から太陽期、太陽から火星期へ移る中で、夢が変わっていく人もいる。

そんな人は『途中で夢が分からなくなった』なんて経験もするかもしれない」

　それを聞いて、ぼくはさらに気持ちが沈むのを感じた。

「死ぬまでに夢をいくつも持てる人もいるんだ…」

「この世で多様な生き方をする。きっとそう決めて来てるんだね」

「なんかお前の話聞いてると、『生まれる前に意識がある』って前提みたい…」

「まあね。西洋占星術じゃ、その辺りはぼんやりとしているがね」

　ぼくはため息をついた。

「ぼくも何をするのか決めて来てるのかなあ」

「もちろんだとも」

「だったら、さっさと知りたいよ」

「はははっ」

「今、笑うとこ？」

顔をあげ恨めしそうにモックまをにらむ。

「失敬。ぼくには君が経験や体感と共に、たましいの喜びに目覚める、そんなシナリオを用意して生まれてきたように見えるのでね」

「なんだよ、それ。そんな回りくどいのいらないよ。

ぼくだって木野さんや三沢先生みたいに、これって言う夢を早く知りたい。

その辺りをさ、手っ取り早く読む方法ってないの？」

「まあ、あるにはあるが…」

「えっ、そうなの？！」

ぼくは飛び上がって、モックまに詰め寄った。

「人生の目的。夢。そのヒントになるポイントが、確かにある」

「おいおい、何のじらしだよっ！ いいから早く、ちょうだいちょうだい！」

「別に構わないが一体、何でそんなもの先だって知りたいんだい？」

「はあ？」

ぼくはムッとして声を上げた。

「そんなものって何だよ。あんだけさ、太陽期に夢を見つけられなきゃ土星期は死亡フラグ立ちますーみたいなこと言っといて」

「そんな表現をした覚えは一度たりともないんだが」

「とにかくモックま的には『夢』を持つって超大事なことなんだろ？

だったらさっさと、ぼくの夢とやらを教えてよ」

そう言うと、ヤツは小さな目でぼくを見返し、やがてため息をついた。

「やれやれ。どうやら君は、まだ『星の使い方』の醍醐味が分かっていないようだ」

「なんだよ、醍醐味って」

不貞腐れたように言葉を返す。

モックまは両手で箸を船の櫂のように持ち直し、ハンバーグを小さく切り分けると指でつまんで口に放り込んだ。美味しそうに頬張って、ゴクンと呑み込み口を開く。

「じゃあ教えてあげよう、君の夢を。それはパイロットになることさ」

「おいーーーーーーーっ！」

突然の宣告に頓狂な声を上げるぼく。

「何考えてんだよ、モックまっ！ て言うかもうそれ『星の使い方』関係ないじゃん！

『宇宙人のスッゴイ予知』みたいになってんじゃんっ！ ぼくが欲しいのはそれじゃないっ！」

「この際『星の使い方』はどうでもいいじゃないか。君は自分の夢を知りたかったんだろ？

それはパイロットだ。

17才で飛行機に乗る経験をし、その高揚感が忘れられず必死で勉強。二浪で大学に合格し、その後24才で…」

「わーっわーっわーーっ！ バカッ！ やめろっ！」

モックまは言葉を切り、はて？ と首を傾げた。

「夢を知りたかったんじゃないのかい？」

耳をふさぎ半分泣きそうになりながら、モックまをにらみ返す。

ヤツときたらすっとぼけた表情で、「で、どうだい？ 自分の夢を知った感想は。ワクワクが止まらないかい？」とたたみかけてくる。

ぼくは怒る気も失せて、「…そんなワケないだろ。なんかもう、めちゃくちゃがっかりしているよ…」と答えた。

「パイロットの夢がそんなに不服かい？」

　言われてぼくは、どう返答してよいか分からない。

　パイロットなんて普通に考えれば誰もが羨ましがる超カッコいい仕事だ。でも、なぜかワクワクもしないし嬉しくもない。

　だってあまりにリアリティがない。

　そもそも今それを知らされて17才のぼくは、初めての飛行機で、そこまで感動できるんだろうか…。

　パチンッとモッくまは指を鳴らした。

「それさ」

「え？」

「君は、知りたい、知りたい、と口先では言ってるが腹の底ではそんなこと、ちっとも望んでやしない。違うかい？」

「……」

「そもそも『あなたの夢はこれですよ』、『あなたの才能はこれですよ』と情報だけ与えられて芯からヤル気が湧いてくる人間なんて、いるのかね」

「だけど天体たちはスペシャリストで、それはぼくの『強み』とか『才能』とかに言い換えられるんだろ。それを読みとけって言ったのは、そっちじゃないか」

　ふくれっ面で、そう答える。

「ああ、そうさ。でも何度も言うように『情報』だけじゃ意味はない。それを使って行動し自分の血肉にする。天体たちを使いこなし成長する。

　その経験の中で才能が花開き、夢が形になっていくんだ。

　西洋占星術は別に自分の夢や才能の、当てっこゲームをする道具じゃない」

　プイッとそっぽを向き、（そうは言ってもヒントくらい知りたいじゃないか）心の中でぼやいてみる。

　心が読めるモッくまに聞こえよがしに言ったつもりだったのに、なぜか届いた様子がない。

　ぼくはちょっぴり寂しくなって、ヤツの横顔を盗み見た。

「ぼくは思うんだ。『西洋占星術』ってのはきっと、『宇宙の願い』なんだってね」

「宇宙の…願い？」

「ああ。人の成長を心から願う宇宙からのギフト。

　だからこそ西洋占星術には、そこかしこに『人の成長ストーリー』が織り込まれている」

　——占星術に織り込まれた人間の成長ストーリー

「…天体の発達年齢域のこと？」

「ああ。でもそれだけじゃない」

　モッくまは静かに首を振った。

　少しのあいだ口を閉ざし、今まで学んだことを思い返してみる。

「分かった。ハウスだ」

　そう言って、「1ハウスは確か『自分の軸』。12ハウスは『見えない世界。あの世』だろ。これってつまり、生まれてから死ぬまでを表してる」と続ける。

　モッくまは微笑んだ。

「よく覚えていたね。でも、最も具体的に、最も豊かに人間の成長物語が描かれているのは、その二つじゃない。12サインだ」

　言われても、それがどんな意味を持つのか分からず曖昧にうなずく。

「考えてもごらん、しょう太。

　単に『人間の成長のプロセス』を教えるだけなら物語は一つで事足りる。

1
2
3
4
5
6
7

けれど『西洋占星術』は、10の天体、12のサイン、12のハウス、そのすべてにこいつが描かれているんだ。様々に視点を変えてね。

そりゃもう、ほとんどしつこいくらいさ」

「それって、そんなにすごいこと？」

「すごいと言うより、願いが大きいってことさ」

そう言ってモックまは、窓の向こうの星空を見上げた。

小さな瞳はガラスのように透明で、遥か遠くを見つめていた。

ぼくは思った。

『宇宙の願い』を知ること。きっとこれが、モックまが生涯かけて探求する人生の目的ってヤツなんだろう。こいつの夢なんだろう。

夢ってのはつまりさ…。

そう切り出そうとしたのに飛び出してきたのは、おどけたようなセリフだった。

「まるで、口うるさい母さんみたいだな、宇宙って」

小さなくまはくすりと笑い、そのまま宇宙の彼方を見つめ続けた。

ぼくはもう何も言わず、モックまと一緒に空を見上げた。

幾万の星々が瞬いていた。

第4章

サインとハウス

25. 12サインは人間の成長ストーリー

おひつじ座…『直感』

お母さんのお腹から飛び出して、この地球に着地する。すさまじい世界の反転。一体何が起きたんだ？

肉体の感覚も、考えることも、心を感じることすら、まだできない。

あるのは「ぼくはここにある」という真実だけ。

いったいぼくは何者なんだ。何を成すために生まれてきたの？

お母さんのお腹の中。その向こうの暗闇。

無の世界からこの世に飛び出してきたぼくは、**「無から有を生み出す」**ことに強く惹（ひか）れる。つまりまだ、**「誰もやったことのないもの」**に興奮（こうふん）するんだ。

感覚も、言葉も、感情も知らないから、**すべては突発的でスピーディ。直感が働くんだ。**

理屈じゃなく、道理じゃなく、ピンときてしまうんだ。

そしてね。**「自分は何者なんだろう？」**ってことが**人生最大のテーマだから。いつだって自分探し。いつだって新たなことにチャレンジする。**

そんなフレッシュな感性がある。

でも時々思うんだ。一体この旅はいつ終わるんだろう。ぼくは何を成したなら、やっと満足できるんだろうってね。

おうし座…『所有（しょゆう）』

見る、聞く、かぐ、触（ふ）れる、口に入れる…。

そうやって、「ぼく」と「ぼくでないのもの」をより分けていく。

この指を口に入れても、そいつを呑み込めやしない。でもおっぱいをちゅうちゅう吸うと、温かくて甘いお乳がお腹を満たしてくれる。ぼくはぼく。お乳はお乳。

そうやって、「ぼくという存在」を認識する。

ぼくの「肉体」を認識するんだ。

肉体は、この世で初めて「所有」するもの。

だからぼくは「自分が何を持っているか」がとても大切なんだ。

肉体には「五感」がある。そして五感には「才能」が宿ってる。その才能を用いて何をこの手にできるのか。それがすごーく大切なんだ。

自分の感覚を感じきるって、一瞬でできることじゃない。おひつじ座みたいな一瞬の直感に、ぼくは頼らない。**しっかりと肉体を感じきる。一つひとつ確かめて動くから、大抵ぼくは人よりスローテンポだ。**

そして、生まれたばかりのおひつじ座を通過して間もないぼくは、**いつも目線が「自分」に向いてる。**

人のことより「ぼくの感覚」を優先する。そんなことが喜びなんだ。

ふたご座…『言葉』

ぼくがぼくを認識すると…。「ぼくでない人たち」が気になってくる。

あれは誰？　どうしてぼくより上手くしゃべれて、どうしてぼくより速く動けるの？　あの人を「お姉ちゃん」と言うらしい。あの人を「お兄ちゃん」と言うらしい。

そうか、喉（のど）が渇（かわ）いたら「ママ、お水」って言えばいんだ。そうか、スプーンを使えば上手（じょうず）にスープが飲めるんだ。

116　第4章　サインとハウス

ああ、楽しい。もっとしゃべって、もっと学びたい。新しいことを、もっと知りたい！

ぼくはこんなエネルギーだから、「**情報**」に関心がある。

そしてね。おうし座を通過して自分の肉体を得たばかりだから。

興味はすべて「手の届く範囲」。自分の属してる業界。関心のある分野。そんな知識をどんどん吸収したいんだ。

何かに役に立つとかそんなこと、どうだっていい。ぼくを動かすのは好奇心。ただそれだけなんだ。

そして**存分に知識を得たなら。今度は知らない人に教えてあげる。**

なにせ、おうし座を通過したばかりのぼくは、**子どものように発想がシンプル**だ。

だから**平たい言葉で表現するのが得意**でね。自分の専門分野を分かりやすく伝えることができるんだ。そしてそれが、ぼくの喜びなのさ。

かに座…『感じる』

いっぱい遊んで帰ってくると、いつも温かいご飯が用意されてる。清潔な衣類と、まっさらなお布団が待っている。

ぼくが最後に戻る場所。心と身体がやすらぐ安全な場所。その場所を守っているのはお母さん。

「ケンカしたからって、すぐに手を出さないの！」「弱い者いじめはいけません！」

そんな風に、お母さんの考える、「良いこと・大切なこと」をぼくに教えてくれるんだ。そうやってぼくはいつの間にか、お母さんの考え方、価値観をコピー

していく。

だからね。かに座のテーマは「**良きものをコピーする**」。

安心安全な自分の居場所で、優しさとか、思いやりとか、情緒を育んでいく。**自分や相手の感情を深く「感じる」**ことを学んでいくんだな。

とは言え、ぼくはまだ、ふたご座までしか知らないから。**自分が経験した範囲の狭い価値観の中にいる。つまりさ、ちょっぴり主観的**なんだ。

その家庭ならではの考え方。その町特有の習慣。その国独特の文化。そんな**ローカルな価値観にもとづいた感受性を大切にする**んだな。

だから、**かに座は「育む」ことに気持ちが向く。**

自分が良いと思ったことを、相手の成長を願って教えてあげる。

それは**少し独りよがりかもしれないけれど、だからこそ同じ想いを持った人たちの共感を呼ぶ**んだよ。

「**コピーする力**」と「**共感力**」。この二つがあるからさ。ぼくは「**流行を生み出す力**」も持ち合わせているんだな。

しし座…『クリエイティブ』

安心、安全な家。その場所が何だか無性につまらなくなってくる。

ぼく…、いやオレはさ。母さんの説教よりも、もっと外の世界が見たいんだよ。

今までなにも考えず、ただ言われた通りにやってきた。けどオレは母さんのコピーになるために生まれてきたんじゃない。

ときには勉強をほっぽり出して恋をしたい。自分だけの何かを表現したい。親の言うことに逆らってでも、

1
2
3
4
5
6
7

たとえ、それで大失敗してもさ。肚から湧き上がってきた欲求に従ってトコトンやりぬきたいんだよ。

何かを自分で生み出したいんだ。

だからしし座のテーマは「クリエイティブ」。自分を打ち出す「意志」の力。

とは言えオレはまだ、やっとかに座の世界を飛び出したばかりだから。

その表現は客観性ってものがない。

でもそんなこと、どうだっていい。オレがオレらしけりゃ、それでいんだよ。

このとき、初めて知るんだな。人に言われたことじゃなく自分の意志で始めたことは、やる気と集中力が、とてつもなく持続するってことを。

だからオレは自分にとことん集中できる、そんな仕事に惹かれるんだ。この命をフツフツと感じられること。陶酔できること。

このオレの姿を「さあ見てくれ」って、華々しくスポットライトの下に躍り出たくなるのさ。

おとめ座…『奉仕』

ああ、…ずいぶん自己陶酔に溺れた青春を送ってしまった。遊びはもう終わり。私はそろそろ大人になる準備を始める。

個性的なのもいいけれど、エゴを抑え、社会の要望に誠心誠意、応えていく。自分の長所、短所、経験、未経験、実績や実力、すべてを一つひとつ点検し分析する。

いや、しし座の私ときたら自分の良いところばかり主張してきたから。今は「何が出来ていないのか」を漏れなくチェックすることが大切だ。

そう。この私のテーマの一つに「分析」は欠かせない。

しかもだ。しし座の私は何かに熱中するあまり、自分の身体、健康なんてそっちのけ。ここで健康管理の習慣をつけないと、とても社会でやりぬけないぞ。

そんなエネルギーだから。私はずいぶん心配性で、自分や人の「不出来なところ」に目がいってしまう。

一見ネガティブで、批判的に見えるのはそのためだ。

そして、しし座までしか知らない私は「個人の完璧」を目指すから、個人プレイヤーになりやすく、ついつい視野が狭くなる。

その分、隅々まで目はしが利くものだから、細部をチェックをするのが得意なんだ。

そんな私だから本番に至るまでの基盤づくり、下準備なんかが得意だ。細かいチェック、分析すること、緻密な作業なんかもね。

人間の基盤は肉体だから、健康管理も私の本領だな。

てんびん座…『美の調和』

根詰めてブラッシュアップし過ぎたかな。仕事って「緻密ならいい」ってものでもないじゃない。

結局、最後にものを言うのは人間関係。

あらゆる人と、つかず離れず適度な距離感を保ちながら、そつなくやることだよね。

てんびん座のテーマはね。「人を鏡にして自分を知る」。

つまりさ。おひつじ座から、おとめ座までの間に自分を磨いて成長した人ほど、出会う人の質が変わってくる。

人生中盤までの、自分磨きの結果がここで表れるのさ。出会う人を通してね。

そしてさ。鏡となって自分の成長ぶりを教えてくれる最大の相手。それは人生のパートナー、妻や夫。

だからこの時期を受け持つ私は、「結婚」もテーマの一つ。パートナーシップに関心があるんだよ。

自己表現をやりきった、しし座。社会に合わせ調整した、おとめ座。既にこの二つを通過しているから。**クリエイティブな表現が「人からどう見えるか」も分かってる。**ついつい**人の目を気にし過ぎて、自分の本音を見失うこともあるけれど。主観と客観のバランス感覚が絶妙で、だから「センス」がいいんだよ。**

さそり座…『変容』

適度な距離を保ってたんじゃ見えてこない。**表の顔からは分からない深くに眠る相手の「本質」を知りたい。**

本当に誰かに恋をした時、そんな気持ちになることを私はここで初めて知った。

なにも対象は恋だけじゃない。てんびん座の私みたいに、バランスを保って客観視していたんじゃ、決して分からない世界がある。

今までの経験、今までの価値観、**今までの自分をリセットし、相手とピッタリ同化する。そして、すべてを吸収するのだ。**

わたしはここで恋人に、仕事に、研究に、あるいは組織に、宗教に、**深く深くのめり込む。一回死んで再生し、まったく新しい境地に辿り着くために。**

集団で同質のことをやれば力は巨大になる。軍隊が良い例だ。 だから私は**権力や組織力**と言うテーマもあわせ持つ。組織力を高めるために、**自分と同様の変容を、相手にも一途に要求する**んだ。

それはいき過ぎると無意識に人を変えようとする強いコントロールを生むけれど…。

そんなエネルギーの私だから**その人の本質を見抜き、本来の姿へと大きく「変容」させることに情熱が湧く。**

公の場では発表できないような「隠された本質」にも関心が向くから、ときに人には言えないようなマニアックなものにも没頭する。

その底力は我ながら計り知れないよ。

いて座…『高い視点』

…やっとのことで生還したよ。深くどっぷりとさそり座の世界に浸りすぎた。**広い視野を取り戻すため、一度空から全体を見てみよう!**

ふむふむ、私はこの業界じゃこの辺りにいるんだな。自分ではトップクラスのつもりだったけど、なんだ、中の上じゃないか。とは言え、どうせ高見に飛翔して世界を大きく見渡すことができたんだ。

夢はでっかく! 話もでっかく!

高い視座に立って見えてくるのは人類の歴史や外国の在り方、未来の展望だ。

だから私は**歴史や外国からよく学ぶ。大きな視点を持っているから宇宙論や哲学的な話も大好きだ。時間をさかのぼって見通す力があるために、長期計画もいとわない。**より大きく夢が膨らんで、かえって胸躍るくらいさ。

なにせ、さそり座の一途さに、ちょっとうんざりしているから。**何事も臨機応変にやりこなし、恋も学びも仕事だって、相手によってクルクル対応するくらいでちょうどいい。**

その分ちょっと大雑把だし、少し気が多いけれど、これも愛嬌!世の中とことん楽しまなくちゃ。

現実的な結果より100年後の未来に馳せる想いが強いから。ビジネスよりも「理想」、お金よりも「人類の発展」に強い関心が向く。とにかくチャレンジ精神旺盛で、なんでも果敢に挑戦する。

そんな欲求を満たすことなら、仕事も学問もスポーツも、難なくやりこなす自信があるよ。

やぎ座…『使う』

夢を語るばかりでは現実は変わらない。

ビックマウスな、いて座の私を、ここで卒業するのです。社会では結果を出して初めて認められるのですから。

既に私はおひつじ座から、いて座までを通過し、あらゆる視点を手に入れました。

感情に流されず、知性に遊ばず、信念ばかりにとらわれず、**現実化のために働きます。**

自身の能力と限界。人の能力と限界。

それらを冷静に見極めて適材適所に人を割り振る賢さがある。個人プレイで成せるものは限られていますから**賢明に『人を使う』**と言うわけです。

だから私は『**組織化**』『**合理化**』が得意です。

形あるものに重きを置きますが、決してそればかりではありません。

既に12サインの後半に差しかかり、**人間の成長は精神面も大切であることを知っている**からです。

先人たちが築きあげた伝統。その国、その民族の文化、文明を重んじる。これがわたしのスタンスです。

そのため私のエネルギーは**少々古風でどこか威圧的**かもしれません。

それは私自身が優れた**権威**となって、人々を引っ

張って行く、そんな志があるからなのです。

みずがめ座…『革新』

やぎ座の私の発想は、もう古いと思うんだな。

退職し海外で余生を過ごすうちに、視野がずいぶん狭かったことに気づかされたよ。あの考え方は自国でしか通用しないし、自分の会社でしか通じない。

つまり特定の場所でしか使えないってことさ。

だいたいやぎ座の私ときたら。自分がピラミッドの頂点に立つのが前提だ。

私はこれにもの申したい。**すべての人々が分け隔てなく平等に「愛と自由」を獲得できる。先人たちの知恵よりも、未来を創る若者たちを主役にする**んだ。

私は、やぎ座が築き上げたこの社会を、一部壊すのもいとわない。あらゆる「**常識という名の前提**」をくつがえしたい。

そんな「**革新**」の欲求があるんだな。

そういう意味じゃ**インターネット**の普及はこれに大いに役立ってくれた。

ネットは「**場所を超える**」画期的なツールだ。会社ありき、組織ありきのやぎ座社会を、あっという間にひっくり返した。

貧乏人も金持ちも、若者も老人も異国人も、同じ目的のために繋がって能力とやる気次第で発展できる。すべての人に平等にチャンスが与えられたんだ。

まあその分、**自己責任**が問われはするけどさ。

こんなエネルギーの私だから、**枠組みを超えた新発想にワクワクする。**

そして、**国や民族といった囲いをはずし、人類全体の未来を見つめている**から。自然環境や人権問題など、

より高次な意識で活動する、そんなパワーも湧いてくるのさ。

うお座…『神秘』

長い旅が終わろうとしています。そろそろ、あの世へ還る準備を始めましょう。

おひつじ座からスタートし、ついに最後の章に辿り着きました。

やぎ座が取りこぼした「組織のはみ出し者」。みずがめ座が取りこぼした「能力を発揮できない者」。このすべての人々を抱きしめる両の腕を持っている。それがわたし。

あなたの心の痛みを分かち合い慰めることもいといません。もし重荷であるならばその痛み、わたしの中に置いていきなさい。

心配しなくとも、もうあと少しで、わたしはあちらの世界へ参ります。**あなたの痛みを受け取って大地に還す、そんな力があるのです。**

わたしは既に『見えるもの』より『見えないもの』との繋がりが勝っているのかもしれません。

人の感情、虫や動物や花々のささやき、精霊たちの繊細なエネルギー。そんな声なき声が感じられるのです。

わたしは夜見る夢と仲良しで、そこから幾多の知恵をもらいます。肉体を離れ、あの世に近い場所まで昇り天の叡智を受け取ってくるのです。

おかげでわたしは**肉体とたましいの境目が分かりません。あなたの感情やたましいと、ふと気が付くと一体化しているのです。**

そんなわたしですから、**見えないもの、癒し、スピ**

リチュアル、自然、美しいもの、ファンタジックな世界、アートに大変興味を惹かれます。

いつも天からのインスピレーションを受け取り**導きによって生きています。**

そして、**あらゆる弱き人々の、癒しの存在でありたいのです。**

---

26. 12サインを完璧に理解する

12サインが示す人の成長物語。そこには一人の人間の壮大な人生が描かれていた。

このストーリーで言うならぼくはまだ、かに座かしし座辺りだろうけれど、未来に向けてこんな道しるべが用意されているのなら、ずいぶん心強いような気がした。

モックまが言った。

「『夢を持つ』と言うのは、この成長ストーリーを積極的に生きたときに訪れる一つのプロセスにすぎない。

君にできるのは『精一杯、今を生きる』それだけさ」

「それって、天体を使って生きるってこと?」

「ふむ。そういうことになるかな」

「一つ疑問なのはさ。この成長ストーリーが12の質に影響しているとしたら、おひつじ座、おうし座はすんごい子どもっぽくて、やぎ座や、うお座は既に大人、そんな違いがあるのかな?」

「ふむ。まずは12サインが示している成長ストーリーと『サインの質』。

こいつを切り分けて考えることさ」

2 サイン ｜ 成長のエネルギー 12区分

基本型（太陽の動き） × 成長 = 12の欲求

		基 本 の 型												
太陽の動き	**12サイン**	♈	♉	♊	♋	♌	♍	♎	♏	♐	♑	♒	♓
	数 順番	1	2	3	4	5	6	7	8	9	10	11	12
	空間 黄道（太陽の通り道）	0° 春分点	30°	60°	90° 夏至点 げし	120°	150°	180° 秋分点 しゅうぶん	210°	240°	270° 冬至点 とうじ	300°	330° / 360°
	時 季節	3/21〜 春 4/20〜 5/21〜			6/22〜 夏 7/23〜 8/23〜			9/23〜 秋 10/24〜 11/22〜			12/22〜 冬 1/20〜 2/19〜(頃)		

成長ストーリー → 欲求（エネルギー）

時期	サイン	欲求（エネルギー）
赤ちゃん・子どもの時期	♈	『直感』生まれたてのエネルギー
	♉	『所有』※1 五感的満足の欲求
	♊	『言葉』スピーディな情報収集の欲求
	♋	『感じる』「良いもの」のコピー欲求
思春期	♌	『クリエイティブ』※2 自己陶酔のエネルギー
	♍	『完璧』のための調整の欲求
	♎	『奉仕』主観・客観のバランス欲求
大人の仲間入りの時期	♏	『美の調和』※3 同一化による支配・探求の欲求
	♐	『変容』※4 広い見聞への欲求
	♑	『高い視点』権威・リーダーシップの欲求
大人・お年寄りの時期	♒	『使う』※5 場・空間・既にあるものからの自由欲求
	♓	『革新』同調による癒しのエネルギー

※1 所有とは（しょゆう）とは、自分のものとして、持っていること。

※2 自己陶酔（じことうすい）とは、自分自身の言動や志などに対し、うっとりとして、ひたること。

※3 主観（しゅかん）とは、自分の個人的な視点で物ごとを見ること。客観（きゃっかん）とはこの反対語で、個人的な意見・とらえ方をはずし、「外からの視点」で物ごとを見ること。

※4 同一化（どういつか）とは、自分と他人など、異なる二つのものをまるで同じもののように見なすこと。

※5 権威（けんい）とは、他の人たちを従わせるような、強い力のこと。

「基本的には火・地・風・水の4区分や、季節のエネルギーの3区分と同じ考え方だ。『成長』の視点で『人間の欲求』を12に区分している。たしかに**前半サインに多く天体のある人はピュアで子どものような魅力がある。中盤のサインは思春期のようなフレッシュな魅力があり、やぎ座以降になると思慮深く、どっしりした魅力を備えていることも多い。**

けれどそれは単にエネルギーの表れ方であって、うお座は既に成熟していて、おひつじ座はずっと未熟、ということじゃない。

どの質の持ち主も、経験を通じ成長を重ねることが求められる」

「正直さ。今まで習った三つの分類だけじゃイマイチよく分からなかったから。なんかやっと腑に落ちたって感じ」

「うむ。ここまでをもう一度整理しておこう」

2 サイン まとめ—2

この4分類のかけ合わせで、12の質、キャラクターが生まれました。

2 サイン | 12サイン早見表

> こちらがサインの最終型さ！

1 おひつじ座	男 『直感』 生まれたてのエネルギー ぴんっときてパッ！突発的！	7 てんびん座	男 △ ☁ 『美の調和』 主観・客観のバランス欲求 オシャレ好き！人付き合いはとっても軽やか♥
2 おうし座	女 『所有』 五感的満足の欲求 ゆっくりじっくり感じながら作るんだ	8 さそり座	女 ■ 💧 『変容』 同一化による支配・探求の欲求 ハマったが最後、やりぬく、そして愛し抜く…
3 ふたご座	男 『言葉』 スピーディな情報収集の欲求 「ねえ、どちてどちて？」好奇心いっぱい！	9 いて座	男 ● 🔥 『高い視点』 広い見聞への欲求 あの星を手に入れるっ！話も夢もでっかく！
4 かに座	女 『感じる』 「良いもの」のコピー欲求 「よしよし、いいこね」お母さん気質♥	10 やぎ座	女 △ ■ 『使う』 権威・リーダーシップの欲求 さあ、どーやって結果出していきましょうかね
5 しし座	男 『クリエイティブ』 自己陶酔のエネルギー そう、わたしは主役！！だって主役だからっ！	11 水がめ座	男 ■ ☁ 『革新』 場・空間・既にあるものからの自由欲求 常識？壊すためにあるんでしょ？
6 おとめ座	女 『奉仕』 「完璧」のための調整の欲求 キチッぴしっ ちゃんとこなせるか、ああ心配…	12 うお座	女 ● 💧 『神秘』 同調による癒しのエネルギー 君が悲しいとぼくも悲しい…あれ…そもそもどっちの感情だっけ…

奇数 = 男	積極的！　発散!!　　外側が大事！
偶数 = 女	受け身　取り込む♡　内側が大事♡

▲ 活動宮	スタートさせるの大得意！迷わずGOGO！ でもちょっぴり飽きしょうかも
■ 不動宮	続けるの大得意！コツコツ繰り返して定着だ！ でもちょっぴりガンコかも
● 柔軟宮	合わせるの大得意！希望を聞かせてくださいな♪ 他人次第って言われちゃうかも

🔥 精神	独立独歩！志高く上を向くっ！ 理想論だって？俺が決めたことゴチャゴチャ言うねいっ
🟫 肉体（五感）	形にする。見える化する。リアルって大事！ ちゃーんとわたしに利益はあるんでしょうね？
🌱 思考	学ぶ、伝える、楽しいな♪ 一人に肩入れムリー！何でも軽やか重い責任はニ・ガ・テ♪
💧 感情	ハートで繋がりぴたっとシンクロ♡ 愛してるからこそクヨクヨ。重たいなんて言わないで♡

「成長ストーリーを読んでると、12サインの性格づけはこれだけで十分な気がするけど。

火・地・風・水とか、活動宮・不動宮とか、この分類ってそんなに大事？」

「もちろんだとも。君はまだ12サインを基準に人を観察したことがないからピンと来ないのさ。

例えば**ふたご座なら『同時並行で複数、仕事をこなす力』、てんびん座は『適当力』、いて座は『運動能力』、みずがめ座は『無私無欲』。**

例を挙げればきりがない」

「ここに書かれてることばっかりじゃないんだね。
覚えきれるかな…」

「『覚えよう』と思ったら、そりゃあ大変さ。けれどあらゆる雑多な特徴も、よく観察すればこの4分類の組み合わせにすぎない」

「え、今、言ったのもぜんぶそうなの？」

「ああ、もちろん。考えてごらん」

「**ふたご座は柔軟宮。人の要望に応える力。風のサイ**ンでもあるから、その対応力を、思考とか、言葉とかの範囲で発揮する。

『成長ストーリー』の視点も含めると…。

身近なことに関心が向くから、次から次へと情報に手が届く。そっか。結果、処理が速くなっていくつか同時に学んだり、こなしたりするのが得意なんだ」

「その調子だ」

「てんびん座の『適当力』、これはちょっと難しいぞ」

「ヒントは『成長ストーリー』さ」

言われて考えを巡らせる。

「初めてこのストーリーを聞いたとき思ったのは、どのサインも一つ前のサインに反発してるってこと。なんかさ。反抗期に似てるよね。

ずっとべったりだったのに、ある時期、急にお母さんの欠点に目が向いて全否定したくなる、みたいな」

「そうだね。**成長の過程では『今までの古巣を否定して飛び出す』という行為がつきものだ。**

それが次のサインに移るたび毎回起こっているの

125

「さ」

「そう考えると、てんびん座の『適当力』って、おとめ座への反発な気がする。

もうそこまで自分を抑えて周囲に合わせたり、準備に頑張ったりしなくていいじゃん、てさ」

「いい視点だ。ある意味では**てんびん座は既におとめ座を通過し、どの程度準備すれば、うまくこなせるのか**を感覚的に知っている、と言うこともできる」

「なんとなくいい感じにできちゃう。器用なんだね」

「そういうこと」

そう考えるとサインのいろんな特徴は、確かに四つの分類とその組み合わせから読み解けるようだった。

いて座の「運動能力」は…。

柔軟宮はその場で起きたことに臨機応変に対応する力。しかも、**いて座は高い視点で全体を見渡すことができる。**これって競技やチームプレイに欠かせない力だ。それに、**いて座は火のサイン。外に意識を向け、「強くなる」、「勝つ」**と言う目的意識で活発に動く力がある。いて座の運動能力って、たぶんこういうところなんだろう。

みずがめ座の「無私無欲」は…。

男タイプの「外が大事」が極まって「内に取り込む」ことを徹底的にやめちゃったって感じかな。

不動宮って「自分の価値観でトコトンやっちゃいたい」って意識が強い。くり返しが得意だけあって、**根性ある**んだよ。

それが極まって、「やぎ座が作った形あるもの。その中から要らないものを、ぜんぶ捨てちゃえ！」ってなったのが、みずがめ座の「無私無欲」だ。

ぼくは納得し大きくうなずいた。

「サインの質はワンパターンじゃない。

例えば、お金儲けが上手なみずがめ座だっている。彼らの『革新的アイデア』や『人類レベルの視点』を活かしてね。

また無口なふたご座もいる。彼らは自宅でひっそりネットや読書で情報を集めているのかもしれない。

だから自分や人の個性を見て、短絡的に『当ってる』、『当っていない』と決めつけないことさ。

でないと大切な才能の種を見逃してしまう」

「才能の種かあ…」

ノートに書かれた自分の五つの天体とサインに、目を落とす。

月（心と体）　：うお座
　君が悲しいとぼくも悲しい…
　あれ…そもそもどっちの感情だっけ…

水星（知性）　：おひつじ座
　ぴんっときてパッ！突発的！

金星（トキメキ）：ふたご座
　「ねえ、どちてどちて？」好奇心いっぱい！

太陽（自己表現）：おうし座
　ゆっくり感じながら作るんだ

火星（パワー）　：かに座
　「よしよし、いいこね」お母さん気質♥

ずっと腑に落ちなかったうお座の月が、ぼくは近頃

少しずつ分かるようになっていた。

木野さんや三沢先生と話しているとき、いつのまにか相手の気持ちが分かったし、その感情があたかも自分のもののように錯覚する。そして時に、彼らはぼくの言葉や振る舞いに癒されて、リラックスする。

水星のおひつじ座も、最近じゃ意識的に使っている。

とにかくピンときたことを理屈抜きで信頼してみる。

今までだったら、(間違ってたら恥ずかしいし)とか、(根拠なんてないし)とか、いろんな理由をくっつけて打ち消していたけれど…。

今思えば、ぼくの月が、自分にダメ出しすることに慣れきって、水星を認めてやれてなかったんだな。

その習慣を0にするのは難しいけど、意識さえすれば水星の直感をちゃんと尊重してやれる。

ふたご座の金星。

「星の使い方」に出会ってから、ぼくはこいつが急激に活発になった。とにかく学ぶことが楽しくて軽いノリで続けていける。ぼくにとって「星の使い方」は、なかなかにエキサイティングな遊びだ。

そのお陰か女の子に自然に話しかけたり、少しオシャレまで始めたり…。そして以前なら妙にイラついたモテ男子、高木が、あんまり気にならなくなった。

自分で天体を使いさえすれば、それを自在に使っている相手にイラだたなくなるんだなあ。

誰かへの意地悪な感情って、実は自分の魅力に気づくヒントなんだな。

そして、おうし座の太陽。

ぼくは確かにスローペースで、それはいろんな人か

ら言われてること。でもさ。相手と自分を一緒くたにしちゃう、うお座の月もスローだと思うんだよな。

だからこの特徴が、うお座の月か、おうし座の太陽か、判別が難しい。

ただね。じっくり自分を見つめていったとき、一つ思い出したことがある。

ずいぶん以前にぼく、何かにすごく打ち込んだ経験があるような気がするんだ。

自転車の練習だろうか。それともオセロ?

いや、違うんだ。でも確かにぼくは何かにすごーく夢中になった。

それは「感じる」ってことに関係があって、まあ、おうし座らしいっちゃ、らしいことなんだな。

だけどハッキリと思い出せないんだ。いったい何だったろう…。

そして、かに座の火星。

もうぼくは認めるよ。自分に成長を感じたとき。誰かが成長したと思えたとき。気持ちが上を向いて、やる気になる。

いわゆる身内びいきってのもそう。縁があって親しくなった相手には、いつのまにか肩入れしちゃう。

三沢先生のこと、以前から好きだったけど、自分の大切な思い出を話してくれたことで、親近感がすごーく湧いた。何とか力になりたいと思って、だから余計に先生の諦めモードに腹が立ったんだ。

でもさ、今までだったら相手に感じた腹立たしさを、「嫌い」とか、「だからもうどっちでもいい」とか、そんな感情にすり替えていた。

だって好きな相手に拒否されたら寂しいじゃん。

後で傷つくくらいなら、「自分は人に興味がない」っ

1
2
3
4
5
6
7

127

て思い込んでた方が楽だろ?

　ちっとも気づいてなかったけど、ぼく、本当は人が好きなんだなあ。

---

27. 夢を知る手掛かり、アセンダントとMC

「でもさ。

　この五つの天体だけを見ていると、自分がパイロットになるなんて、ちっともイメージつかないな」

　ぼくはノートに目を落としたまま、そう言った。

「サインから向いている仕事をイメージするのは楽しいだろうが…。あまり先入観を持たないことさ。

　それぞれのパワーをどこで発揮するかは、その人次第」

「そっかあ…」

「まあ君がパイロットになるってのは、ウソだけどね」

「はあ?!」

　思わず頓狂な声をあげる。

「残念ながら、ぼくは未来予知の才能には恵まれなかった。故郷の木星にはその道のスペシャリストもいるけどね」

「なんだよーーーっ!」

「で、どうだい?　振り出しに戻った気分は」

　言われてハアッと脱力し、それでもジワジワと湧いてくる未来への期待感を抑えきれない。

　そうか…。ぼく、ちっとも自分の夢を教えてほしいなんて思ってなかったんだ。おうし座の太陽らしく自己実現の道は、自分の体感から知りたかったんだな…。

「ねえ、じゃあさ。占星術で『夢』のヒントが分かるってのもウソ?」

「いや、それは本当だ。この世で何をしたくて生まれてきたか。そのヒントを読み取れる箇所が確かに存在する」

「あくまでヒントだね?　職業名指しとかないだろうね?」

　小さいくまは手を横に振り「ないない」と、とぼけた態度だ。

「オーケー!　じゃあ教えて。ぼくそれなら知りたいよ!」

「いいだろう。それは『アセンダント』と『MC』と言って、ハウスに関係がある」

「ハウス…。たしか個性を発揮しやすい『場所』のことだね」

「その通り。ここで一つ復習だ。

　12サインの始まり。おひつじ座のスタートは、どこだったか覚えているかい?」

「えっと。たしか『春分点』だよね」

「その通り。**春分点を起点にし、おひつじ座から順に30度ずつ区分したのが12サイン**。これに対しハウスは…」

6 ハウス アセンダントとMC

ハウス。その成り立ちと二つの要(かなめ)。

ハウスは、生まれた瞬間の東の地平線と黄道、この二つが交わる点を起点に1ハウスから始まります。ネータルチャートを見てみましょう。1～12がハウスです。

それぞれのハウスの始まりを カスプ と言い、1ハウスのカスプをアセンダント、10ハウスのカスプをMCと言います。※

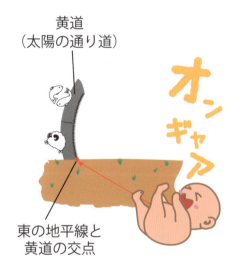

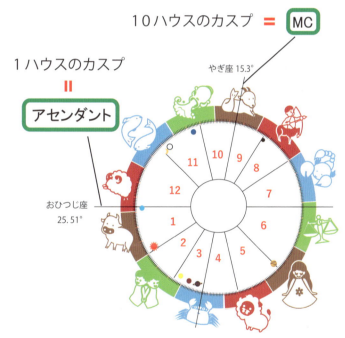

この二つはとても重要で、

アセンダント ＝ 第一印象・最初の衝動(しょうどう)

MC ＝ 社会的な立場・肩書き

と言った意味を持ちます。

※　ハウスは計算方法がいくつかあり、本書ではもっともポピュラーなプラシーダス法を用いています。プラシーダス法の場合、ハウスの幅は30度ずつの等分ではなくバラバラといった特徴があります。

129

「そっか。**サインの始まりは空に、ハウスの始まりは大地にある**んだね」

「ふむ。面白い視点だ」

モッくまはうなずいて言葉を続けた。

「**アセンダントは『生まれる前の見えない世界からグッとこの世界に飛び出し着地する最初の地上点』**。

人は生まれる瞬間、ものすごいパワーで母親の子宮から飛び出してくる。

なにせ昔は出産と言えば、母子ともに生死にかかわる大仕事だったんだ」

「うん。聞いたことある」

「**『最初の命のエネルギー』**。

そのことからアセンダントは**『人が行動や決断をする前の最初の衝動やひらめきを司る』**、と言われている」

「なるほどー。

『初めてこの世に現れた』ってことで、初めの印象、いわゆる『第一印象』も決まるわけだ」

「さらにもう一つ。もっと大きな最初の衝動。

『そもそも、この世に生まれてきた根っこの理由』も示している」

「そっか！それが夢のヒントなんだ！」

「ああ。アセンダントが**『この世で成し得たい個人的な欲求』**なら、MCは**『社会と折り合いを重ねて出来上がっていく最終到達地点』**。

月から順に天体を使い成長を重ねたならば、遅くとも50代半ばには、土星に到達するだろう。

この時には**『自分の夢』**と**『社会への貢献』**が合致しているはずだ。

その到達地点がMCだ」

「そうかあ」

「アセンダントとMCを正しく読むにはハウスをしっかり理解することだ」

「ついに『個性を発揮しやすい場所』が学べるんだね！」

モッくまはうなずき、口を開いた。

---

28. 個性を活かす場所「ハウス」を読む

「だがね。ハウスはそもそも12サインを土台にしている」

「え、そうなの？」

「ああ。だから君はもう、ほとんどハウスの特色を理解していると言っていい」

そう言ってページをめくる。

6 ハウス

ハウスの原点はサイン

成長ストーリーを「場所」に置きかえる。

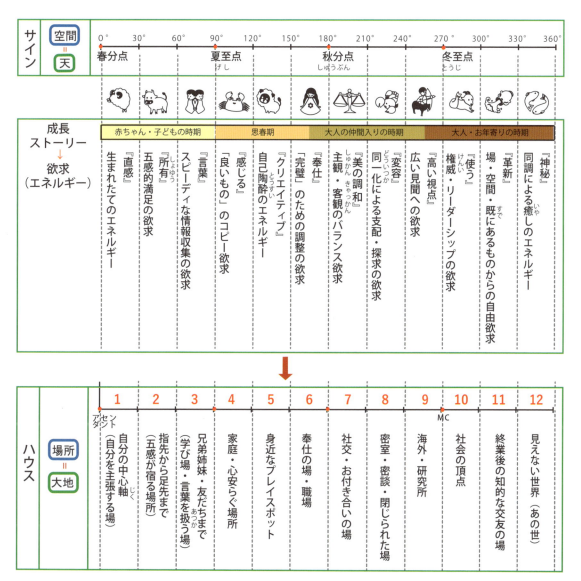

「さて。先ほど君は、サインの始まりは『空』に、ハウスは『大地』にあると、言ってくれたね。

ここには一つ規則性がある。**空・12サイン・人の質**。こいつは手で触ることができない。けれど、**大地・12ハウス・場所は、手で触ることができる**」

「まあ、そうだね」

「占星術はイメージの連想ゲームだ。つまりここから分かることは、**12のサインが示す『人の質』**を、手で触れるもの、目に見えるものに置き換えたものが『ハウス』ってことなんだ」

6 ハウス　　ハウス早見表

ハウスは、場所・人・物など、形あるもの。

ハウスには、その場所で生み出されるもの、関係のあるもの [物]
その場所に関係する人、職業 [人] など、形あるものが含まれます。

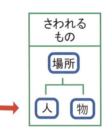

こちらがハウスの最終型！

		1 アセンダント	2	3	4	5	6	7	8	9	10 MC	11	12
ハウス	場所	自分を主張・表現する場（取り巻く雰囲気）	才能・五感が活かされる場（フリーランスの活動の場など）	知的好奇心が満たされる場（学び場・執筆の場など）	心安らぐ場所（家庭・ホームグラウンドなど）	刺激的で創造的な場（プレイスポットなど）	管理・調整・奉仕の場（地域・職場など）	社交・お付き合い・お披露目の場（パートナーなどとの出会いの場）	閉じられ、受け継ぐ場（密談・密室・寝所など）	広い見聞の欲求を満たす場（海外・研究所・出版社など）	社会の頂点（最終的な職場など）	終業後の知的な交友の場（サークル・勉強会など）	見えない世界（精神世界・自然・内面）
	人	自分		兄弟姉妹	親・家族	子ども		妻・夫 支援者 鏡となる人	お金などの援助者		親（目標となる家族）	友人	内なる自分
	物		お金				健康の要になる体の部分		遺産 譲り受ける物				見えないもの

「これだけじゃ、ちょっとピンとこないけど…」
　言いながら、ある箇所が目に留まった。
「ねえ。7 ハウスの『社交・お付き合いの場』だけどさ」

「なんだい？」
「人の項目にある『鏡となる人』ってなに？ 自分のそっくりさんにでも出会うの？」

132　第4章　サインとハウス

半分おちゃらけて、そう尋ねる。

「ふむ。悪くない視点だね」とモックま。

「え、どういうこと？」

「7ハウスはてんびん座を背景に持つからね。

ここに天体が多くある人は『出会う人々によって自分が何者かを知る』そんな場面に遭遇しやすいんだ。

以前言っただろ？　使っていない天体は他人に使われるって」

「うん、覚えてる」

「こいつは皆に起こる事だが、7ハウスに天体が多い人は特にそれが強調される」

「え、じゃあ例えば火星が7ハウスにある人は、しょっちゅう短気な人に絡まれたりとか？」

「まあ火星が使えてなきゃ、あり得るだろうね」

「えー！　7ハウス、超悲惨じゃん！」

「いや、くり返しになるが、それは内面の映し鏡としてのワンシーンにすぎない。

例えば12ハウスに天体が多くある人は、心の奥を独り見つめることで自分のいたらなさや本質を知る。

1ハウスに天体が多ければ、衝動的に動いた結果、巻き起こした事件によって、自らの課題や時に可能性を知るかもしれない。

これが7ハウスの場合、他人が鏡となって現れて、教えてくれると言うわけさ」

「なんか人とのトラブルが多そうで、やだなー」

「しかし良い面もあってね。自分自身が成長すれば、その内面が環境に表れるから。

サポートしてくれたり、取り立ててくれたりする人物に多く遭遇することになる。

それがここに書かれている『支援者』だ」

「いいじゃん、7ハウス」

「…相変わらず短絡的だね」

「ねえ、じゃあさ。8ハウスの『遺産』ってなに？

ここに天体がある人は、やたら葬儀に出会うとか？」

「8ハウスはさそり座の影響下にあるからね。さそり座がどんなサインだったか覚えているかい？」

「うん。ここまで育った自分の個性を一度、殺して相手と完璧に一体化する」

「そう、まさに『自分を一度殺す』。

この場所は個人の個性を一旦殺して、もっと大きな存在、例えばご先祖様とか〇〇家一族とか、そういったものに従う、という意味があるんだ」

「わーなんかサスペンス劇場みたい」

「そうすることで得られるものは何だい？」

「…遺産？」

「そういうこと。

ここに多く天体を持つ人は、大きな組織や集団の一員として何かを継承したり、誰かの庇護や援助のもと暮らしたり。そんな環境に身を置くこともある」

「えーいいな、8ハウス」

「ただし目には見えない拘束があったり、自分を主張できない暗黙のルールが敷かれていたり。

そんな前提がある」

「考えものだな、8ハウス」

「まあ、つまりだ。どのハウスに天体があっても能動的にその環境で天体を使ったなら、必ず実りがあると言うことさ」

「お前の話聞く限りじゃ、天体があるハウスだけチェックすればいいってこと？」

「いや。ポイントは二つ。ハウスに重なっているサインと、そのハウスにある天体だ」

6ハウス　｜　サインとハウスの関係性

サインとハウスのかけ合わせで、チャートにバリエーションが生まれる

右図は

おひつじ座　＝　1ハウス
おうし座　　＝　2ハウス

と、対応するサインとハウスをぴったり重ねた図です。けれど実際のネータルチャートはこの通りではありません。
しょう太と木野さんを例に挙げてみましょう。

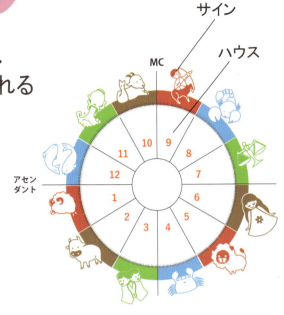

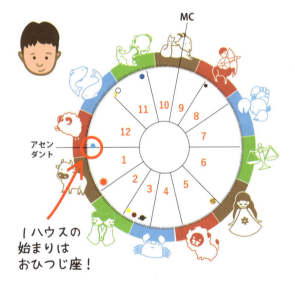

1ハウスの始まりはおひつじ座！

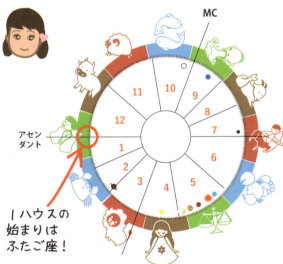

1ハウスの始まりはふたご座！

1ハウスの始まりは、おひつじ座とは限らず、各ハウスの大きさもまちまちです。

ご覧の通り<u>12のハウスはすべての人に平等に与えられています</u>が、<u>各ハウスに重なっているサインは人によって違います</u>。

まずは重なったサインが及ぼす、各ハウスへの影響を見ていきましょう。

6 ハウス

チャートを読む　文型1・2

サインとハウス、読み方の方程式を知ろう。

ハウス	
1　自分を主張・表現する場（取り巻く雰囲気）	7　社交・お付き合い・お披露目の場 　（パートナーなどとの出会いの場）
2　才能・五感が活かされる場 　（フリーランスの活躍の場など）	8　閉ざされ、受け継ぐ場（密談・密室・寝所など）
3　知的好奇心が満たされる場（学び・執筆の場など）	9　広い見聞の欲求を満たす場（海外・研究所・出版社など）
4　心安らぐ場所（家庭・ホームグラウンドなど）	10　社会の頂点（最終的な職場など）
5　刺激的で創造的な場（プレイスポットなど）	11　終業後の知的な交友の場（サークル・勉強会など）
6　管理・調整・奉仕の場（地域・職場など）	12　見えない世界（精神世界・自然・内面など）

ハウスはすべての人の人生に表れる「12の場所（シーン）」を示します。

あなたの場合、この12のシーンは、どんな『色』を持つのでしょうか。各ハウスごとの『色』。これこそが「ハウスの始まりのサイン」で分かるのです。

またハウスは、二つ以上のサインをまたいでいることも多いものです。

文型1は、始まりのサインがそのハウスに、どんな『色』を与えているかを、文型2は各ハウスに重なったサインから「そのハウスでのふるまい方」が分かります。

ハウス	ハウスの始まり (カスプ) のサイン	カスプの次のサイン
1. わたしの [　　　] は、	[　　　] のようです。	
2. わたしは [　　　] では、	初めは [　　　] ますが、	だんだん [　　　] になっていきます。

「なるほど。この文型に当てはめて、自分のハウスがどんな『色』を持つのかを読み解くんだね。

　ぼくの場合はサインとハウスが同じ星座を基にしてるから、そのまんまだよ…。

　木野さんのを見てみようか」

1. わたしの□□は、□□のようです。

これに３ハウスの『学びの場』を当てはめると…。

わたしの学びの場は、かに座のようです。

かに座は身近にある愛しいものを、守ろう、大切にしようとする。これが学び場の『色』として表れたら…。

ぼくはちょっと考えて、「自分の好みのものを見つけて可愛がる、みたいに学ぶのかな？」と言った。

「ふむ。なかなかいい。

かに座はまだまだ前半のサイン。だから主観的な『お気に入り』を知的な分野に見つけて、そこが学び場になる」

「あー分かるなあ。星の使い方に興味持つ辺り。ちょっぴりマニアックだもんね。人のこと言えないけど。

てことは、ぼくのレッスンは木野さんのお気に入りってことか。へへ…」

「次は４ハウスを見てごらん」

1. わたしの□□は、□□のようです。

これに４ハウスの『家庭』を当てはめると…。

わたしの家庭は、しし座のようです。

しし座は「わたしはこれがやりたいの！ 遊んでなんぼ！」って感じだから…。

「これも想像通り。なにせ休みにオシャレスポットへ行けちゃうんだから！ 家族の人は『自由に遊びなさい』ってスタンスだよね」

ぼくは面白くなって、今度は２番目の文型を使って、自分のチャートを読むことにした。

2. わたしは、□□では、初めは□□ますが、だんだん□□ようになっていきます。

こいつに７ハウス『社交の場』を入れて…。

わたしは、社交の場では、初めはてんびん座のようにふるまいますが、だんだんさそり座のようになっていきます。

てんびん座は距離感を保ち、軽やかに対応するサイン。一方、さそり座は相手とどこまでも向き合って、知り尽くしたいサイン。てことは…。

わたしは、社交の場では、初めは適度な距離感を保ちますが、だんだん相手とじっくり密に向き合うようになっていきます。

「こ…これは。まさしく今のぼくじゃん！

木野さんとの距離感は大切にしたいけど、彼女のこと、もっと深く知りたいのも確か。つい踏み込みそうになっちゃうんだよね…」

「だんだんつかめてきたようだね」

「こうなると、いよいよ天体が気になるな。

天体が多く集まってるハウスは、その人にとって大切な場所なんだろ？」

モックまは「ふむ」と言って、ページをめくった。

6 ハウス ｜ ハウスの天体

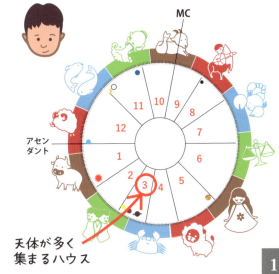

天体が多く集まるハウス

天体はその場所での活力を示す。

ハウスにある天体も、大切な意味があります。

天体の多いハウス ＝ 力を発揮する場所
天　体　　　　＝ その場所に表れる特徴

と、まずは理解しておきましょう。

「なるほど！ぼくだったら、3ハウスに天体が多いよね。
　自分で言うのもなんだけど、最近のぼく、イキイキしてる気がするもん」
天体の多いハウスは、彼らスペシャリスト（天体）にとって居心地が良いと言うこと。
　誰だって心地の良い場所では力を発揮するだろ？」
　ぼくはうなずき、少し前のめりになった。
「ねえ、例えばさ。ぼくの3ハウスには金星があるじゃん？」
「ああ」
「てことは学びの場が『趣味』になることもあるし、学びの場で『恋愛』が生まれることもあるって、これ、あってる？」
「ふむ。悪くない読みだ。
　ハウスは目に見えるもの、人とか物とかも含むと言ったろう？じゃあその『人』ってのが何で表されるかと言うと…」

「天体たちだ！」
「その通り」と、モックま。
　ぼくは目を輝かせ質問を続けた。
「つまりさ。金星の図解（P.76）に『若い女性』、『女性のパートナー』ってのがあるだろ。
　金星そのものが『女の恋人』を表すから、ぼくの場合、3ハウスで彼女が見つかる可能性があるってこと？」
「そう言うことだ。
　金星を『恋愛』とも読めるし、人に置き換えて『女の恋人』とも読める。
　とは言え、あまり限定せずに『君が活躍する3ハウス的な場所には、女性も集まりやすい』くらいに思っておくと、読み方に広がりが生まれるがね」
　ぼくはモックまの言葉を右から左に聞き流し、ニヤニヤと自分のチャートを見つめた。

29. サインをサポートする天体たち

しばらく妄想を膨らませていたけれど、やがてぼくは、ふっと我に返った。

「なあ、モックま…」

モジモジしながら、そう切り出す。

「なんだい？」

「人生のいろんな場面で『自分がどう振る舞いやすいのか』は分かった。でさ。

もしその振る舞いが元でトラブルになったりしたら、どうしたらいんだろう？」

「と、言うと？」

「や、だからさ…」

いつもみたく内側の声を察してほしくて上目遣いにモックまを見る。知ってか知らずか、きょとんとしているヤツの様子がじれったい。

仕方なく、ぼくは言葉を続けた。

「木野さんはずいぶん風が強いじゃないか。

一方ぼくは水が強い。風は文字通りドライ。水の湿っぽさが苦手だろ？」

「まあそうだね。

風と火は男タイプ。土と水は女タイプ。

男と女が互いを理解できずに苦しむように、この両者は葛藤を生みやすい」

「7ハウスの『社交・お付き合いの場』で、ぼくは今んとこ軽めな態度で距離感保ってる。

でも正直もっと彼女のこと知りたいし、もっと本音や弱みを共有したい。

これはきっと7ハウスの後半サイン、さそり座も働いてるじゃん」

「まあ君は、そもそも水の質が強いからね」

「…もしさ。今後ついうっかり彼女の境界線を超えて嫌な思いをさせちゃったり。さらにさらに、嫌われそうになっちゃったり。

そんな事態になったなら、なにか対処方法ってあるのかな」

「**まあ、12サインは、自分と違うサインの者同士と向き合って、最後はあらゆる相手を受け入れることを目標にしているから。**

嫌われたり、はたまた相手にイラ立ったり。それもすべて良い経験だけどね」

「そんな宇宙レベルの意見、いいからさあ。どうにかうまくやる方法教えてよ」

「ふむ。いいだろう。

ハウスの始まりと終わりのサインで『その場所でのふるまい方』が分かる。それはもう分かったね」

「うん」

「そして**それぞれの場所で何か問題が起こったり。あるいはさらにその場所で学びを重ね、もっと魅力をアップさせようとするとき、ぼくらは『ルーラー』を使うんだ**」

「ルーラー？」

3 天体 ｜ ルーラー（個人天体）

サインにはそれぞれ守護してくれる天体がある。

12サインには、それぞれ守ってくれる天体があり、これを ルーラー と言います。

天体が、自分の守護するサインにある場合、よりその力が活発に働くという特徴があります。

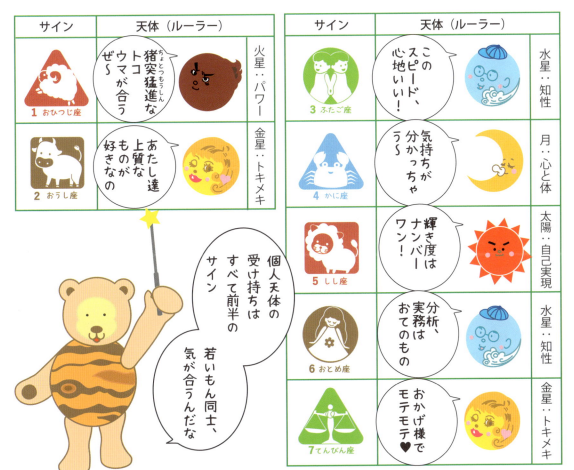

「なるほどね。残りの五つの天体は、後半の五つのサインを受け持ってるの？」とぼく。

「その通りだ。よし。ここで木おばさんから順番にサクッと紹介しようじゃないか」

3 天体 — 社会天体とトランスサタニアン

社会天体は大人の視点。トランスサタニアンは宇宙視点。

【社会天体】

どっしり受け入れ
木おばさん

木星：ゆる〜い社会性
増大・発展・受容・善なるもの

火星どんの後にくるあたしはね。あのモーレツな勢いはすっかり治まっちまってね。「みんな仲良くやろうじゃないか」そんな境地さ。おかげさんで物や人やチャンス何かがたんと巡ってくるわけさね。いろいろ広げすぎちまって時に手一杯になるくらいさ。はっはっはっ。

キビシク
具現化土星じぃ

土星：キビシイ社会性
メンテナンス・具現化・規律・安定・守り

木おばさんが広げたもんを、わしゃ片っ端からぎん味して、いらんもんは切り捨てる。社会で結果を出そうと思ったら、ムダなことに時間を費やしてるヒマはない。まあ、わしの下でしばらくがんばりゃ何がしかの結果が出る。コツコツやり抜くことじゃ。

ここからは社会天体を二つに分けていきましょう。
「社会でのわたし」を作る木星と土星を社会天体。
世代全体に影響を与える天王星・海王星・冥王星をトランスサタニアンと言います。

トランスサタニアン

◆自由と革命◆
天王様

天王星：革新
部分破壊と再生・個人主義
場所、枠を超える（ネット）

ヘイ、ベイビー。ぼくら三人は宇宙からの伝言を土星じいたち下位の連中に届ける役割さ。ぼくはじいの築きあげたものを、一部壊して新しい風を送り込む。土星じいはなにせ古風だからね。この破壊がどんな意味を持つのかよく分からない。でも、ぼくの力にはあらがえないのさ。

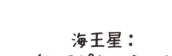
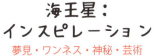
海王様

海王星：
インスピレーション
夢見・ワンネス・神秘・芸術

わたしは夢見の星。場所も時もすべてを超えて一つになるの。わたしは自然。わたしは宇宙。ああ、無限にひろがるインスピレーション。わたしに溶け込むことであなたの心はいやされる。
自分はただ生かされている。そんな真理に到達するの…。

♡たましいのレスキュー♥
冥王様

冥王星：起死回生
0か100・死と再生・洞察・巨大な力

あたちね。あなたのたましいが成長するために時々あなたの心や身体を壊すの。あたちね。あなたのたましいが望んでない現実は時々ぜーんぶゼロに戻すの。だってたましいの声しか聞こえないんだもん♪てへっ♥

1
2
3
4
5
6
7

※　社会天体などの詳しい解説は http://moccuma.net/
「修正と補足」に入っています。「もっと知りたい！」という方はご参考ください。

「新メンバーいよいよ登場だあ…。

　あれ、でもなんか木おばさんと土星じいは親しみ持てる感じだけど、天王様以降ちょっと異質だね。みんな『様』ついちゃってるし」

「まあ、彼ら三人は別格だからね。そもそも天王星が発見されたのが1781年。占星術の歴史が2000年以上ある中で、それまでは土星までしか読まなかったんだから ※」

「え、それで事足りたの？」

「当時は『世代に影響を与える』って考え方が、薄かったのかもしれないね。

　例えば木野さんと君は、天王星・海王星・冥王星がすべて同じサインに在るはずだ」

「うん。そうだね」

「土星も一つのサインに留まる期間が約2年半だから、同じかに座にあるだろう。そんな風に公転周期の遅い天体ほど世代全体に影響を及ぼす」

「うん、勉強したよね。覚えているよ」

「その分、**天王星・海王星・冥王星は、個人の日常など重要視しないというか、人間の意識を超越しちゃってる**というか、そんな存在なんだ」

「うん。見るからにそんな感じだね。

　冥王様とか超怖いし。『たましいの成長のために、時々君の心と体を壊しちゃうの』とか、意味わかんないし」

「まあ、冥王星を怖がる人は多いよね」

「この三人、どうかしてるよ。

　天王様だって、『部分破壊』とか言って結局、壊し屋じゃん。海王様も『わたしは宇宙』、『わたしは自然』とかつぶやいてるけど、これってぶっちゃけ人格崩壊だろ？」

「…君は時々、ずいぶんと口が悪くなるね」

「えーだってなんか、この三人の影響って、いらない気がするんだもん」

「まあ、人は未知のものを恐れるからね。

　とは言え君のチャートを見ると、天王星との関わりがずいぶん強いんだが…」

モックまは、ぼそっとそんなことを言った。

「え…」

「まあ、いいや。

　今はルーラーのレッスンだったね。話を戻そう。

　おとめ座まではルーラーがそろった。

　こんな風にサインとルーラーは似た者同士だ。これを参考にして、次のさそり座から順に組み合わせを当ててごらん」

「オッケ。んー…、さそり座かあ。難しいなあ。パス！」

「…早いね。まあいいだろう。じゃあ次のいて座はどうだい？」

「これは何となく分かる！『夢もでっかく！　話もでっかく！』この超楽天的な感じ、木おばさんでしょ？」

「その通り」

「やぎ座は絶対、土星じいと相性いいはず。やぎ座のルーラーは土星！決定！」

「そして？」

「もうこの後は超簡単。天王星はみずがめ座のルーラーで、海王星はうお座でしょ」

「その通り！これで、残ったさそり座の受け持ちが分かっただろう？」

「うん。冥王星だね」

　モックまはうなずいて、スクリーンボードを開いてみせた。

3 天体

ルーラー
社会天体・トランスサタニアン

12サイン	天　体（ルーラー）	
8さそり座	あたたたちと一回死んで生まれ変わりまちょ♥　♡たましいのレスキュー♥　冥王様	冥王星…起死回生
9いて座	一緒にいると夢も話もどんどんふくらむのよ〜はっはっはっ　どっしり受け入れ木おばさん	木星…ゆる〜い社会性
10やぎ座	ムダをはぶいて切り捨てごめんじゃこやつはなかなか話が分かるわい　キビシク具現化土星じぃ	土星…キビシイ社会性
11水がめ座	時代の革命児とはぼくらのことさ　自由と革命天王様	天王星…革新
12うお座	いやしにボーダーなどいりませんのさあ一緒に夢の中へ…　いやしのアーティスト♪　海王様	海王星…インスピレーション

※　厳密にはトランスサタニアンが西洋占星術に登場したのは戦後からです。それまでは土星までしか用いませんでした。

「冥王星は一見恐ろしい天体に見えるだろうが…。

　常にその人のハートに激しいノックをし続ける星なんだ」

「激しいノック?」

「ああ。『君のやりたいことは本当にそれでちゅか?』、『あなたがつかんで離さないその感情。それは本当に本心でちゅか?』ってね」

「本心でちゅかって可愛く訊かれましても」

　ぼくは苦笑いしてそう言った。

「例えばね。ここに親から受け継いで会社を経営している社長さんがいるとしよう。

　けれど彼のたましいの願いは、『旅をしながらピアノを弾いて暮らしたい!』だったとする。

　土星が強い人ならば、『とにかく親の築いたものを継続しなきゃ』、『従業員を養わなきゃ』、そんな発想で、たましいの声を無視し続けるかもしれない。

　けれど冥王星はね。

　土星が築き上げた現実なんか、ちっとも興味ないから。あっけなく会社を倒産させたり、それでも諦めないなら体に故障を起こしたり。

　そんな風にして、『旅をしながらピアノを弾いて暮らしたい!』と言う、たましいの願いを叶えようとするんだ」

「素朴な疑問なんだけど、無一文になったり病気になったりしたら、そもそもピアノを弾いて旅をする夢も叶えられないじゃない」

「そんなことはない。

　人間は本気でたましいの喜びから生きようとするとき、とんでもない底力を発揮するものだ。

　それよりもむしろ、現実というしがらみの方が彼らを動けなくする。責任とか、プライドとか、常識とか、安定とか。

　だからそれらを一旦リセットし、0に戻すのが冥王星の役目なのさ」

「さそり座も一旦自分を殺し相手と一体化して生まれ変わる、そんなエネルギーだもんね」

「そう。だからさそり座と冥王星は相性がいいのさ。さて、すべてのルーラーが分かったんだ。早速こいつを使ってみようじゃないか!」

6 ハウス　チャートを読む　文型3・4

課題との向き合いと、発展の方法を知ろう。

ハウス	ルーラーのあるハウス	ルーラーのあるサイン
3. わたしは [　　]	で生まれた課題を [　　]	で、[　　] 解決 へと導きます。
4. わたしは [　　]	で生まれたテーマを [　　]	で、[　　] 発展 へと導きます。

3の文型は、<u>そのハウスで生まれた課題や悩みと、いかに向き合い解決へとみちびくか</u>、そのヒントを読みときます。

4の文型は、<u>そのハウスでの自分の傾向を活かし、さらにどう発展させるか</u>、そのヒントをひもときます。

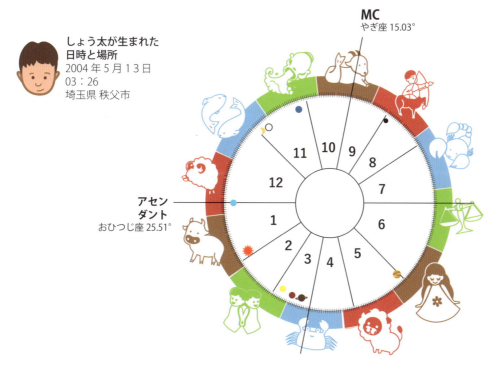

しょう太が生まれた日時と場所
2004年5月13日
03：26
埼玉県 秩父市

MC やぎ座 15.03°
アセンダント おひつじ座 25.51°

「なるほど、応用編ってわけだね」
　ペンをにぎり直しノートに向かう。木野さんとのこれからが、かかっているからね。集中し新しい文型を手順通りに読んでいく。すると…。

> **例：しょう太の課題**
> お付き合いの場（7ハウス）で、初めはちょうどいい距離が取れるんだけど、だんだん密な関係を持ちたくなってきます。それが心地よい相手ならよいのだけど、彼女は風の強い女の子。もし相手が重たく感じたら、どう対処したら良いんだろう…。

文型	3. わたしは [　　　　] で生まれた課題を [　　　　] で、[　　　　] 解決 へと導きます。	
1	課題のあるハウスのカスプ（始まり）がどのサインにあるかをチェック	7ハウスのカスプは、てんびん座！
2	次にそのサインのルーラーがどこにあるかをチェック	てんびん座のルーラーは金星！金星は3ハウスのふたご座にある！
3	これらを文型に当てはめます	わたしは [7ハウス] で生まれた課題を [3ハウス] で、[ふたご座らしく] 解決 へと導きます。
4	しっくりくる文章にまとめてみましょう	ぼくはお付き合いの場で生まれた課題を学びの場で、分かりやすく何かを教えてあげたり、打てばひびくような対話を心がけたりすることで、解決へと導きます。

「なるほどねーーーっ！」

　ぼくはすごーく納得して思わず声をあげた。

　考えてみれば、モックまから占星術を学んでいるときのぼくって、ふたご座っぽいんだよな。

　軽口たたくし、スピードもって対話ができるし、しめっぽくなくてカラッとしてる。

　木野さんにうっかり踏み込み過ぎても深追いしないで、ふたご座金星を使うこと。今なら占星術を教えてあげたり、一緒に学んだりするといいんだな。

「ハウスとサインのかけ合わせから、天体の使い方もより深く分かっただろう。今日はこの辺で休もうか」

「えーっ！ せっかく面白くなってきたのにー！ もっ

ともっとー！」

　眠そうなモックまにせがむぼく。結局その日は深夜まで星のレッスンが続き、ぼくは大満足だった。

　明日は星の使い方を、二人にたっぷり教えてあげられる。そう思うと胸が躍った。

---

30. 三沢先生と木野さんのチャート

「それで…、お前らは先生に西洋なんたら術ってのを教えてくれるってんだな？」

　三沢先生は困惑したような表情で、ぼくらに言った。

美術室は相変わらず、オイルやら、粘土やら、絵具やらの匂いがうっすらと漂っていた。けれど不快感はなく、座っていると少しずつ気持ちが穏やかになった。

それはこの部屋の主である三沢先生のせいかもしれなかった。

髭づらの丸い顔は、それでもどこか柔和な印象があって、傍にいると不思議と安心するのだった。

「すっごく楽しいですよ!

それに先生。今度、神話をモチーフに描いてみようかって言ってたじゃないですか。調べたら西洋占星術ってギリシャ神話が背景にあるんですって。ね、岡田くん」

「え…、あ、ああ」

さすがに風のサインに五つも天体があるだけあって、いろいろ調べ上げてる。

ぼくは感心して木野さんの横顔を眺めた。

「そうなのか。そいつはちょっと面白そうだが…」

と、あご髭をなでる先生。

ぼくは慎重に言葉を探しながら、「それに、西洋占星術は日々使うことで自分の才能を発見したり、育んだり出来るんです」と言った。

三沢先生はふっと小さく笑って、「才能…か」と言った。

(…この年齢でそんなものが、新しく発見できるんかねえ)

そんな心の声が聞こえたような気がした。

ぼくは少し考えて言葉を足した。

「才能って言うと大げさに聞こえるかもしれません。でも確かなことは、これを使い続けることで、『気づき』がたくさん生まれるってことです」

ぐっと眉を寄せ先生がぼくに目を向ける。

「気づき?」

「そうです。自分に対し無意識に決めつけていたこと。誰かに対し勝手に思い込んでいたこと。

そんなことに日々気づいていくんです。

先生、いつだったかの授業で言っていました。『感動とは気づきだ』って。そして、絵を描く者は感動する心を失ったとき、終わるって」

静けさの中に沈んでいくような妙な空気が、辺りを包んだ。

木野さんは口をつぐみ、ぼくらの様子を見守っている。先生は何かに集中しているときの、あの鋭い目つきでぼくの眉間の辺りをぐっとにらんだ。

こんなときの先生は決して怒っているんじゃない。

自分の心の奥で動いた、かすかな何かに耳を澄ませているだけ。

それが分かっていても、先生の持つ命の力強さを肌で感じて緊張するのだった。

「そいつは…、面白いな」

やがて先生がぼそっと言った。

そして目を細め、今度は優しい眼差しで見返すと、「お前は面白いな、岡田」と言った。

突然、自分の名前が飛び出してきたことに動揺する。

すると木野さんまでが、「ね。岡田くんって、ほんっと変わってる」そう、うなずくじゃないか。

ぼくは戸惑って、「そ…そうかな。ぼく変?」と二人の顔を見回した。

先生はニッコリ笑って、「変なんて言っていない。面白いと言ったんだ」そう言うと、「よし。その占星術とかいうヤツをお前から習おうじゃないか。やるとなったら中途半端じゃつまらない。さあ、何から始めたらいいのか教えてくれ」と続けた。

147

胸が熱くなるのを感じながら、先生に生年月日と生まれた場所を尋ねる。
「出身は青森で生まれたのは1988年3月28日、昼の12時ジャストだ」
「え…、12時きっかりですか？」とぼく。
「ああ。陽一ってオレの名前は昼一番に生まれたってんで付けられたんだ。
　田舎の病院で12時の鐘が鳴り始めたのと同時に産声がこだましたってな。母ちゃんが話して聞かせてくれたもんだ」
「わたしもママから訊いてきたよ！」
　と、木野さんがすかさず言う。
　これで全員分のデータが、もれなく揃ったわけだ。ぼくは早速モッくまのタブレットを開き、みんなのデータを入力した。

5 チャート ｜ しょう太

しょう太が生まれた日時と場所
2004年5月13日
03：26
埼玉県 秩父市

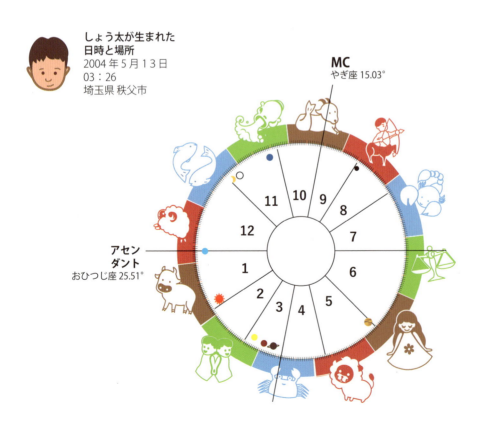

MC
やぎ座 15.03°

アセンダント
おひつじ座 25.51°

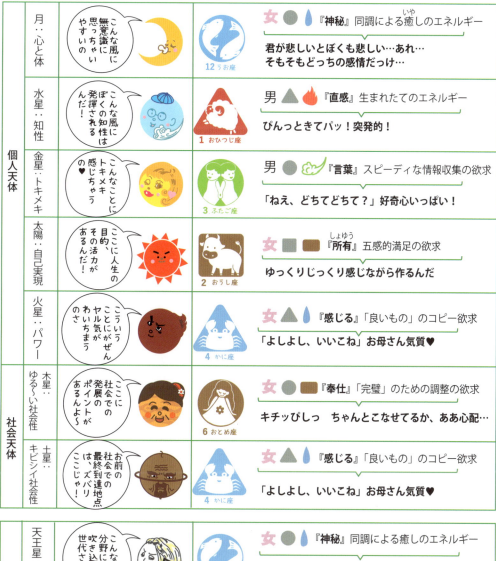

5 チャート　　木野さん

木野さんが生まれた日時と場所
2004年10月12日
20：05
埼玉県 秩父市

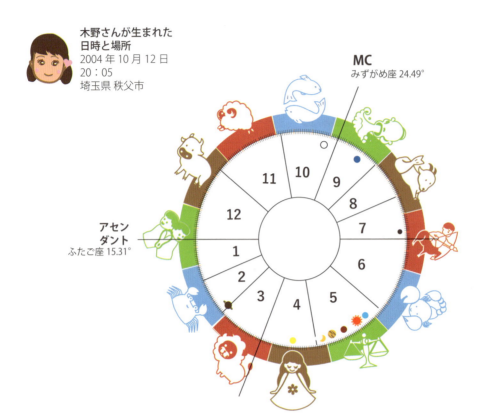

MC
みずがめ座 24.49°

アセンダント
ふたご座 15.31°

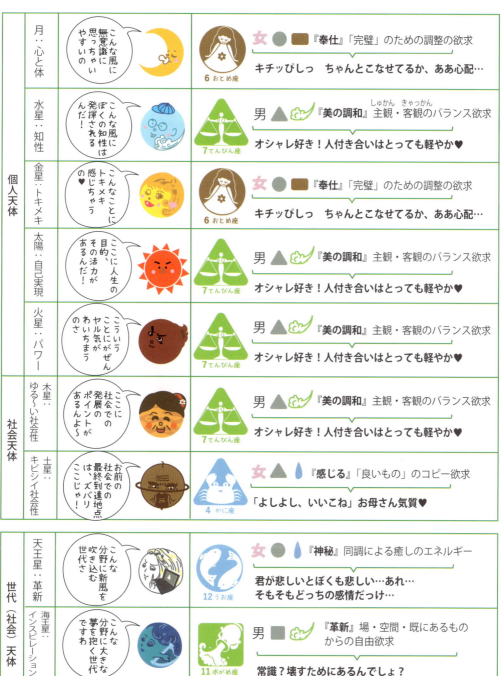

個人天体	月：心と体	こんな風に無意識に思っちゃいやすいの	6 おとめ座	女 ● ■ 『奉仕』「完璧」のための調整の欲求 キチッぴしっ　ちゃんとこなせてるか、ああ心配…
	水星：知性	こんな風にぼくの知性は発揮されるんだ！	7 てんびん座	男 ▲ 🌱 『美の調和』主観・客観のバランス欲求 オシャレ好き！人付き合いはとっても軽やか♥
	金星：トキメキ	こんなことにトキメキ感じちゃうの♥	6 おとめ座	女 ● ■ 『奉仕』「完璧」のための調整の欲求 キチッぴしっ　ちゃんとこなせてるか、ああ心配…
	太陽：自己実現	ここに人生の目的、その活力があるんだ！	7 てんびん座	男 ▲ 🌱 『美の調和』主観・客観のバランス欲求 オシャレ好き！人付き合いはとっても軽やか♥
	火星：パワー	こういうことにがぜんヤル気があいちまうのさ	7 てんびん座	男 ▲ 🌱 『美の調和』主観・客観のバランス欲求 オシャレ好き！人付き合いはとっても軽やか♥
社会天体	木星：ゆる〜い社会性	ここに社会での発展のポイントがあるんよ〜	7 てんびん座	男 ▲ 🌱 『美の調和』主観・客観のバランス欲求 オシャレ好き！人付き合いはとっても軽やか♥
	土星：キビシイ社会性	お前の社会での最終到達地点は、ズバリここじゃ！	4 かに座	女 ▲ 💧 『感じる』「良いもの」のコピー欲求 「よしよし、いいこね」お母さん気質♥
世代（社会）天体	天王星：革新	こんな分野に新風を吹き込む世代さ	12 うお座	女 ● 💧 『神秘』同調による癒しのエネルギー 君が悲しいとぼくも悲しい…あれ… そもそもどっちの感情だっけ…
	海王星：インスピレーション	こんな分野に大きな夢を抱く世代ですわ	11 水がめ座	男 ■ 🌱 『革新』場・空間・既にあるものからの自由欲求 常識？壊すためにあるんでしょ？
	冥王星：起死回生	こんな分野でたましいが強力に成長しちゃう世代なの♥	9 いて座	男 ● 🔥 『高い視点』広い見聞への欲求 あの星を手に入れるっ！話も夢もでっかく！

5 チャート　三沢先生

三沢先生が生まれた日時と場所
1988年3月28日
12：00
青森県鰺ヶ沢町

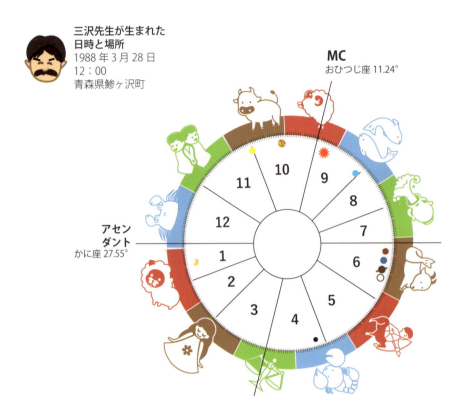

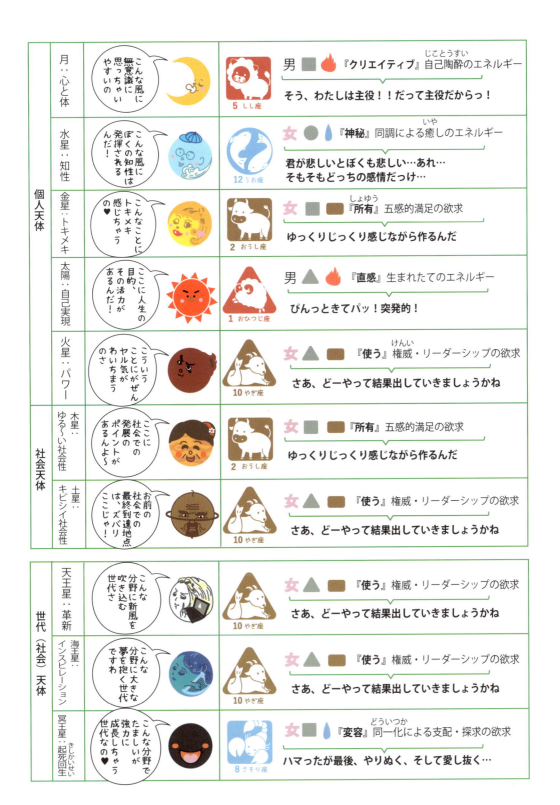

分類	天体	セリフ	サイン	属性・キーワード
個人天体	月‥心と体	こんな風に無意識に思っちゃいやすいの	5 しし座	男 ■ 火 『クリエイティブ』自己陶酔のエネルギー そう、わたしは主役！！だって主役だからっ！
	水星‥知性	こんな風にぼくの知性は発揮されるんだ！	12 うお座	女 ● 水 『神秘』同調による癒しのエネルギー 君が悲しいとぼくも悲しい…あれ…そもそもどっちの感情だっけ…
	金星‥トキメキ	こんなことにトキメキ感じちゃうの♥	2 おうし座	女 ■ 土 『所有』五感的満足の欲求 ゆっくりじっくり感じながら作るんだ
	太陽‥自己実現	ここに人生の目的、その活力があるんだ！	1 おひつじ座	男 ▲ 火 『直感』生まれたてのエネルギー ぴんっときてパッ！突発的！
	火星‥パワー	こういうことにがぜんヤル気があいちまうのさ	10 やぎ座	女 ▲ 土 『使う』権威・リーダーシップの欲求 さあ、どーやって結果出していきましょうかね
社会天体	木星‥ゆる〜い社会性	ここに社会での発展のポイントがあるんよ〜	2 おうし座	女 ■ 土 『所有』五感的満足の欲求 ゆっくりじっくり感じながら作るんだ
	土星‥キビシイ社会性	お前の社会での最終到達地点は、ズバリここじゃ！	10 やぎ座	女 ▲ 土 『使う』権威・リーダーシップの欲求 さあ、どーやって結果出していきましょうかね
世代（社会）天体	天王星‥革新	こんな分野に新風を吹き込む世代さ	10 やぎ座	女 ▲ 土 『使う』権威・リーダーシップの欲求 さあ、どーやって結果出していきましょうかね
	海王星‥インスピレーション	こんな分野に大きな夢を抱ける世代ですか	10 やぎ座	女 ▲ 土 『使う』権威・リーダーシップの欲求 さあ、どーやって結果出していきましょうかね
	冥王星‥起死回生	こんな分野で強力にたましいが成長しちゃう世代なの♥	8 さそり座	女 ■ 水 『変容』同一化による支配・探求の欲求 ハマったが最後、やりぬく、そして愛し抜く…

「10の天体は、その人の中に眠るスペシャリスト。そして12のサインはその人の質、キャラクター。この二つのかけ合わせで、その人だけの個性が見えてきます。

まずは10の天体が入っているサインを、大まかに分類してみましょう」

5 チャート　サインの比較

ネータルチャートを比べてみよう

チャートを読むとき、まず初めに12サインの3分類から見ていきます。
お友達と一緒に読むことで、互いの魅力や質の活かし方が分かるでしょう。

「まずはっと。男タイプか、女タイプか」

三沢先生はぼくらのサインの表組を見比べ、「これ見る限りじゃ一番男らしいのは木野だな」と言った。

「男らしいってなんですか！ もうっ！」

ふくれっ面の木野さんをあしらいながら、先生はいぶかしそうに、「そして一番女っぽいのがオレじゃないか！ 岡田、これ本当に合ってるのか？」と尋ねる。

ぼくは内心、冷や汗をかきながら、男タイプと女タイプの質について説明をした。

「なるほど。一番に自分の内側を大事にする。それはまあ、あるかもな。けどこれでも、積極的なところもあるんだぞ？」と三沢先生。

「先生のネータルチャートを見ると…。**素の自分を表す月、成りたい自分を表す太陽。10 の天体の中で、一番、要になる二つがどちらも男タイプ、火のサイン**なので。

2：8の割合で女タイプに偏ってるとは言え、質は半々くらいに表れると思います」

「だよな。それを聞いて納得したぜ」

と先生。そしてまた表組に目を落とした。

「季節のエネルギー。こいつが示す質ってのはよく分かるぞ。

オレは『柔軟に人の要望に応える』ってのが苦手なんだ。何かに熱中するとすぐ他のことは忘れちまう。仕事をいくつも同時にこなすってのが、からっきしダメでなあ。

そこいくと岡田は、どうやらそれが得意みたいだなあ」

「そうですね。ぼくもあんまり自覚が無かったんですが、複数のことをこなしたり、相手の要望を察知したりするのが、案外できるみたいなんですよね」

「わたしの場合、柔軟宮に四つ天体があるんですけど、そのうちの二つがおとめ座だからかな？

みんなの要望に応えるのは好きなんですが、途中で変更があると調子狂っちゃうんです」

と木野さん。

柔軟宮のサインは、ふたご座、おとめ座、いて座、うお座。

木野さんの場合、柔軟宮に四つと言っても、おとめ座以外の二つは世代天体。

世代天体って個人の個性にはあんまり影響しないから。柔軟宮らしさが際立って、おとめ座っぽく表れているんだね。

変更に応じてその場でクルクル対処できるのは、ふたご座、いて座。二つとも男タイプで意識が外に向いているからね。

うお座は『水』で情緒的だから人の想いを察知し、合わせるのが得意」

「なるほど。それが次の火・地・風・水の仕分けだな？」

「そうです。そちらに移る前に活動宮と不動宮をチェックしてみましょう。

先生の場合この二つに多く天体がありますが、どう感じますか？」

「そうだなあ。確かにオレは一回、始めたことは、ずーっと続けちまうタイプなんだよなあ。

『もうそれ止めたら？』って周りから言われても、どうも放りだせなくて」

「例えばどんなことですか？」

「どんなことってお前、一つは作品とかだなあ。

これ以上、絵の具をのせたところで修復は不可能だろうって画面になっても、しつこく何カ月も続けて時間を無駄にしたりとか。

155

後はまあ、女とか、仕事とか、いろいろだ」

「あんまりスタートダッシュの活動宮はピンとこない感じですか?」

「そうだなあ。今までやってきたもんを工夫しながら変えていくのは楽しいんだがな。そいつをまるっぽ捨てて、全く違うもんを始めるとなると、どうもなあ。切り替えるのに時間がかかる」

ぼくは、なるほど、とつぶやいて先生のネータルチャートに目を落とした。

「そうですね。先生の場合、月と金星って言う思春期までの天体が不動宮にあるから。そして水星はどっちつかずな柔軟宮の、うお座にある。

だから26才くらいまでは、割に不動宮が強かったはずなんです。今、先生は30才だから、その名残があるんでしょうね。

でも先生の太陽はおひつじ座。太陽が大きく発達する時期は26才を超えた辺りから。

おひつじ座は活動宮で何かをスタートする力は抜群です。

太陽を意識して使ってあげることで、ぐっと夢に近づけるはずなんです」

「うーん。勢いに任せてやっちまおうかって迷うときもあるんだが…」

と三沢先生。

心の中で(そうそう、そのいき!)とエールを贈る。

「ねえ、岡田くん。わたし、あれからネットで調べてみたんだ。

活動宮って、おひつじ座、かに座、てんびん座、やぎ座でしょ?

でも星占いとかで読む、かに座や、やぎ座って何かをスタートさせるタイプに見えないよ?

かに座はお母さんタイプで、ほっこり系。やぎ座はガンコで努力家っぽいじゃない」

「そうだな…。

活動宮のサインは周囲の皆の意志や感情を、『こっちですよ!』と方向づけするのが得意なんだ。かに座は『良いもののコピー』が特徴だけど、これってつまり『これが良いものですよ!』って旗を振って先導するってことだろ?

「そっか。お母さんって家の中で、いろんなこと取り決めて先取りしてやるもんね」

「そうそう。やぎ座もしかり。**かに座が家庭なら、やぎ座は社会の組織やグループでリーダー格になる存在だろ? 『お前ら、こっちだ!』って先頭を切る役割だ**」

「なるほどー。ねえ、じゃあ不動宮は?」

「**不動宮は、おうし座、しし座、さそり座、みずがめ座だね**」

彼女は小首をかしげ、「みずがめ座ってさ。革新のエネルギーなんでしょ? それなのに、これも不動宮なの?」と質問する。

「ああ、もちろん。

みずがめ座の人って意外と、同じスタンスでずーっとやり続けてる人が多い。オリジナルのアイデアを生む力もあるけれど、そもそも根っこの発想は『現状の無駄を削(そ)ぐ』ってことで一貫(いっかん)している。

それにさ。社会の前提をくつがえそうと思ったら持久力がなきゃ難しいだろ?」

「なるほど、面白いな」

先生はそう言って、また表組に目を落とす。

「なあ、岡田。実のところオレは次の火・地・風・水が気になってしょうがない。オレんとこの風は0じゃねえか。オレはそんなにバカなのか?」

「え、いや」

ぼくは頭をかいて先生のチャートに目を落とした。

12サインの質は何も天体が0だからって、その質がないわけじゃありません。

例えば地(肉体)のサインに天体が0でも体がない人はいませんよね?」

「そりゃ、そうだな」

「それは全てのサインに言えます。

そのサインに天体が入っていないと単純にその質がおろそかになりやすいだけ。**地に天体が少ない人は健康管理や身体のケアを怠りやすいし、結果に対して詰めが甘かったりする。**

火が少ない人は目の前の庶務の対処に追われて、大きな志を持ちにくかったり。

水の少ない人は、自分が実は傷ついていたり、怒ってたり。そんな感情に気づきにくく蓋をしがち。

同じように風のサインが少ないなら、外からの情報に、そもそも関心がなく自分だけのビジョンや思考に偏りやすいってことなんです」

「分かる気がするぞ。オレはいまだにインターネットを見ると頭痛がする」

「風に天体が入ってないからって地頭の良し悪しは関係ないってことでしょ?」

木野さんがサラッと言葉を加えた。

「そうだね。ただ、基本的には『好きこそものの上手なれ』。興味があって、そちらに関心を持ち続ければ知らない間に上達してるってことは言えるんだ。

風の強い人なら情報収集や学びが好きで、熱中するうちに博識になる。

火が強い人なら高い志で未来を見つめるうちに、行動力に拍車がかかって、目標を達成している。

水が強ければ人の感情に敏感な分、カウンセリングやサービス業、コミュニティ作りが、知らない間に適性になっていたり。

地が強い人なら現実を常に重視する分、誰よりもお金や結果を手にしていたり。

そして地は『五感を使って現実を作る』と言う意味があるからアーティストにも多いんですよ」

「そうか。オレは完全に地が優位だな。正直まるで金はないが、確かにアーティストの端くれだ」

「先生の場合、最も要になる二つの天体、月と太陽がどちらも火ですから。地と火の二つを兼ね備えていると思ってください」

先生は「うむ」と低くうなると自分の質の特徴を読み上げてみせた。

「火(精神):独立独歩! 志高く上を向くっ!

　　　　　　理想論だって? オレが決めたこと

　　　　　　ゴチャゴチャ言うねいっ

地(五感):形にする。見える化する。

　　　　　　リアルっ大事! ちゃーんとわたしに

　　　　　　利益はあるんでしょうね?

あっちゃあ…」

大きな手で顔を覆う。

「まったくこのまんまだ。志はでかいんだ。

夢なんて考えだしたら、そりゃまあ天まで届きそうな勢いさ。けど現実主義者のオレもいて、過去の実績から見て…、なんてリアルに算段し始める。

で、現状維持を選んじまうんだよなあ」

「分かります。わたしも風が強いけど月が地だもんなー」

そうぼやく木野さん。

157

まるで昨日の自分を見ているようで、内心可笑しく思いながら、ぼくはモックまの真似をしてちょっと怖い顔をしてみせた。

「二人とも大切なことを見逃しています。

　地のサインは決して現実を突きつけて、夢に足止めをくらわせるサインじゃありません」

「でも実際にはそうなってるもん」

　と、木野さんが可愛らしく頬を膨らませる。

　ぼくは小さく首を振り、「あくまで地は『形にするのが得意』な質。自分はこれだけ地があるんだから、この志を現実にする力がある。そう解釈してください」

「なるほど」

　三沢先生が低い声でうなずく。

「おとめ座の現状分析する力。やぎ座の結果を出そうとする力。

　これがあるからこそ、どんな夢も実現できる。

　そうセットして行動を決めれば、きっと大きなことにチャレンジできるはずです」

　二人はそれ以上、言葉を発しなかったけれど、内心は自分の地の質をちょっと誇らしく思ったのが、ぼくには分かった。ぼくは嬉しくてさらに言葉を続けた。

「そしてぼくらは皆、**自分の苦手な質を補ってくれる人と組むといいんです**」

「組む？」

「そうです。仲間を見つけたり、仕事上のパートナーを見つけたり。

　例えば先生なら風や水の強い人をサポーターにすると、情報を集めてきてくれたり、感情面を支えてくれたりするはずです。

　その逆に先生の志の高さが彼らの勇気になったり、具体的な行動が、やる気を促す。相互作用になって一緒

に発展します」

「なるほど」

「あたし風強いですよ！」

　と木野さんが言う。

「うん。このメンバーは、ぼくが水、木野さんが風、先生が地と火。それぞれ質がバラバラです。

　一緒に何かを勉強するには互いに刺激になって、とても良いんです」

「ふむ…。

　最初は占いに毛が生えたようなもんだと思ってたが、中々どうして奥が深いな」

「まだまだ、こんなもんじゃありません。

　自分のチャートを読むことで、『ぼくらは一体なぜこの世界に生まれてきたのか』そのヒントを知ることだって、できるんです」

　先生の反応に自信が湧いて、ぼくは大きな声でそう答えた。

「面白そうー！ 早く続き、教えて教えて！」

　はしゃぐ木野さんに、うなずき返し、ぼくはレッスンを続けた。

---

31. ぼくらがこの世界に生まれてきた理由

「ではまず、それぞれのアセンダントをチェックして。ここから『その人の第一印象』が分かります」

「えっと、わたしのアセンダントはふたご座だから。第一印象は『ねえ、どちてどちて？ 好奇心いっぱい』これだよね？」

　と木野さん。

　うなずきながら、（そっか。だから、ぼくのふたご

座の金星が彼女にクリーンヒットしたのかも）心の中で、そんなことを思う。

「どうかした？」

顔を上げ、こちらを見つめる大きな瞳にすべてを見透かされているようで、ぼくは内心ドギマギしながら、「い、いや、何でもないよ。そうそう、そう言うこと！」と言葉を返した。

三沢先生はそんなぼくの心中など気にする様子もない。

「なあ、おい。これを見るとオレのアセンダントは、お母さん気質のかに座だぞ。間違ってないか？」

表組と自分のネータルチャートを見比べて、そんな質問を投げかけてくる。

「生まれた時刻に狂いがなければ、正しいはずですよ」

「ふーむ」

「難しく考えなくても、先生、充分優しい印象よ？」と木野さん。

「そ、そうか？　オレは図体がでかいし、この脚だし、人は大抵、近づきにくく感じてると思ってるんだが…」

示し合わせたワケでもないのに、ぼくと木野さんはあははと笑った。

「ぜんぜんちがいますよー。ね、岡田くん。先生、なんだかホッとする感じあるもん」

「そうかあ？」

三沢先生はまだ納得がいかないらしく首をひねる。

「かに座は心休まる居場所を大切にするサインです。子どもを育てるお母さんが、お家を大事にするのと一緒ですね。

逆を返すと**アウェイに弱い。つまり人見知り」**

「ああ、それはある。

オレは初めての場所だと顔がこわばるんだ」

「それって、先生が緊張してるから勝手に周りも緊張してると思い込んでるとか」

と、木野さんがアシストしてくれる。

「な、なるほど。お前ら賢い！」

ぼくは笑ってそれぞれのチャートに目を落とした。

「こんな風に、**チャートを読んでいくとたまに、『ぜんぜん当てはまらない』**と思うことがあります。理由はいろいろです。

小さい頃にその質を欠点だと思い込んで、真逆の方向に努力していたり。

本当に大切な願いは、叶えられなかったときにショックが強いから。自分の才能をなかったことにしていたり。

でもネータルチャートは自分の魅力や才能を、その源泉を、緻密に記したカルテなんです。

宇宙からの、すんごい大きな贈り物です。

だから『当たってる、当たってない』って簡単に判断しないで、その質をじっくりと感じて、どうか自分で使えるよう、日々チャレンジしてみてください」

「はーい！」

「さて、アセンダントは、『何をしたくて、この世に生まれてきたか』を読み解くこともできるんだけど…」

ぼくはそう言って、ハウス、天体、ルーラーについても簡単に説明をした。

そして昨日、習ったばかりの文型を提示する。

4．わたしは□□で　生まれたテーマを□□で、□□発展へと導きます。

「この文型を使い、『生まれてきた目的』を紐解くと…」

5 チャート | アセンダントを読む | 文型4

アセンダントは「第一印象」と「初期衝動(しょきしょうどう)」。

アセンダントのサインは人生を通し「何か事を始める最初の衝動」を示します。

さらに大きな意味では「何をしたくてこの世に 生まれてきたか」を読むことができるのです。

4の文型を応用し読みといて、それを自分の言葉に置き換えてみましょう。

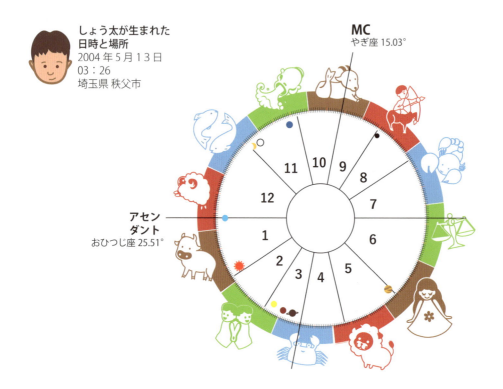

しょう太が生まれた日時と場所
2004年5月13日
03：26
埼玉県 秩父市

MC
やぎ座 15.03°

アセンダント
おひつじ座 25.51°

ハウス	ルーラーのあるハウス	ルーラーのあるサイン
4. わたしは アセンダント で生まれたテーマを [　　　　　] で、[　　　　　] 発展へと導きます。		

わたしは [おひつじ座のアセンダント] で生まれたテーマを [おひつじ座のルーラー火星がある3ハウスで] で、[かに座らしく] 発展へと導きます。

✓ **第一印象**　ぼくのアセンダント は、おひつじ座にあります。
そのためぼくは、一見すばしっこそうで、
目は力強く印象的かもしれません。

✓ **最初の衝動**　ぼくは何か事を起こすとき、たいてい直感で決めるし、
そうすると、うまくいくことが多いようです。

✓ **何をしたくて生まれてきた？**　こんな風にヒラメキで行動し、初めてのことでも果敢(かかん)に挑戦する。
そんなことをしたくて、ぼくはこの世界に生まれてきました。

✓ **そのテーマをどう発展させる？**　このテーマを、ぼくは学びの部屋3ハウスで、かに座らしく、
発展へと導きます。それはつまり、直感的に発した言葉によっ
て揺さぶられた相手の心によりそいながら、深い気づきや感動を
共有し、一緒に学ぶと言うことです。

1
2
3
4
5
6
7

「わー面白そう！」
「なるほど…。文型に条件をぶっこんで後から文章にまとめるんだな。うむ。何とかやれそうだ」
　この世に生まれてきた目的をこんな風に自分で紐解(ひもと)けるなんて、誰だってテンションあがるよな…。

　二人の期待感が伝わって、ぼくは胸がいっぱいになった。
「さあ、それぞれ自分のアセンダントを読んでみましょう！」

161

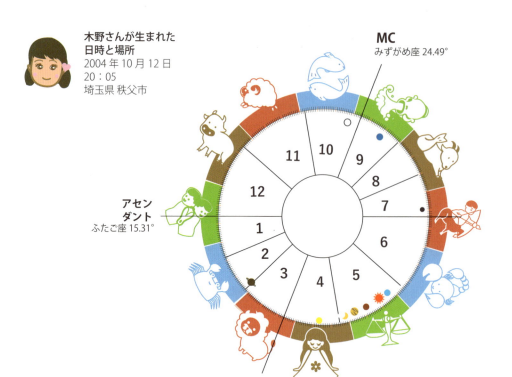

木野さんが生まれた
日時と場所
2004年10月12日
20：05
埼玉県 秩父市

MC
みずがめ座 24.49°

アセンダント
ふたご座 15.31°

ハウス	ルーラーのあるハウス	ルーラーのあるサイン
4. わたしは アセンダント で生まれたテーマを [　　　] で、[　　　] 発展へと導きます。		

わたしは [ふたご座のアセンダント] で生まれたテーマを [ふたご座のルーラー水星がある5ハウス] で、[てんびん座らしく] 発展へと導きます。

✓ 第一印象　わたしの第一印象は、話好きでいろんなことに興味がありそうに見えるかもしれません。

✓ 最初の衝動　何か事を起こす一番初めの衝動は、「面白そう！」と感じるかどうか。

✓ 何をしたくて生まれてきた？　だってわたしはこの世界に、ふたご座のような好奇心で、興味あることをいっぱい学びたくて生まれてきたから。

✓ そのテーマをどう発展させる？　このテーマを、5ハウスが示すエンターテイメントの場や芸能界、そんな華やかな場所で女性の美・調和を大切にしながら表現し、発展させていきます。

162　第4章　サインとハウス

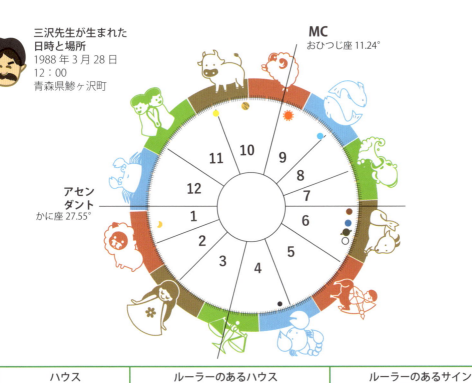

ハウス	ルーラーのあるハウス	ルーラーのあるサイン
4. わたしは アセンダント で生まれたテーマを [　　　　] で、[　　　　] 発展へと導きます。		

わたしは [かに座の アセンダント] で生まれたテーマを [かに座の ルーラー月が ある1ハウス] で、[しし座 らしく] 発展へと導きます。

✓ **第一印象**　　オレのアセンダントはかに座にある。だから一見、やさしくほっこりした印象のようだ。

✓ **最初の衝動**　　オレが何かこと を始める最初の衝動は、目の前のものに心が震え、シンパシーを感じるかで決まる。何故なら、

✓ **何をしたくて生まれてきた？**　　オレはこの世界に、かに座みたく共感すること、感じることをめいっぱい体験したくて生まれてきたから。

✓ **そのテーマをどう発展させる？**　　そのテーマを1ハウスという自分を主張する場所でとことん自分らしくクリエイティブに表現して生きる。それをやりきるために、この世に誕生したんだ。

「これが、ぼくらがこの世界に生まれてきた根っこの理由。

そしてぼくらは人生を通して10の天体を使いながら、眠っている個性を一つ一つ磨き成長していきます。

その結果、『自分の個人的な喜び』と『社会への貢献』が交わる瞬間がやってくる。

それを示すのが社会での最終到達地点、MC です」

「これも同じ文型で分かるのか?」

と三沢先生。

「はい。あまりに遠い未来だと文章を作ってもピンと来ないかもしれませんが…」

そう声をかけたけれど、先生は聞いちゃいない。早速、文章を作り始めた。

オレの MC はおひつじ座にある。だから社会の最後の到達地点は、独立独歩、誰に従うことなく自分で決めて、自分でやれる仕事だろう。

おひつじ座のルーラー火星は、6ハウス労働の部屋にある。この場所でやぎ座らしく組織をつくり…

その様子を見ていたぼくは、昨日モックまから習ったことを思いだした。

それはハウスを読むときのルールで、天体の位置によっては前後のハウス、どちらの影響も受けるというものだった。

先生の火星の位置を確かめる。

「三沢先生の場合、火星は6ハウスも7ハウスも、どちらの影響もあるようです」

「そうなのか? 6ハウスは『職場』とか『地域社会』なんだよな?」

「はい。

この場所はおとめ座がベースになっていますから、しし座までの奔放な自分を律し、環境に合わせて自分をブラッシュアップしていく場所。

5ハウスの自由さと比べると、どうしても苦痛を伴う場所ですが、これが在るから次のてんびん座で、自分の表現したものを上手にプレゼンできるようになっていくんです」

「7ハウスは、自分自身や自分が作ったものを、他人様に喜んでもらえるように上手に見せる場所ってことか?」

「その通りです。『社交の場所』とあるのは、そんな風に自分を客観視して、上手く外にピーアールできるからなんです」

先生はぼくの話にじっと耳を傾け、やがて二パターンの文章を作った。

5 チャート ┆ MC を読む ┆ 文型 4

MC
おひつじ座 11.24°

三沢先生の
チャート

9

8

7

**7ハウスの
カスプ**

やぎ座 27.55°

火星：やぎ座 23.41°

6

**7ハウスの
4.14° 前
に火星！**

5

ハウスの5°前ルール

天体はカスプ（ハウスの始まり）の5°前辺り
から次のハウスの影響を受け始めます。

カスプの5°前辺りに天体がある場合は前後ど
ちらのハウスも読んでみましょう。

1～3°前ならば、すでに次のハウスにあると
考えます。

ハウス	ルーラーのあるハウス	ルーラーのあるサイン
4. わたしは MC で	生まれたテーマ を ［　　　　　］で、	［　　　　　］発展へと導きます。

わたしは ［ **おひつじ座
のMC** ］で生まれたテーマ を ［ **おひつじ座のルーラー
火星がある6ハウス** ］で、［ **やぎ座
らしく** ］発展へと導きます。

オレの MC はおひつじ座にある。だから社会の最後の到達地点は、
独立独歩、誰にも従うことなく自分で決めて自分でやれる仕事だろう。

**6
ハウス** ✓
おひつじ座のルーラー火星は、6ハウス労働の部屋にある。
この場所でやぎ座らしく組織をつくり、人を配し、労働の場所らしく
自分も率先して働きながらコツコツと積み上げ発展していくんだろう。

**7
ハウス** ✓
火星は、7ハウスにある。ここはてんびん座に関連したハウスだ。
だから自分の主観で表現してきたものを、どう人に分かってもらうか、
その視点を磨いて、お披露目する場所とも言える。ここで頑張ることで
人々から評価を得て、やぎ座らしく成果を上げていけるだろう。

「…なるほどな。

　オレとしちゃあ、7ハウスの影響があった方が嬉しいなあ。

　オレは自分の感動のまま絵を描くのは得意なんだが、人からどう見えるのかを計算するのが苦手でな」

「ねえ、岡田くん。

　わたしのチャートは5ハウスに天体が集まってるでしょ？　てことはプレイスポットで天体を使うと、個性や魅力がもっと発揮されるってこと？」

「そうだね。ただ子ども時代は中々、自分で環境を選べないだろ？　だから将来5ハウス的な場所で活躍するために、日々どんなシーンでも天体たちを使うこと。

　そうすることで周囲の環境が自然と5ハウスに近づいていくんだ」

「そっか。まずは場所にこだわらず天体を使うことなのね」

「そういうこと！」

「なあ、岡田。それを言うならオレのチャートは6ハウスに天体が固まってるぞ。

　この場所はいわゆる世間一般の会社とか、ちょいと苦痛な職場とかを示すんだろう？」

「そうですね…」

「てことは、やっぱり学校勤めが性に合ってるんじゃないのか」

「先生ってば。さっきMCを読んだときに、『最後は誰に従うことなく自分で決めて、自分でやれる仕事だ』って言ってたばかりなのに…」

　木野さんが口をはさむ。

　実はぼくも三沢先生のチャートを見て、MCのおひつじ座と6ハウスの落差に少し混乱していたのだった。

　ぼくは上手い言葉が見つからなくて、口をつぐんだ。

（迷ったら直感に従うことさ）

　思い出したのは、そんなモックまの言葉だった。

＊

「それってぼくの水星がおひつじ座だから？」

　尋ねるとモックまは、「まあね。しかし誰でも直感はあるからね。トランスサタニアンは宇宙からの伝達者だが、彼らをチャートに持たない人はいないだろ？」と言った。

「カンなんて、何だか行き当たりばったりな気がするなあ」

　とぼく。

「そんなことはない。

　人は愛する相手の幸せを願う生き物だ。

　相手のたましいが、一体、何を選択すれば一番幸せになれるのか。誰しも無意識に、そこにアンテナを立てている」

「そのアンテナを使うことが直感に頼ることなの？」

「ああ。

　その人の言葉が肚の底から湧いた願いなのか。それとも、家庭環境などから生まれた後付けの価値観なのか。

　それを直感で判断し、くみ取ってあげること。

本来ならネータルチャートには、必ずたましいの願いが明確に記されている。

　けれど経験が足りなくて、そいつを見つけられないこともあるだろう。二種類の読みが可能で、混乱することもあるかもしれない。

　そんなときは**相手のたましいの願いに耳を澄まし、そちらを優先してあげる。**

これが直感を使うという意味さ」

＊

　ぼくは顔をあげた。
「すみません、先生。まだぼくもハッキリと分かりません」
「え…」
　三沢先生は少し驚いたように目を上げる。
「でも、先生の夢がスペインの色彩を表現することなら、今、学校の先生としてここにい続けるのは何だか違う気がします」
「お、おう」
「6ハウスは確かに、この学校も示しているかもしれませんが、もしかしたら他の可能性だってあると思うんです。
　ぼく、今はそれがうまくイメージできませんが…」
　先生が、小さく眉を寄せる。
「…他の可能性」
　何か思い当たるフシでもあるのかと思い、じっと次の言葉を待つ。
　すると木野さんが口を開いた。
「それに…、岡田くん言ってたじゃない。
　10の天体の中でも太陽は、すごく大切な天体だって。その天体がMCの近くにあるってことは、やっぱり先生のMCって、とっても大事なんじゃないのかな？
　て、ちょっと安易な考えかな…」
（あ…）
　ぼくは目を見開いた。
「そう、そうなんです。木野さん、ありがとう。ぼく

大事なことを忘れていました。
　アセンダントもMCも、その近くにある天体がとても重要な意味を持つ。例えば…」

5 チャート　アセンダント × 天体

アセンダント近くの天体が与える影響。

アセンダントの5°前から10°後までに在る天体は「第一印象」「この世に生まれてきたその理由」に強く影響します。

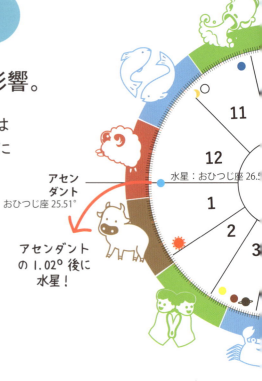

ぼくの第一印象は、目力が強く印象的で、利発そうに見えるかもしれません。ぼくがこの世に生まれてきた理由。そこには、「直感的にものを考え行動し、初めての学びにもひるまず挑戦する」そんなテーマもあるのです。

	第一印象への影響	生まれた理由への影響		第一印象への影響	生まれた理由への影響
月	愛らしさが増しちゃうの♥	感じることを、より大切に♥	木星	大柄でのびのび〜	豊かさを満きつするわよ♪
水星	利発そうかもっ！	知性を発揮するんだ！	土星	大人びて真面目そうとな	社会にこの格式を残すのじゃ
金星	華やかって言われるでしょ♪	美・五感的満足を楽しむの♥	天王星	エキセントリックな雰囲気さ♪	何か革新的なことをしたくてね！
太陽	何だか目立つ無邪気なスター！	誇り高く自分を表現するぞっ！	海王星	不思議ちゃん？神秘的と言ってください	清らかなもの、神秘的なものを届けるの…
火星	エネルギッシュだろ！	競って競って競いまくるぞ〜！	冥王星	なぞめいて、ちょっと異質なムード♥	普通とは違うことをちたくって♥

「そっか。岡田くんは水星がアセンダントとぴったり同じ場所にあるのね。だから説明が上手いんだなあ」

ぼくは照れながら、「まあもちろん、天体は使わないと育たない。人に教えようと思ったら誰しも努力はいるんだよ？ 位置に関係なくね」と答える。

関心したようにうなずく彼女の様子に内心ニヤニヤが止まらない。

「ふむ。と言うことはオレの場合、MCの傍らに太陽があるから…、一体どう読むんだ？」

ぼくは咳払いして先生に向き直り、MC近くに天体がある場合の、その影響を示した。

「これをもとに読んでみてください」

5	チャート		MC × 天体

MC 近くの天体が与える影響。

MC も同じく5°前から10°後までに在る天体は「社会の肩書」に強く影響します。

	肩書への影響		肩書への影響
☽	大衆心理が分かっちゃう だから人気者になりやすいの♥	😊	あたしゃ別名ラッキースター。 大きく広げて豊かさを手に入れる のよ〜。はっはっは
☿	情報関係やビジネス、 学問の分野で名を上げるんだ♪	♄	ワシは権威になると決めてきた。 必ず頂点に君臨するじゃろう。
♀	見せ方重視！ わたしの女性的魅力がウリね♥	♅	ユニークなアイデアで社会に貢献 するのさ。今までの前提を くつがえすような新発想でね！
☀	社会で主役になる！ 輝く栄光はぼくのもの！	♆	わたしをあたかも神のように、 崇拝する人は多いでしょう。 それがわたしの願いでもあるから…。
♂	「勝ち取るっ」がカギ！ オレはこれと決めた分野でトップに なるんだ！	♇	あたちの力、巨大だから持て余し ちゃうかも。上手に使えば社会に 対する洞察力抜群なのだ。てへっ♥

MC
おひつじ座 11.24°

MC の 4.09°
前に太陽！ + ☀

太陽：おひつじ座 07.15°

オレのMC はおひつじ座にある。だから最後は誰に
従うことなく、自分で切り開いていく仕事につくようだ。
約5度前に太陽があるから、オレ個人の自己表現が
そのまま栄光となるような、そんな仕事になるだろう。

「なるほどな…」

　自分で書いた文章を感慨深げに読み返す三沢先生。

　すると木野さんが、「ねえ、それに！ 先生の太陽って MC からぎりぎり 5 度前辺りだもん。てことは 9 ハウスの影響も少しはあるってことじゃない？」そんなことを言った。

「そうだね。

　9 ハウスは『海外』と言う意味も含まれます。

　先生の場合、この場所に太陽と水星、二つ天体があるんですよね」

「そうか。まるで仕組まれたようじゃねえか」

　先生はそう言って、ぼくらの顔を見回したが、その目はとても嬉しそうに見えた。

「だあれも仕組んじゃいませんよ！ 宇宙が用意した先生のカルテに、そう書いてあるだけのことです！」

　ぼくは笑顔で言葉を返し話を続ける。

「そして天体には、それぞれ最も発達しやすい年齢域というものがあります。

　先生は今 30 才。太陽期のど真ん中です。

　だからこそ今は、太陽があるサインと、そのハウスに着目するときなんです」

「積極的に太陽を使っていけってことだな？」

「その通りです。

　まずは太陽をぞんぶんに使ったうえで 6 ハウスの天体たちを活かしていく。そこが大切なポイントです」

32.「月と太陽の基本文」を読んでみよう

「ねえ、岡田くん」

　木野さんが言った。

「一番大事な天体は『素の自分を表す月』と『自己表現の太陽』この二つなの？」

「いい質問！

　まずはこの二つが人生を切り開いていくときの柱になる。

　自分の月と太陽をよく理解して、日常的に意識してみてほしいんだな」

4 活用法　天体を使う-3

最も要となる成長パターン。月と太陽。

あらゆる行動・決断・表現の背後にこの型が あります。迷ったらここに立ち還りましょう。

月のサイン	太陽のサイン	行　動
5. [月の　　] を土台に、	[太陽の　　]	[　　　] する。

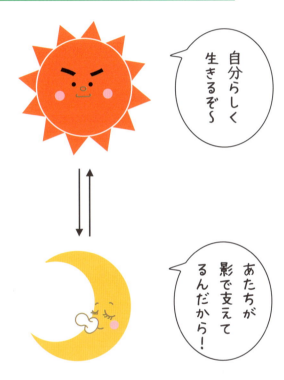

「月のおとめ座と太陽のてんびん座。ここから生まれる成長のパターンかあ」
　木野さんが言った。
「これはね。
　自分がしっくりくる文を作るのがポイントなんだ。
　例えば同じ『おとめ座×てんびん座』でも、『経理や事務作業を誰にでも分かりやすくする』、そんなことに情熱が湧く人も、きっといると思うんだな」

「『経理や事務』が月のおとめ座の関心事で、『誰にでも分かりやすく』が太陽てんびん座のワクワクポイントってこと？
　わたし、これぜんぜん当てはまらない」
「だろ？　だからね。まずは二人とも自分がしっくりくる基本文を作ること。
　基本文を書き終えたら、そうだな…『人間関係』をテーマに応用文を作ってみましょう」

5 チャート　月と太陽の基本文　文型5

月のサイン	太陽のサイン	行　動
5. [月の　　　]を土台に、	[太陽の　　　]	[　　　]する。

[月の うお座]を土台に、[太陽の おうし座らしく] [　　　] する。

月と太陽の基本文
ぼくは、見えないものを感じ取る繊細な感受性 を土台に 五感を活かしコツコツ形あるものを 生み出していきます。

[月の しし座]を土台に、[太陽の おひつじ座らしく] [　　　] する。

月と太陽の基本文
オレは、ほとばしる情熱 を土台に 勢いと直感で 表現していく。

[月の おとめ座]を土台に、[太陽の てんびん座らしく] [　　　] する。

月と太陽の基本文
わたしは、分析力と観察力 を土台に 調和のある美しいものを 作り出していきます。

「月と太陽の基本文」を、自分にしっくりくる形で作ってみましょう。
テーマに合わせてそのつど応用文を作ると、自分の成長パターンがよく分かり磨かれていきます。

応用文
テーマ：「人間関係」

ぼくは月がうお座で、相手の心のひだを感じ、気持ちをくみ取ります。
そしておうし座の太陽の力を使ってゆっくりじっくり信頼関係を
作っていきます。

**オレは月がしし座だからな。人前で笑ったり、からかった
りするヤツはどうもだめだ。オレの自尊心を大切にして
くれること。それだけは外せない。こいつだ！と思ったら
イチイチ手順を踏むとかまどろっこしいことはせずに、
おひつじ座の太陽らしく、パッと声をかけちまうな。**

わたしは月がおとめ座だからか、まずは観察から入ります。人柄や身だしなみ、
礼儀正しさなんかもしっかりチェックしています。そして、いい子だなと思ったら
太陽のてんびん座にバトンタッチ。気さくに声をかけて、仲間でワイワイ親しく
なっていき、風通しの良い関係を作ります。

1
2
3
4
5
6
7

「面白い！

でも人間関係って水星や金星も関係してそうだけど？」

と、木野さんが言った。

「まあね。月と太陽の基本文は、あらゆる天体の背後で効(き)いている。星を意識的に使っている人なら特にね。

だからもし、これが恋人選びだったなら…。

金星が主役、その背後で月と太陽が動いているって感じかな。金星は恋愛のスペシャリストだから」

「わたしは金星もおとめ座だからなー。

そのせいか、恋にもクオリティ求めちゃうかも。実はすごーく理想が高いのよね…」

「そ、そうなんだ」

「オレの金星はおうし座だが…。

言われて見りゃ相手が女となると、どうもスローペースになるんだな。急に気後れしちまって、オレらしく行動できねえんだ」

と、三沢先生が頭をかきながら独り言(ご)ちる。

「ふふ。先生、不器用そう…」

「しっかし、自分の質は納得いくが『天体たちを使う』ってのが、よく分からん」

実のところ木野さんの恋愛事情が、すこぶる気になったけど、ぼくは何食わぬ顔で先生のネータルチャートに目をやった。

「うーんと、そうだな。

恋愛だとスローペースで、なかなか進展(しんてん)しない。

そんな時には自分を責めるんじゃなく、『オレはじっくり相手との関係を育みたいんだな』と、まずはおうし座の金星の願いを、くみ取ってあげることなんです」

「オレの金星の願い…？」

「そうです。必ず天体とサインのかけ合わせには、独

自の魅力と良さがあります。

じっくり自分の感覚を大切にする恋愛が、もたらしてくれる『何か』です」

「たしかにな。なんつうか自己完結と言っちまえばそれまでなんだが、相手の美しさとか、しゃべってるその声とか、感じてるだけで満たされちまう、みたいなところがある」

「そうそう、そこです」

先生は胸に手を当てしばらくの間、目を閉じた。

妙な例えだけれど、その姿はまるで眠っている恐竜(きょうりゅう)に似ていた。

深く深く大地の底まで降りて行って、人間には到底たどり着くことのできない地球の深部から何かをくみ上げてくる。そんなイメージ。

もしかしたらこの人は、いつも何かに気づくとき、こんな風に深い場所へと降りていくのかもしれない。それは先生の水星が、うお座にあるからだろうか…。

ぼくはあまり根拠(こんきょ)なく、そんなことを思った。

三沢先生は深い呼吸を一つして、小さな瞳をゆっくりと開いた。

「…こいつを受け入れてやる。そう思うだけで気持ちがずいぶん変わるもんだな…。

なんて言うか創作意欲(そうさくいよく)が湧いてくる感覚がある」

「金星はアートも司る天体です。

そしておうし座のルーラーでもありますから…。

本来このサインで最も元気に働く天体なんです。

ご自身の恋愛パターン、金星の持つ魅力を受け入れるだけで創作意欲が湧いてくる。

充分にあることです」

先生はしばらくの間、内側に表れた新たな感覚を味わっていたけれど、次第に表情が変わってグッとぼくに

詰め寄った。

「でも岡田。とは言え男たるもの『見てるだけで満たされる』じゃ、終われねえこともあるじゃねえか」

「た、たしかに。想ってるだけじゃ満足いかないって時期が来ますよね、当然！」

自分の状況と混同（こんどう）しそうになりながら、何とか平静を装って声を張り上げる。

「そんな時はやっぱり火星を使うこと。火星は男性性のスペシャリスト。『勝ち取る愛』が専門ですから！」

「オレの火星はやぎ座か。

とにかく仕事で結果を出すってキャラだよな…」

思案気（しあんげ）に口ひげをいじる先生。

しばらくして、あっと小さく声をあげた。

「思い出した。恋愛が進展しないとき、オレは知らずと火星を使っていたかもしれん。

たった一度なんだが、自分の作品が小さな賞に入ったことがあってな。当時、好きだった人を『美術館に行こう』と誘ってサプライズでそいつを見せたんだ。

とにかくオレも社会で評価されてるのを見せたくてな。そうしたら彼女がいたく感心して…」

「…お付き合いが始まったの？」

と木野さん。先生がおもむろにうなずく。

「まあ入賞したからってワケじゃないだろうがな。

とにかくそん時のオレから自信のようなものが感じられて惹（ひ）かれたって、後から言ってたな。

しっかし片思いで終わりがちなオレの恋愛の、ちっちゃな成功パターンが見えた気がするぞ」

「天体を使うって意味が、少しは分かっていただけましたか？」

「おう。迷ったら火星を使う。と言うか、いったい**どの天体が今の状況に適してるかを考えて、そいつを積**

極的に使うってことだな！」

「その通りです！」

ぼくは大きく首を縦に振った。

そう…。自分の天体が持つ魅力や苦手科目を知ったなら、彼らの個性に振り回されることはない。

ぼくらが自分の意志で天体を使い、その魅力を存分に発揮してやることができる。

そうすれば、ぼくらはもっと自分自身を好きになっていくんだ。

「恋愛では金星と火星。学習では水星と月。

そんな風に天体同士タッグを組んで使っていくことは多いんですが…。

とりあえず**最も基本となる『月と太陽の基本文』を意識してみてください。自分のあらゆる原動力や成長のプロセスが、ここに集約されている。**

そう気づくはずです」

「はーい！」

「じゃあ最後に

1. 月と太陽の基本文

2. サイン×ハウス

3. そのハウスでの自分の傾向

4. ハウスでの学びと対処方法

これらを組み合わせて自分なりに読んでみましょう！」

5 チャート　複合的に読む

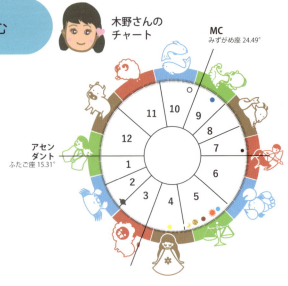

木野さんのチャート

① 月と太陽の基本文	［月の　　　］を土台に、［太陽の　　　］［　　　］する。
② サイン × ハウス	
③ そのハウスでの傾向	わたしは［　　］では、初めは［　　］ますが、だんだん［　　］のようになっていきます。
④ ハウスでの学びと対処	わたしは［　　］で生まれた課題を［　　］で、［　　］解決へと導きます。

① わたしは分析力と観察力を活かしながら、プロのヘアメイクアーティストになるのが夢です。

② 月と太陽は5ハウスにあり、4つもの天体がてんびん座にあります。だからわたしはセレクトショップや美容院などオシャレな遊び場が大好きです。

③ 5ハウスはおとめ座から始まり、てんびん座を通過し、さそり座で終わります。
そのおとめ座に月がありますから、特に遊びに行く前は事前の下調べや準備をきっちりします。そして今流行の服やヘアスタイルで、出かけて行くのです。行った先では最先端のものを、つぶさにチェック！ほとんど研究者のようです（笑）

④ 悩みは、ついつい可愛いものをたくさん買ってしまい、後から罪悪感にかられること…。
自制心の強いおとめ座の月とぜい沢が好きなてんびん座の太陽が葛藤するんだと思います…。
5ハウスの始まりはおとめ座。おとめ座のルーラー水星は5ハウスにありますから、解決策は行った先でてんびん座の水星を使うこと。「自分の夢のために必要なものは何か？」といるものをよく考えて、後の学習に役立つものだけを購入する。
そうすれば月のおとめ座も納得し、てんびん座の購買欲も満たされると思います。

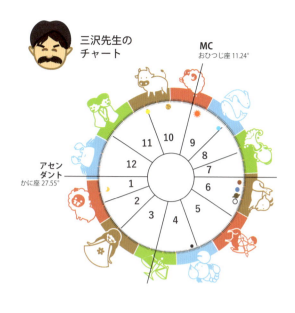

三沢先生のチャート

MC おひつじ座 11.24°
アセンダント かに座 27.55°

① 月と太陽の基本文	[月の　　　]を土台に、[太陽の　　　][　　　]する。
② サイン×ハウス	
③ そのハウスでの傾向	わたしは[　　]では、初めは[　　]ますが、だんだん[　　]のようになっていきます。
④ ハウスでの学びと対処	わたしは[　　]で生まれた課題を[　　]で、[　　]解決へと導きます。

① オレはほとばしる情熱を勢いと直感で表現する。その力をスペインで発揮して、絵描きとして暮らすのが夢だ。

② しし座の月は1ハウスにあるので周りを気にしないで本能に従ってやりきってみること。それを9ハウス、MC近くの太陽を使いおひつじ座らしく当たって砕けろで海外に押し出すこと。

③ 9ハウスはうお座始まりのおひつじ座終わり。だから自然や見えないもの、ナチュラルなものを吸収し、あまり考えすぎず、直感的に打ち出すことになるだろう。外国というフィールドで学んだことは、オレの血肉になって表現力の支えになってくれるだろう。

④ 気になるのはうお座の持つあいまいさだ。一体これをどう表現に、形に変える？それに9ハウスはおひつじ座終わりで、おまけに太陽もここにある。描くものが独りよがりになって他人からの評価を得にくいかもしれない。その解決案は9ハウスの始まりにある、うお座のルーラー海王星の場所とサインだ。海王星は6ハウスのやぎ座にある。現代社会が求めるものを見定め、社会的にも意義のある表現を取り入れるのがポイントだ。それを6ハウスの労働の場所で、忍耐強くコツコツ作り込むことだろう。

「できたー！」

木野さんが弾んだ声をあげた。

続いて三沢先生が、「ひーっ！ やっとできたぞ！」とペンを置く。

ぼくはまず、木野さんの書き上げた文章に目を通し、「上手にまとめたね」と笑みを浮かべた。

「木野さんは5ハウスのてんびん座に『増大』の専門家、木星がいるからなあ。そりゃ、どんどん買いたくなるよね」

「そうなんだあ。こいつの仕業もあるんだあ」

「でも木星の担当は『増大』だけじゃない。

その人の『発展力』も示すから5ハウスの天秤座にある天体たちを積極的に使って行けば、社会で発展できるってことなんだ」

「へえ…」

彼女は嬉しそうに自分のチャートに目を落とした。

続いて先生の文章に目を走らせる。

「いいですね。ご自身で書いてみて、どうでしたか？」

「正直オレは社会に警鐘を鳴らすような作品ってのは、あまりピンとこねえんだ。

ただ…、思い出したのはスペインの移民問題だなあ。向こうにいたときに出会った北アフリカの女性。密入国者だからスペインから見りゃ厄介もんだ。

でもすさまじい過去を持っていて、話を聞いたときとんでもなく心が痛んだんだな。

あんまり深い悲しみを描くのは性に合わねえが、そうだなあ。あの人は描いてみたいと思ったんだよなあ」

「9ハウスの始まりは、うお座です。うお座は相手の痛みに同調し、癒しを起こすサインです。

もしかしたら先生は、あちらでそんな学びを体験するのかもしれませんね」

「くー！ お前らがその気にさせるからスペインに戻りたくなってきたじゃねえか！」

三沢先生が声を上げた。

木野さんはまだ気持ちが高ぶっているようで、「これさ。アセンダントとMCの読みとか、ぜーんぶ組み合わせたら本当にわたしのカルテだよね？

宇宙からのプレゼントを、こんな風に自分で解読できるなんてすごい！」と言った。

「そうだね。冒頭で触れた**サインの三つの分類も、自分のエネルギーのバロメーターになるから、とっても大切だよ**」

「はーい！」

と木野さん。

「いやあ、思いのほか発見がいっぱいあった…」

先生はやや茫然とし、自分のチャートに目を落としたままだ。

「今日学んだことは占星術で分かることの半分にも至っていません。けれど基礎的な読み方は習得したので、後は自分で応用して読んでみてください」

ぼくはそう言って立ち上がり、「じゃあ今日のレッスンは、おしまい！」と言った。

＊

「はー…、疲れたな」

と三沢先生。

どうやら頭がパンク寸前らしく、クシャクシャと髪をかきむしっている。そんな先生とは対照的に木野さんは目を輝かせ、しばらくの間ノートを読み返していた。

彼女のイキイキとした表情は、ぼくを元気づけた。

本当は連日のモックまのレッスンと、そいつをまと

める作業でクタクタだった。

　でも…。苦悩しながらも次々、新しい自分を発見していく三沢先生。目をキラキラさせて学ぶ木野さん。

　二人の姿を見ていると、少しずつ疲れが抜けていくのを感じた。

　ぼくらは帰りの準備を終えて、美術室を出ようとした。

　ふと昨日、先生が描いていたキャンバスが目に留まる。

　絵具をただランダムにのせただけに見えたのに、まるで色彩の向こうから浮き上がるように現れた裸婦。

　目にした瞬間、ぼくはその技術に息を呑んだのだけど…。

　なぜかそのとき、目に映った途中描きの作品は、どこか眠っているような印象を受けた。

　それは何となく悲しみのベールに包まれているように、ぼくには思えた。

　かといって心深くに突き刺すような、エゴン・シーレみたいな悲しみじゃなく…。

　鮮烈な情熱を、無気力で、無感動で、惰性的な、温度も重さも持たない、うすっぺらな悲しみでおおい隠したような、そんな印象。

　じっと見つめているうちに、ぼくは不思議な感覚に捕らわれた。それは決して心地の良いものではなかった。

　手放したはずの疲労感がジワジワと戻ってくる。
「どうしたの？　岡田くん。もう鍵しめるよ」

　廊下から木野さんの声。

　ぼくは何かを払いのけるように首を振り、美術室を出た。

（きっと疲れてるんだ…）

冷たい廊下を歩きながら、そう自分に言い聞かせた。

1

2

3

4

5

6

7

179

さて、レベル２へゴー！

1. URLを入れてクリック！

http://moccuma.net/

※「モッくまくんの星のダイアリー 」（ https://twitter.com/moccuma ）
のトップ画面からも入ることができます。

2. メニューから「ホロスコープ」を選択！

ホロスコープ

3. 必要な情報を入れて… をクリック！

1. 君のハウスでの振る舞いは？
2. ハウスで生まれた課題をどう解決する？
3.「君がこの世に生まれてきた理由」は？
4. 月と太陽の基本文は？

4. ご注意！

1. サイトでチャートだけを確認すると、天体が隣の
サインに入っているように見えることがあります。
必ずチャートの下の表でサインを確かめてね！

2. サイトのチャートではカスプ（ハウスの始まり）が
ずれて見えることがあります。
チャートの円の外側にカスプの度数が記されてい
るので、こちらで確認してね！
天体が在る度数を知りたい場合は、 をチェッ
クしましょう。

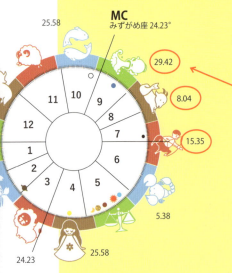

第 5 章

アスペクト

33. ぼくの恋の行方

「モッくまーーっ！」

家に帰ると自室に直行し、開口一番そう叫ぶ。

「おやおや。どうしたんだい？　レッスンは上手くいかなかったのかい？」

「いったさ。昨日、必死にまとめた甲斐あって、よくできたと思う…」

「だったら何をそんなに嘆いているんだい？」

首を傾げモッくまが尋ねた。

「木野さんのチャート…、今日改めて見てみたら…。

火星がてんびん座だったんだよー！　好きなタイプはオシャレで社交上手！」

「なるほど。しかし女性にとっての好みの男性像は太陽でも示されるはずだが…」

「知ってるよ。

男の異性のタイプは月と金星。女の異性のタイプは太陽と火星！　木野さんときたら太陽までが、てんびん座！　筋金入りのオシャレ男子好き！

ぼくは一体どうすりゃいんだー！」

そう叫び、モッくまが使っているベッド替わりのタオルに顔をうずめた。

小さいくまはぴょんと飛びのき、「やれやれ、ぼくのベッドがベチャベチャじゃないか。こんな時こそ天体たちを使うんじゃないのかい？」と言葉を返す。

「ぼくの火星かに座だよ？　でもって太陽はおうし座。二つとも女タイプ…。

男タイプのてんびん座とは、水と油の関係じゃないか！　こんなぼくを好きになってくれるとは思えないーっ！」

そう吠えるように叫ぶと、ぼくはまたタオルの中に突っ伏した。モッくまはしばらくその様子を眺めていたが、やがて静かに言った。

「しょう太。こんなことはいくらもある。最初にそう言ったろ？」

相変わらず冷静な声音が、寂しくもあり頼もしくもある。こんなとき、いつもそうするように、ぼくは少し拗ねたような声で言い返した。

「何が…」

「天体を使っても、うまくいかないことは、いくらでもある。

占星術は『成功』のための道具じゃない。あえて言うなら『幸せ』のための道具だ。

君だけの魅力。君だけの才能。そいつを受け入れ自分を大好きになっていく」

「分かってるけど…」

鼻をすすり、ゆっくりとくまを見つめる。

「今回、彼女との関係から一体どれだけのことを学んだと思う？」

「…たしかに、自分の星を使うまでは、しゃべることもできなかった」

「それだけじゃない。君は新たな自分の魅力を大いに発見したじゃないか」

「新たな魅力…？」

モッくまは小さく笑ってうなずいた。

「自分の月、感情のありかを発見した」

「そうだね。ぼくは人が好きなんだって、たしかに気づいた」

「そして、自分の知性を知った」

「うん…。直感を信頼することが、ちょっぴりだけど出来るようになった」

「そして『伝える』才能まで見つけて磨いた」

　ぼくはやっと顔を上げ、頬をゆるませた。

「好きなことを勉強したり、教えたり。これがこんなにエキサイティングだって初めて知った」

「一つの恋が実ることも素晴らしいけれど、君が自分の魅力を発見し育んで、自身を大好きになれたこと。それに勝る喜びがあるだろうか」

　いつになく真っすぐな目をして、モックまが言った。

　本当は「ありがとう」と答えたかったのに、ひねくれた自分が邪魔をして、「てか、親かよー！ 親身になりすぎだしっ！」と笑い飛ばす。

「親ではないが友人だと思っているよ」

　と、真面目腐って答えるモックま。

「それにね。たしかに地球じゃ占星術を男女の相性にも使っているようだが…。

　これはぼくの意見だが、人が自分の天体を使って生き抜いたとき。理屈じゃない、素晴らしい魅力が花開く、そう思っている」

「たとえチャートじゃ相性がイマイチでも、魅力がすごすぎて、好きになっちゃうこともあるってこと？」

「その通り」

「そうかあ…。でもなんかさ。木野さんとの関係が長期戦って思ったら、ぶっちゃけ教えるモチベーションが下がってきちゃったんだよなあ…」

　言いながら、チラリとモックまの顔色を伺う。

「ふーん。まあじゃあ、やめればいんじゃない？」

　予測に反した答えをいぶかしく思い、「怒んないの？」と問い返した。

「なぜぼくが？」

「や、だからさ。せっかく教える喜びを知ったのに、この成長の機会を大切にしろ、とかさ」

　モックまが「ふむ」と小さく鼻を鳴らす。

「まあ、君はまだ14才だからね。ふたご座の金星が、好きな子と親しくなるため動き出した。ふたご座らしく教え、伝えることで急接近。けれどその恋が長期戦と分かった瞬間やる気を失った。

　そんなことは、いくらでもあると思ってるからね」

「…またぼくは怒られるかと思ったよ」

「君はさっきからぼくに怒られる話をしているが、一体いつ、ぼくが怒ったと言うんだい？」

「えーっ！ 四六時中怒ってるじゃないか！」

「なるほど。君はそう感じているんだね」

　言われて何だかはぐらかされたような気分になる。

「いや、怒ってるよ」

「怒ってないよ」

「怒ってるって。天体をちゃんと使えとか、結果じゃなくプロセスから学べとか」

「それは怒っているのではなく、指導しているだけ」

「えーなんだよ、へ理屈言って！」

　次第に熱くなるぼく。

　モックまはチラリとこちらに目をやると、「そうだな…。そろそろ君に西洋占星術の最後の要を教える次期かもしれないな」そう言った。

*

「最後の要…？」

「ああ。西洋占星術は天体・サイン・ハウス、この三つで構成されている。

　最初にそう言ったのを覚えているかい？」

「うん。それを順番に学んできたんだもん。忘れるわけない」

「うむ。しかし実を言うと、ここにもう一つ大切な項目があるんだ」

「そうなの？」

と目を輝かせる。

「ぼくは学問上の真実より学習者のモチベーションを優先するからね。

　情報が多すぎてやる気を失ってしまうより、あえて言わないことを選んだのさ」

　ちょっとドヤ顔で、モッくまはそんなことを言った。

「講釈はいいからさあ。その最後の項目ってのを教えてよ！」

　小さいくまはニヤリと笑う。

「どうやらまだ占星術への関心は衰えていないようだね」

「ぜんぜん！　正直もうこれでおしまい？　って感じで物足りなく思ってたとこだよ！」

「よし。じゃあ早速始めよう。最後の項目は…」

　とそのとき台所のほうから、ぼくの名を呼ぶ母さんの声がした。

「なにー？　今、忙しいんだけど！」

　と大きな声で返事をする。

　次第に廊下を近づいてくるスリッパの音。ぼくは慌てて立ち上がり、ドアから顔を出した。

「しょう太。最近、いつも帰りが遅いみたいだけど学校で何やってるの？」

　廊下の明かりを背にして立つ母さんの表情は、薄暗くてよく見えない。

「何って別に。友達としゃべってるだけだよ」

「いつも真っすぐ帰って来てたのに、急にどうしたのよ」

　責め立てるように母さんが言う。

「いいじゃん、別に。ちょっと仲のいい子ができたんだよ」

「仲のいい子って？」

「もう。別に悪いことしてるワケじゃないんだから。そんなに詮索しないでよ！」

　思わず語調を強めた。

　すると母さんも負けじと声を荒らげる。

「なあに、その言い方。あなたちゃんと勉強はしてるの？！」

　こうなったら延々とお説教が始まるんだ。

　ぼくは母さんの声をさえぎって、「あーもう、分かったってば！　チョビの散歩に行って来るから！」そう言い放つと、モッくまに「ゴメン」と小さく合図を送り部屋を出た。

＊

　もうすぐ5月に入ろうというのに、外は少し薄ら寒かった。

　家路を急ぐ人々が、まばらに行き過ぎていく。

　モッくまの次のレッスン。

　その内容は先ほど問答になったことと、何か関係があるんだろうか。

　確かくまは言っていた。ぼくが占星術に熱中したのは、ふたご座の金星が働いたからだって。

　実を言うとぼくは、天体たちを使いこなし、3ハウスにある、かに座の火星と土星まで、到達しちゃったのかと思ったんだ。

　かに座は育みのサイン。3ハウスは学んだり、教えたり、文筆に親しんだりする場所だ。

　その場所で、情熱の火星が働いて、土星の具現化力

も動き出して、ぼくときたらもう既に発達年齢域が50代の土星まで、こなせるようになったのかも、なんてさ。

でも残念ながら木野さんの一件以来、占星術を教える情熱に陰りが出たのは確かだった。

もしこの意欲が、結果が出るまでやり抜く土星によって生まれたものだったなら、こんなにあっさり気が変わることもなかっただろう。

「あ～あ。あと数回レッスンしたら、やめちゃおっかな」

ぼくはそう独り言ちた。

ふっと、三沢先生の顔が浮かんだ。

太い眉の奥にある小さな瞳。笑うとしわのできる目元。そして悲しみのベールに包まれた描きかけのキャンバス。

ぼくは三沢先生が好きだった。

何故だか分からないけれど、話をしていると心と心が繋がるような深い親しみを覚えた。

（教えるなんて、しゃちほこ張った気持ちじゃなくて…、ただもっと仲良くなりたいんだ）

心の中で、そうつぶやく。

知らない間に少し、頑張りすぎていたのかもしれない。

（明日はもっと気楽にやってみよう）

そう心に決めると、ホッと肩の荷が下りるような気がした。

チョビが足元で、くうんと嬉しそうに鼻を鳴らした。

どうやらこいつにも、ぼくのホッとした気持ちが伝わったようだった。

34. アスペクトとは「内面のゆれ」

夕飯を平らげると母さんの小言を避けるように、ぼくはすぐに自室へ戻った。

「お待たせしましたっ！モックま先生！」

モックまは「ふむ」と相づちを打ち、例のごとく枕にくぼみを作って、教授のように座り直した。

そして妙に朗々とした声で、「西洋占星術の最後の要。それは…、アスペクト！」と言った。

「アスペクト…？」

「そう。アスペクトってのは天体同士の角度のこと。それが何を意味するかと言うと…」

1
2
3
4
5
6
7

7 アスペクト　天体同士の角度
内面のゆれ

天体同士の角度から生まれる「内面のゆれ」、アスペクト。

天体 × サインは、あなたの中にある 10 の個性を表しました。

その個性がぶつかり合って生まれる「内面のゆれ」を示すのが アスペクト です。

アスペクトとは、天体同士を結んだときに生まれる角度のこと。
例えば 90°なら「強い葛藤」、120°なら「安心」、そんな心の動きを表します。

しょう太のチャート

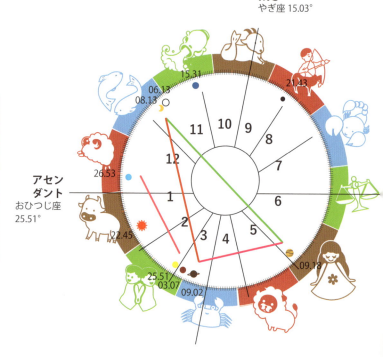

「なるほど。0 度とか 90 度とか特定の角度に意味があるんだね。でも…」
　首をひねる。

「角度ってどこの角度？」
「いい質問だ」
　モックまがページをめくった。

186　第 5 章　アスペクト

7 アスペクト　基となる図形

アスペクトの「基本の型」は天体を結んで生まれる図形。

わたし達から見て天体は、地球を中心にぐるぐると回っています。
天体はそれぞれ公転周期が違いますから、時期によって二つの天体が同じ位置に来たり、差し向かいの180°に来たりします。
そのようにして生じるのが0°・180°・120°・90°・60°の五つのアスペクトです。

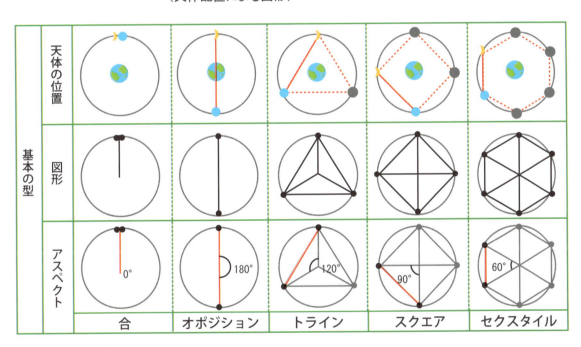

0°から60°までそれぞれ異なる「内面のゆれ」が生じますが、その特色はアスペクトを作る天体の、サインが深く関係しています。

「天体を結んでできる図形の角度かあ。
　でもどうしてそんな揺れが生まれるの？『天体があるサイン』によって決まると書いてあるけど…」

「君もさっき言ってたじゃないか。木野さんの火星と太陽は風にある。だけど自分の火星は水、太陽は地。だから好かれる気がしないって」

7 アスペクト　｜　サインとの関係性

「内面のゆれ」は火・地・風・水の かけ合わせで決まる。

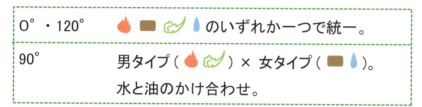

0°・120°は同じ質同士、調和が生まれやすく、90°は全く異なる質のため強い葛藤が生まれます。

180°と60°は、サインの組み合わせは同じ条件ですが、図形を見比べると大きな違いがあります。180°は1対1。差し向かいの天体のパワーを逃げ場なく受け止めるため、時に葛藤を生みます。対し60°は天体のパワーバランスが、六方に分散されているため120°に次いで調和的なのです。

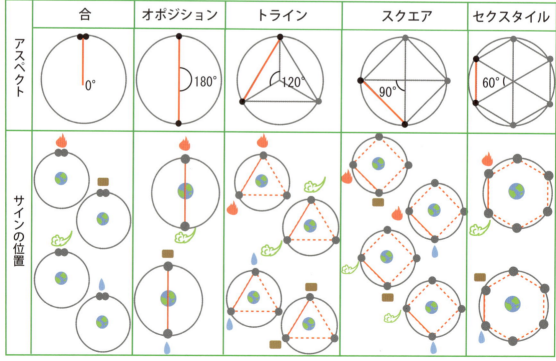

7 アスペクト｜天体のパワーバランス

天体の影響は、上から下へ。

アスペクトは基本的に、上位の天体が下位の天体に影響し、その逆はありません。
天体同士の開きが大きいほど、上の天体の影響力は強くなります。

例えば最も下位の月が上位のトランスサタニアンなどとアスペクトを組むとき、仮にそれが調和を生むはずの120°や60°であっても、その影響は激しく表れることがあるのです。

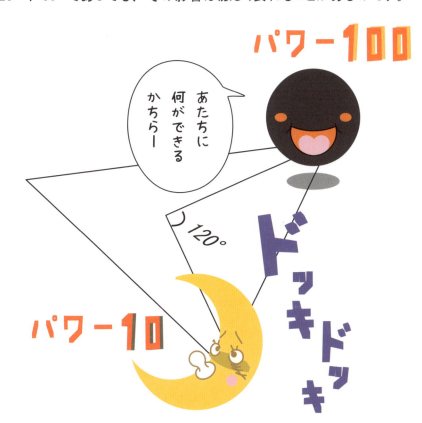

「上の天体と下の天体か。天体同士に上下関係があるってこと？」

「いや。上下関係と言うよりは『力の差』と言った方がよいだろう」

「力の差？」

「ああ。例えば君がもし、例の美術の先生と力比べをしたら、どっちが勝つと思う？」

「そんなの三沢先生に決まってるじゃないか」

「そうだね。じゃあもし君が、生まれたばかりの赤ちゃんと腕相撲したらどうなる？」

「そんなことしたら赤ちゃんきっと骨折れちゃうよ」

「そう。君も赤ちゃんも先生も、同じ人間でそこに優劣はない。けれど力には差がある。

それと同じことが10の天体たちにも言えるんだ」

「ふんふん。そのパワーの開きが大きいと、たとえ120度だからって『調和』を生むとは限らないんだね」

「ああ。例えばね。運動会にお父さんが応援に来てくれたなら、君はどんな気分？」

「そりゃ嬉しいよ」

「ふむ。これが君という月に太陽というお父さんが120度でアスペクトを組んでいる状態」

「うんうん。安心で心強い感じ、分かるよ」

「ところがだ。もし名の知れたマフィアのボスが君の運動会に応援に来る。どうだい？」

「だいぶ緊張するね」

「他には？」

「いや、ビビるよ」

「本調子で臨めそうかい？」

「んー、難しいなー。

　もうワケ分かんないくらい変なテンションになっちゃって、火事場のくそ力が出ても不思議じゃないけど。でも大抵はビビッて固くなってんじゃない？」

「これがまあ、冥王星が君という月に120度で組んだ状態。

　時に常軌を逸した精神力を発揮することもあるが、まあビビることの方が多い。そんな関係性だ」

「なるほど、よく分かった」

「つまりここで言いたいことはだ。

　アスペクトを読むときには、120度・60度は調和的、90度・180度は葛藤を生む、そうした前提はあるにしても、天体同士のパワーバランス、その性質なども考慮する必要がある、と言うことさ」

「うん、分かる。だってどう考えてもトランスサタニアンは常人じゃないし、土星じいや火星どんは怒らせたら怖いタイプじゃん。

どんな角度でも、関係もってるだけで緊張するでしょ」

「ふむ。とはいえ、そんな**彼らとの関係性を良好なものに変えることができたなら、そのアスペクト特有の『強み』を生む**」

「あの…、でもさ」

「なんだい？」

「天体同士の角度って実際は難しいよね？」

「難しいとは？」

「だから…。たとえば、ぼくの月は、うお座の8.13度じゃん。でも天王星はうお座の6.13度。きっかり同じ位置にくる瞬間なんて、ほんの一時しかないじゃん」

「いい質問だ。

　君の言う通り、きっかり同じ位置でなきゃ0度とは見なさない、と言うことじゃ、0度のアスペクトなど滅多に見ないことになってしまう。

　それは他のアスペクトも同様だ。きっかり90度、きっかり120度なんて、ほんの一時の出来事だ。

　だからアスペクトには、『前後に少しずれていても成立する』と言うルールがある」

7 アスペクト　｜　オーブ（許容度）

アスペクトは度数に幅がある。

アスペクトは、きっかり 0°・180°・120°・90°・60° のものしか該当（がいとう）しない訳ではありません。

アスペクトによって許容（きょよう）の範囲があり、前後に少しずれていても成り立ちます。

その許容度を オーブ と言い、範囲は下の図の通りです。※

		合 0°	オポジション 180°	トライン 120°	スクエア 90°	セクスタイル 60°	
☽	☀	8°	8°	8°	8°	6°	オーブ
（惑星）		6°	6°	6°	6°	4°	

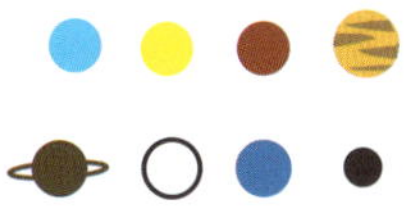

とは言え、<u>きっかりの度数に近ければ近いほど、そのアスペクトの質は強く表れる</u>ため本書では以下のように2度未満、2度以上で線の種類を分けています。

		合 0°	オポジション 180°	トライン 120°	スクエア 90°	セクスタイル 60°
（惑星）	2° 未満		 ──	 ──	 ──	 ──
	2° 以上	-·-	 -·-·-	 -·-·-	 -·-·-	 -·-·-

※ オーブの範囲設定は、実は読み手（占星術家）によってやや幅があります。本書のオーブ設定は一つの目安とし、まずはこの範囲で読むことから始めましょう。

191

7 アスペクト | アスペクトの読み方

二つの天体の専門性を、かけ合わせる。

一つのアスペクトに対し、天体の組み合わせは90通り近くあります。
文型を用いて大枠を理解しましょう。

天体の専門性をピックアップしました。こちらを文型に当てはめ、基本となる文を
作ります。さらに肉付けし、しっくりくる文章にしてみましょう。

慣れたらこの表にこだわらず、天体の専門性を自由に組み合わせ、文章を作ってみましょう。

天体の専門性（一部）
冥王星： 超強力・洞察（どうさつ）・破壊・極端・宇宙からの情報
海王星： ボーダレス・夢見・インスピレーション・癒し（いや）・芸術
天王星： 改革・エキセントリック・反骨精神（はんこつせいしん）・場所、枠を超える
土星 ： 管理・社会秩序（ちつじょ）・そぎ落とし・具現化（ぐげんか）・メンテナンス
木星 ： 発展・増大・豊かさ・寛大さ・善なるもの
火星 ： パワー・性欲・情熱・活力・集中力
太陽 ： 自己表現の欲求・自我・なりたい自分
金星 ： 美的感覚・ぜいたく・社交・趣味・愛情・恋愛
水星 ： 言語力・知性・技能・計算能力・ビジネス手腕（しゅわん）
月 ： 体・感情・子どもの自分・素の自分・習慣

「オーブかあ。これがあるなら誰のネータルチャート
にも、どれかのアスペクトは入ってるね」

「おそらくね。まあとにかく0度から順に『内面の
ゆれ』、その種類を見ていこうじゃないか。君のチャー
トを読みながらね」

「待ってました！」

192　第5章　アスペクト

7 アスペクト　合

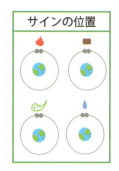

合は天体の二人羽織。背後で上位の天体が気づかぬ間に力を振るう。

合はどちらの天体も同じサインにあるため 120°と同じく調和的です。
背後の上位天体は、自分と同化しているためストレスは感じにくいのですが…。

「外から見た他の人」が違和感を覚えることも。例えば「子どもは子どもらしくあれ」と思っている大人が、天王星と月が合の子どもに「反抗的だ」などと感じるケースです。

<u>「外から見た他の人」は、ここでも「使えていない天体」ととらえましょう。</u>

合がもたらす「内面のゆれ」を十分に理解し、他の天体を使いこなすことで、成長へと向かいます。「内面のゆれ」を個性にまで高めて、魅力の一つにしていきましょう。

合	上の天体 + 専門	下の天体 + 専門
	6. [　　　]が、[　　　]に、背後で知らぬ間に影響する。	

ぼくは月と天王星が合。

6. □□が　□□に　背後で知らぬ間に影響する。

天王星の個人主義 が、月の感情 に、背後で知らぬ間に影響する。

こいつに肉付けをすると…。

7 アスペクト　合を読む　文型6

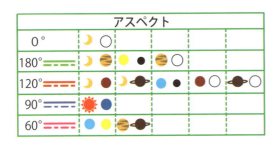

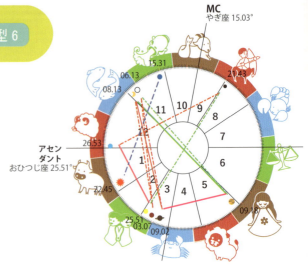

	上の天体 + 専門	下の天体 + 専門
合	6. [　　　]が、[　　　]に、背後で知らぬ間に影響する。	

 　　［ 天王星の個人主義 ］が、［ 月の感情 ］に、背後で知らぬ間に影響する。

ぼくの月はうお座にあるので、人の感情を無意識にくみ取ったり相手の痛みを和らげようとしたりする質があります。
そんな月の背後に、天王星の個人主義が効いています。つまり、相手に親密な感情がわくのと同時に「これは相手の問題であり、自分自身で解決することだ」と言ったクールな視点もあるのです。

　　［ 天王星の場所、枠を超える力 ］が、［ 月の体 ］に、背後で知らぬ間に影響する。

ぼくの月は12ハウス、見えない場所にあります。さらにサインはうお座ですから、人の感情や見えないものに敏感です。同時に背後で天王星の「場所、枠を超える力」が影響しています。体という「場所」、「枠」を超えて目には見えないもの、宇宙からの情報に鋭いアンテナが立ちやすいため、自分自身の体の反応やSOSには気づきにくいかもしれません。

「2パターンとは、なかなかやるじゃないか」
「へへ。正直『体のSOSを感じにくい』とか、よく分からないけどさ。かけ合わせで推理してみた！」

モックまは一瞬チラリとこちらに目をやると、「まあ、悪くない視点だ」と静かに言った。
「さて、次は180度だ」

7 アスペクト　オポジション 180°

差し向かいの上位天体が「鏡の中の自分」に。
そのため常に相手の要求に、半自動的に応え続ける。

オポジション 180°	上の天体 + 専門	下の天体 + 専門
	7. [　　　]の要求に、[　　　]が応え続ける。	

サインの位置

向こうの動きについ合わせちゃう。気がつけば発言がアグレッシブに！エイエイオーッ！

「男女の区分は一致してるんだから調和を生みそうなのに…」
「しかし180度は上位の天体が差し向かいでにらみを効かせているとも言える。
パワーに開きがあるほど下位の天体は自分の器を超えて頑張らなきゃいけなくなるんだ。
そのためこちらも強い葛藤のあるアスペクトだ」

「そうかあ」
「ただその分、活発になりやすく、その天体同士ならではの活気が生まれるのも特徴だ」
「上の天体にせっつかれて働き続ける感じだね」
「君の場合は…、そうだな。冥王星と金星の180度。これを読んでごらん」

7 アスペクト　オポジションを読む　文型7

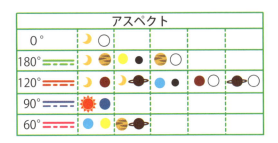

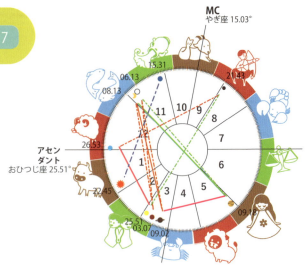

	上の天体＋専門	下の天体＋専門
オポジション	7. [　　　　　]の要求に、[　　　　　]が応え続ける。	

　[**冥王星の超強力で極端**]の欲求に、[**金星の趣味**]が応え続ける。

ぼくの金星は、3ハウス「学び」の場所にあり、ふたご座です。だからぼくの趣味は、学ぶこと。その金星に、向かいの冥王星が「極端なまでに強力であれ」と要求します。冥王星がいる場所は9ハウス「広い見聞への欲求」のいて座です。いて座は視野が広いサインです。そのため大昔の学問や哲学、また、長期的な視点が必要な天文学などに関心を持つサインです。
だからぼくは、古代の人が使っていた星の動きを元にした、西洋占星術に夢中になり、極端なほどに没頭するのです。

「だからかあ。ぼく今まで勉強に熱中したことなんて、なかったもんな。ある意味、趣味だからこんなに熱心にやれるのかもしれないね」
「冥王星はそもそも個人には強すぎる天体だ。　趣味に没頭し打ち込むことで、今までにない境地にたどり着ける反面、自分の月・肉体を忘れて、やり過ぎてしまうこともあるだろう」

「ははっ、たしかに傍から見たらやりすぎ感満載かも」
「まあ、**金星は月などと違い、ずーっと働き続ける天体ではないから**。趣味の時間は趣味の時間と意識的に区切りをつけて、集中して楽しむよう心掛けてはどうかな」
「了解！」そう軽快に応じるぼく。
「さて次は、60度を見てみよう」

7 アスペクト　セクスタイル

互いの天体が協調し合い、小さなクリエイティビィティを生む。

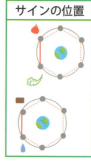
サインの位置

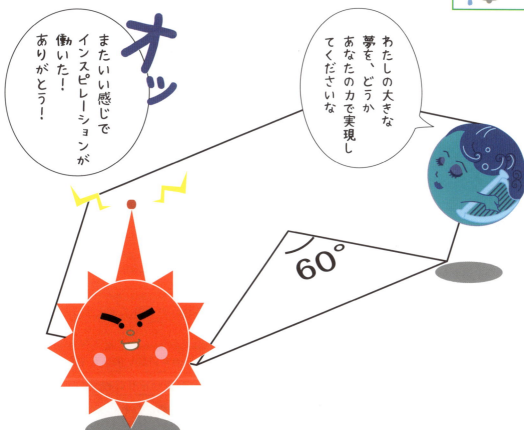

	上の天体＋専門	下の天体＋専門
セクスタイル	11. [　　]と、[　　　]が協力し、[　　　]を生み出す。	

「60度は男女同じタイプの者同士。
　180度みたいに真正面から向き合ってないから、シリアスな感じもない。和気あいあいって感じだね」
とぼく。

「では君のチャートの金星と水星を読めるかい？」
　ぼくはうなずきペンをにぎり直した。

7 アスペクト セクスタイルを読む 文型11

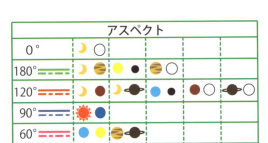

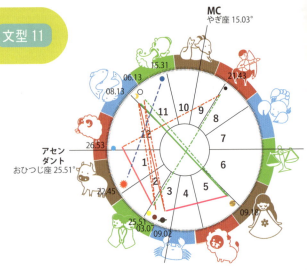

	上の天体＋専門	下の天体＋専門
セクスタイル	11. [　　]と、[　　]が協力し、[　　]を生み出す。	

[金星の 美的感覚・社交性] と、[水星の 言語能力] が協力し [プレゼン能力] を生み出す。

● --- ● 180°
ぼくの金星は、冥王星の要求を受け、西洋占星術を猛烈に学び、打ち込みました。

● — ● 60°
そこで得た情報を、60度のアスペクトを組む水星が協力し、わかりやすいレッスンを生み出しました。水星は的確に説明するのが得意。金星は図解などのデザインセンスがあり、視覚的な分かりやすさがウリ。この二つの協力関係から生まれたものは、プレゼン能力。だれにでも分かるようにセンスよく、かみくだいて伝える力です。
ぼくは、水星が1ハウス「自分を主張する場所」にあるので、こうした活動をすることで、自分の個性がしっかりして、存在感が増していくでしょう。

「素晴らしい…」
「単に60度を読むだけじゃ芸がないだろ？
　だからさ。冥王星の力を受けた金星が、どんな影響を水星に与えるのか。こいつも一緒に読んでみた！」
「しょう太。君は本当にプロの占星術家のようじゃないか！よくここまで成長したものだ」

「へへっ。すごいだろっ！」
「いやいや、本当にいい感性をしている。
　冥王星から金星の影響を読み…。金星から水星の影響を読む。君が工夫した通り、複数重なったアスペクトを読むときには、『最も上の天体が、すべてのアスペクトに影響する』といったルールがある」

7 アスペクト　複合アスペクト

いくつかのアスペクトが重なった複合アスペクト。

180°・120°・60°など、複数のアスペクトが組み合わさっているケースは多いものです。こうした複合アスペクトの場合、まず

　　　　　Ⓐ ①冥王星 → ②金星 → ③水星
　　　　　Ⓑ ①冥王星 → ②水星

のように一番上位の天体を基準に分解します。

どちらも上の天体の影響から読み進め、最後にⒶとⒷを組み合わせて読むのです。

どんな複合アスペクトも、最終的には上位の天体の影響が強く表れることを覚えておきましょう。

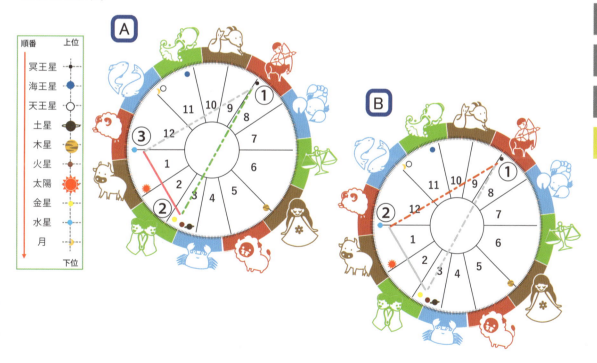

「なるほどー！
　えっと、だったらぼくは、ここでさらに冥王星と水星の120度を読まないと！」

120度は『同じ質のもの同士、調和を生む』だったよね？」

モックまはうなずいてトラインの文型を提示した。

199

7 アスペクト ｜ トライン

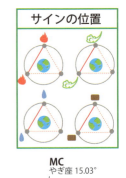
サインの位置

トラインは同じ質。上位天体は下位の天体に
「Yes!」と言い、さらに自分の専門分野でサポート。

	上の天体 + 専門	下の天体 + 専門
トライン	8. [　　　]が、[　　　]をサポートする。	

冥王星の [宇宙からの情報] が、[水星の知性] をサポートする。

ぼくの水星はおひつじ座にあるため、そもそも
理屈抜きで直感でものを理解するのが得意です。

●---●　120°

その水星を「冥王星の宇宙情報」がさらに120度で
サポート。だから、本来なら人の理解を超えたよう
な宇宙からの信号も直感的に「ピン」とくるの
かもしれません。

●---●　180°

アスペクト							
0°	☽	○					
180°	☽		☉	●	♃	○	
120°	☽	☽		♃	●	●	○
90°		☉	●				
60°		☉	●	♃			

一方、冥王星の力を受け、一心不乱に趣味の学びに没頭する、ふたご座の金星があります。

●——●　60°

その金星が、水星に60度のアスペクトを組み、二つの天体の間で協力関係が成立しています。
そのため、直感的には分かっていても説明するのが難しいようなことでも図解やイラストなどを使い、
万人に分かりやすく伝えることができるのです。

「いいじゃないか!」
「やりましたよ! 先生!」
　そう軽口をたたき、何度も声に出し読み上げてみせ
た。
「複合アスペクトも同じく、人生の様々な場面で表れ

る内面のゆれを示している。
　それを活かすも殺すも君次第。しっかり理解して、
積極的に魅力へと変換していってくれたまえ」
「分かったよ! じゃあラスト! 90度、行ってみよ
う」

7 アスペクト スクエア

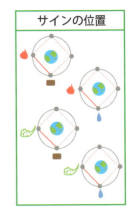

サインの位置

上が下の天体に「歯止めをかける」か「過剰にあおる」。

スクエアは、2天体のサインの位置が水と油です。

上の天体が未熟なうちは、異質なサインのもとで働く下の天体に強いいら立ちを感じます。一方、下の天体は上位天体に逆らうような動きをしてしまうことに、強い罪悪感を覚えるのです。

「いら立ち」と「罪悪感」はそのままあなた自身の感情となりますから、ストレスの多いアスペクトです。

ただ、異なる視点に立ち、横やりを入れられることで「そのつど新しい自分に更新できる」大きな可能性を含んでいます。

スクエアは使いこなせたときの発展力が大きいので、文型を2種類、読んでみましょう。

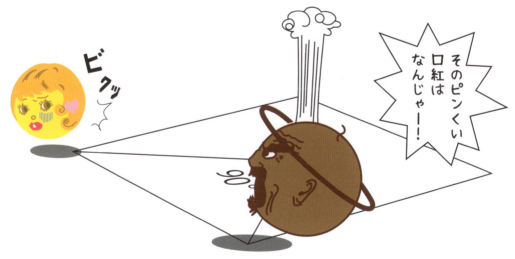

スクエア	上の天体＋専門	下の天体＋専門
	9. [　　　] が [　　　]	に、歯止めをかける。 を、あおる。

スクエア発展型	上の天体＋専門	下の天体＋専門	
	10. [　　　] と、[　　　] を組み合わせ [　　　]		なる。 する。

「ふーむ…」

　ぼくはうなり声を上げた。

「どうしたんだい？」

「なんか90度って大変そうだね」

「まあ、地球の占星術の歴史では90度はずいぶん嫌われていた時代があるようだ。

　けれど我々木星人は、90度を多く持つ人に対し『チャレンジの人生』、そう称える向きもあるんだぜ。

　まあ、ぼく個人の意見としては、どのアスペクトもそれぞれ違った学びを提供してくれる素晴らしい産物だがね」

「あのさ、ここに来て質問があるんだけど」

「なんだい？」

「今までいろんなアスペクトを読んできたけど…。

　いまいち『アスペクト』イコール『内面のゆれ』ってのがピンとこないんだけど」

「そうかい？　まあ表現はいろいろあるがね。

　例えば、ネータルチャートをお芝居に例えた場合。

10の天体は『個性派俳優』。12サインは俳優たちに与えられた『衣装や役柄』。ハウスは『場面』。

　そしてアスペクトは、その役者たちをどう動かすかを決める『シナリオ』を示す、とかね」

「ああ、それなら分かるかも。つまりアスペクトはぼくらの『行動』を表してるってことだろ？」

「まあ、そういうことだ」

「『内面のゆれ』なんて言うからさ。ちょっと混乱した」

「しかし、しょう太。すべての行動は心の動きが最初にあるんだぜ？」

「え…」

「例えば。君は天王星と月が合。だからつい学校の先生や親に反発する。そうだったね」

「うん」

「そして天体は自分が使っていなければ、他人を通して表れるから…。月と120度の土星が、お母さんや先生の姿になって君に小言を言う」

「ああ、あるある！」

「けれどぼくから見ると彼らは、君に対し、そう極端に厳しいようには思えない」

「えー！　モックまだって聞いただろ？　さっきの母さんの小言！」

「ああ。廊下でのやりとりだね」

「いっつもあの調子なんだぜ？　最初っから怒る気まんまんなんだよな」

「ぼくにはただ、純粋に心配しているように聞こえたが…」

　ぼくは少しムッとして、「それはお前が他人だから…」と言い返す。

「君はぼくに対しても、『四六時中怒っている』、そう言っていたじゃないか。だがぼくには怒った記憶など少しもない。ただ必要なことを伝えていただけ」

「じゃあ、ぼくが勝手に怒られたつもりになってるってこと？」

　頬を膨らませ言葉を返す。

「いいかい、しょう太。これはアスペクトを理解するうえで、とても大切なことなんだ。

　ぼくは何も君を責めてるんじゃない。君の中の反骨精神が人の忠告に対し過剰に反応しやすい。

　そう言っているんだ。

　結果、傍から見ていると君の態度が横柄に映ってしまい、相手の怒りに火をつける」

「やっぱりぼくを責めてるんじゃないか。要はぼくがぜんぶ招いてるって、そう言いたいんだろ？」

「これは君の天王星と月の合がまねく『内面のゆれ』によるものだ。

　大人の言葉の中に、常識をかさに着た押し付けが隠されている。そう感じることで生まれる反発心。

　だが、こうしたアスペクトの原理をきちんと理解したなら、『四六時中怒られる』と思える現状を改善できるはずだ。

　とくに土星は月と120度。本来ならサポート的に働く角度だからね」

　ぼくはムスッとしたままノートを閉じた。

「なんかすごく責められてる気がする。もう寝る」

「ああ。君もそろそろ疲れが出てきただろう。今日は早めに休むといい」

　そう言ってモッくまはスクリーンボードのスイッチを切った。枕をぽんぽんと平らにし、自分のベッドへとよじ登る。

（あっさりかよ…）

　内心不満に思いながらも電気を消す。

　布団をかぶり、モッくまに背を向けた。

「お休み」

　そう背後で声がしたけれど答えない。

　はしゃいでいた時には気づかなかった疲労感が、次第に全身をつつむ。

　窓の外でチョビが小さく鳴いた気がした。

　目を閉じたまま耳を澄ます。

　やがて庭の物置のトタン屋根に、雨の当たるかすかな音。その雨音に耳を傾けるうち、ぼくの意識は少しずつ薄れていった。

　4月にしては小寒い雨の夜だった。

203

35. スクエアと三沢先生

「先生、ちょっと遅れるって」

放課後、教室でレッスンの準備をしていると、木野さんが傍らに来てそう言った。

「ん。先に美術室に行ってよっか」

と答え、二人、廊下に出る。

木野さんはぼくの隣を歩きながら朗らかに笑って、

「わたし、すっかり占星術が面白くなってきちゃった」

と言った。

「よかった。夢の実現には役立ちそう？」

「うん！ おとめ座って、つい出来てないところに目が行ってクヨクヨしちゃうけど。実はすごく勤勉で、完璧目指して、やりぬく星座だもんね。

これからはてんびん座も使って、出来てるところもバランスよく見てあげようって思ったの」

「さすが。もう使い方を分かってる」

微笑んでそう答える。

「わたしのMCはみずがめ座にあるでしょ？ これも初めはピンとこなかったんだけど…。

そう言えばね。もしプロになれたなら歌舞伎役者や舞妓さんのメイクを可愛くアレンジして、外国の人に教えたら、すごーく面白いんじゃないかな、なんて思ってたの」

「すごい発想だ」

「でしょ？ YouTubeとかで木野ルミ流メイクアップ！ とかって名前つけて配信したり…。

なんかさ。単なる妄想と思ってたけど実現できる気がしてきたんだ！」

彼女の明るい声は、いつだってぼくの気持ちを優しくする。

昨夜のモックまとのやり取り以来、トゲトゲしていた心が少しずつほぐれて、自然と気持ちが上を向くのが分かった。

「ねえ、今日は何を勉強するの？」

美術室の扉を開けながら彼女は言った。

「うーん、今日はね。ぼくらが取る行動は、実はネータルチャートが影響してるって話」

「面白そう！」

荷物を置き、大きな机に二人、並んで座る。

ぼくは早速タブレットを取り出してみせた。

「天体同士の角度で見るんだ。

そいつを知ることで、より積極的に行動できたり、自分の意志でイライラや罪悪感を手放して、新しい魅力を発掘したり。そんなことができるんだ」

興味深げにふんふんと、相づちを打つ木野さん。

昨日、ノートに写した図解をもとに、アスペクトの仕組みについて説明する。

「じゃあ早速、読んでみよう。まずはそうだな…。

土星と月の60度から」

「えー、できるかな？」

「大丈夫だよ。今まで学んできたことを思い出して、ね」

不安げな彼女を励ますように言う。

木野さんは小さくうなずくと、ペンをにぎった。幾度も書き直し、やがて顔を上げる。

「できたけど、なんか感想文みたいになっちゃった」

恥ずかしそうにノートを見せた。

7 アスペクト セクスタイルを読む 文型11

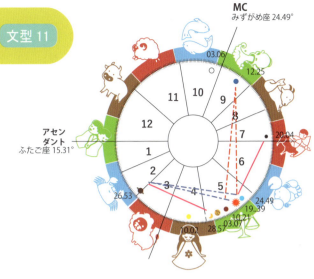

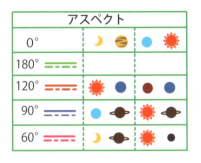

セクスタイル

上の天体＋専門	下の天体＋専門
11. [　　　]と、[　　　]が協力し、[　　　]を生み出す。	

[土星の管理]と、[月の習慣]が協力し[メイクの基盤、きれいな肌]を生み出す。

わたしの月は5ハウスのおとめ座にあり、同じ場所には太陽や火星、水星などの天体があります。太陽をはじめ、たくさんの天体があることで分かるように、わたしの夢は芸能界など華やかな場所で働くこと。メイクアップアーティストになることです。

その夢は、まい子叔母さんがスキンケアの方法を教えてくれたことがきっかけでした。かに座は「育み」を示すサインで、そこに土星があり、その土星の管理の力が月の習慣に協力的に働きました。まい子叔母さんの徹底したスキンケアを見て、その方法を聞いているうちに、年をとっても叔母さんみたいに綺麗でいたいと思うようになったんです。それ以来、毎日紫外線対策をおこたらず、正しい洗顔の方法を守っています。スキンケアが習慣になっているのです。

「すごくよく出来てるよ！」
「本当？」
「ああ。木星より上の天体になると、ぼくらはまだ自分の力としてこいつを使うのが難しい。だから目上の人が土星役や木星役を請け負って現れたりする。なので今はこの読みでOK！」
「そうかあ」
「じゃあ、次は0度のアスペクト。木星と月の合。こいつを読んでみようか」
　とぼくは言った。

7 アスペクト　合を読む　文型6

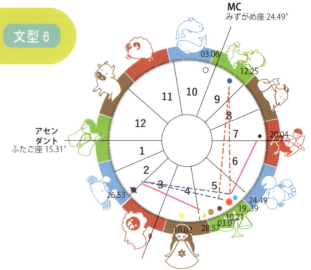

アスペクト				
0°		☽	♄	☀
180°				
120°		☀	♄	●
90°		●	♄	☀ ●
60°		☽	♄	☀ ●

	上の天体 ＋ 専門	下の天体 ＋ 専門
	6. [　　　]が、[　　　]に、背後で知らぬ間に影響する。	

 [木星の寛大さ(ルーズさ)]が、[月の習慣]に、背後で知らぬ間に影響する。

わたしは実は、お部屋の整理整頓が苦手です。そして、月が心配性のおとめ座の割には、戸締りなどもあまり気にしません。こまかくキッチリした面と、どこまでもルーズな面があって「この二面性はなにかな？」と思っていましたが、木星の寛大さがルーズさに変換されて、月の背後で影響しているのかもしれません。

[木星の増大]が、[月の体]に、背後で知らぬ間に影響する。

わたしはオシャレなカフェが好きで、よく出かけていきます。そこでつい甘いものを食べ過ぎてしまいます。それはもしかしたら、木星の増大が、月の肉体に知らない間に影響しているからかもしれません…。

「お、二通り書いたんだ。なるほどね。

　たしかに。たとえ**月が、おとめ座や、やぎ座など、キッチリしたサインにあっても。木星や海王星など『ゆるさ』をテーマに持つ天体がアスペクトを組んでいるとルーズな性分が表れることもあるよね**」

「やっぱりそうなんだ！」

「ああ。

　『天体×サイン』が示す質よりも、その天体に組まれたアスペクトの方が、個性に強く影響するようなんだ」

「そうかあ…。

　ねえ、岡田くん。ハウスで起きた課題を解決する方法ってあったじゃない？」

　と木野さん。

「ああ、ルーラーを使うっていうあれだね」

「例えばね？　この食べ過ぎて太っちゃう問題をどうやったら解決できるかしら？」

「ええー！ ぜんぜん太ってないけど！」

　と、ぼくは思わず声を上げる。

　とは言っても、こんなときの女の子は、てんで聞く耳を持たないのも知っているからね。

　天体とサインを見比べて、「まあ、方法はいろいろあるよね。例えば天体が入っているサインを見てダイエットに向いてそうなら、そいつを使ってあげるとか」とアドバイスする。

「んー…。おとめ座の月は、なんだか向いてそうな気がする。健康管理、得意だもんね」

「具体的にはどんな使い方が思い浮かぶ？」

「おとめ座のルーラーは水星だから…」

　木野さんはしばらく考えてパッと目を見開いた。

「あっ！ そう言えば、その日食べたものを書き記していくダイエット方法あったよね！」

「ふんふん。記録を取るってのは確かにおとめ座らしいね」

「それだあ！」

「ぼくなら絶対三日坊主だけど。月がおとめ座の木野さんなら続けられそう」

「うん。て言うか、むしろだんだん楽しくなりそう」

　ぼくらは顔を見合わせ笑いあった。

「さて、三沢先生はまだかな。

　二人のチャートを見ると、どっちも180度のアスペクトがないんだよなあ」

　タブレットに目を落としチャートを見比べる。

「そのアスペクト、岡田くんは持ってないの？」

「あるよ。天王星と木星、月と木星、それから…」

「ねえ、それ読んでみて！ わたし知りたい！」

「そうだなあ。

　木星と天王星は社会天体とトランスサタニアンの組み合わせだから、イマイチまだ実感がないんだよなあ」

「将来こんな風になるんじゃないかって、予測して読んでみるとか」

「なるほど…、やってみようかな」

「じゃあわたし、月と木星の組み合わせ見てみる！」

「え、木野さんも読んでくれるの？」

「うん。これ全部覚えたら、友達やママにもやってあげるんだ！」

「分かった。じゃあ、お互いイメージを膨（ふく）らませ読んでみよう」

207

7 アスペクト | オポジションを読む | 文型7

しょう太のチャート

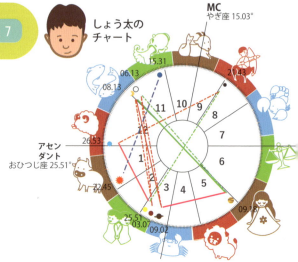

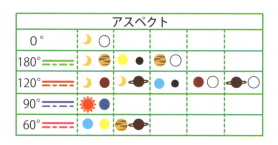

オポジション	上の天体＋専門	下の天体＋専門
180°	7. [　　　　　]の要求に、[　　　　　]が応え続ける。	

 作　[天王星の革新・エキセントリック]の欲求に、[木星の増大]が応え続ける。

 〇 --- ♃ 180°

岡田くんはとっても変わった男の子です。ぼんやりしているかと思えば、発言が時々とても鋭い(するど)のです。それは、天王星のエキセントリックな面や革新の要求に、木星が増大と言うカタチで応え続けているからだと思います。

♃ ― ☽ 180° [木星の増大]の欲求に、[月の素の自分]が応え続ける。

その木星の力を今度は180°の月が受け取って、素の岡田くんがかもし出す雰囲気をすごーく不思議な感じにさせているのだと思います。

 作　[天王星の場所、枠を超えることへ]の欲求に、[木星の発展]が応え続ける。

ぼくの天王星はうお座にあり、12ハウスと11ハウスのちょうど境目あたりにあります。12ハウスは見えない世界を表すため、形のない繋(つな)がりであるインターネットを扱(あつか)う場所でもあるでしょう。だからぼくの天王星は、将来ネットで、アートや神秘的な分野で社会に革命を起こせと、向かいの木星に要求するかもしれません。天王星は元々の枠、規格(きかく)を超える力がありますから、その仕事は本来の職務を超えたものかもしれません。木星はおとめ座の6ハウス。発信内容は意外に緻密(ちみつ)で分析(ぶんせき)的で、実用性があるために、案外仕事としてルーティン化していく。そんな可能性もあるでしょう。

「おいー！ エキセントリックってなんだよっ」

　と、笑って抗議するぼく。

「えー岡田くん、相当変わってるよ？ 気づいてないみたいだけど」

　と舌をペロッと出す木野さん。

「そんなに変わってるかなあ…」

「うん、なんかね。宇宙人の友達がいるって言っても不思議じゃない感じ？」

　ふっとモックまの顔が浮かび、「あれは別に友達じゃない。ただの居候」と答える。

　一瞬、ポカンとこちらを見返す彼女に、ぼくは慌てて、「み…みたいな返事がかえってきそう？」と切り返した。

「もう！ 思わず本気にしたよう！ 超自然体で言うんだもん！」

　そう言って、ぼくの肩を幾度も小突く。

「でもさすがたなー。岡田くんはちゃんとサインやハウスも含めて読んでるもん」

「まあ、でもね。**実際、サインやハウスを抜きにした天体だけの作用もあったりする**んだ。

　だから木野さんの読みも間違っちゃいない」

「そっか」

「信じたくないけど」

　と冗談交じりに言葉を足すと、ぼくらはまた笑いあった。

＊

　そのとき、ガラリと扉が開いて、「おう、待たせたな！」三沢先生が入ってくる。

「ちょうどよかった！ 今、新しいところに入って盛り上がってたところなの！ 先生のチャートも読んでみましょうよ」

　木野さんは立ち上がって呼びかけた。

「おお、ありがとよ。どれどれ、と」

　ぼくはあらためてアスペクトについて説明をし、三沢先生と木野さんのチャートを並べて見せた。

「ふむ。サポート的に働くのが120度かあ。

　オレは美術だけはやめられない人間だからな。

　美的感覚が専門の金星。こいつに組んでる120度が気になるな」

「そうですね。じゃあ先生はそちらを。木野さんは…」

「海王星と火星の120度！ わたしこれ読んでみる！」

「オーケー！ 二人とも今まで学んだハウスやサインも思いだしてね」

　木野さんも、先生も、自分の夢に関わることだからね。真剣にチャートを見つめ、アスペクトを読んでいる。

　やがて木野さんが手を挙げた。

「よし。できたぞ！」と、三沢先生も続く。

7 アスペクト ｜ トラインを読む ｜ 文型8

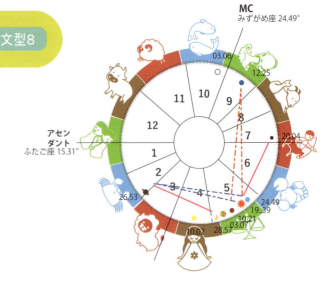

トライン

上の天体＋専門	下の天体＋専門
8. [　　　　　]が、[　　　　　]をサポートする。		

[海王星の夢見]が、[火星の活力・情熱]をサポートする。

わたしの火星はてんびん座の5ハウスにあり、同じ場所にある太陽の、メイクアップアーティストになる夢を力強く引っ張っています。
その火星を、みずがめ座の海王星のインスピレーションが、サポートしているのです。例えばわたしはいつかプロのメイクアップアーティストになって、舞妓さんや歌舞伎役者さんのお化粧を、わたし流にアレンジして世界に広めたいという夢を持っています。
みずがめ座の常識を超えた発想に、海王星のアーティスティックな感性と、夢見の力が合わさり、火星の情熱をさらに高ぶらせているのです。

[海王星のインスピレーション]が、[火星の集中力]をサポートする。

それから、もう一つ。わたしは一つテーマを決めて、自分の顔をベースにいろんなメイクを試してみることがあるのですが…。月と金星のおとめ座のせいかな？大抵は、基礎に忠実で、あまり面白みのない仕上がりになるのです。けど一度だけ、すごくぶっとんだ面白いメイクが出来たことがあって…。その時はちょっとゾーン状態のような感じで、とても強い集中力を発揮したんです。あれはもしかしたら、みずがめ座にある海王星のインスピレーションが、火星の集中力に、サポート的に働いたのかもしれません。

7 アスペクト | トラインを読む | 文型8

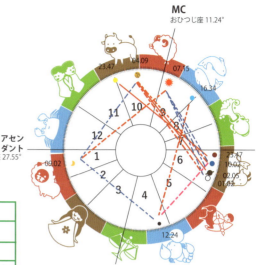

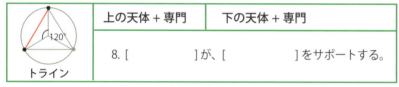

	上の天体 + 専門	下の天体 + 専門
トライン	8. [　　　　　]が、[　　　　　]をサポートする。

[**火星の集中力**]が、[**金星の美的感覚**]をサポートする。

オレの金星は、自分の五感をじっくり味わいながら形にするおうし座にある。おうし座は不動宮だからこうみえて長時間集中して制作する力は、もともとあると思う。そこに火星の集中力が、さらにサポート的に働いている。

ただしオレの火星はやぎ座の7ハウスにある。だからおうし座の金星の個人的な表現の欲求を、さらにあおるのではなく、いかに社会に通用するよう、人々に求められるようブラッシュアップするか、そのための集中だ。正直オレは人からどう見えるかを意識するのが苦手だ。月のしし座も太陽のおひつじ座もまだ若いサインで、自分を表現することでせいいっぱい。人からどう見えるかなんてことに関心がないからだ。だからこのやぎ座の火星による金星のサポートが、絵描きとして社会でやっていく、一つのカギになると思う。

ぼくはまず木野さんの文章に目を通した。

「なるほどー。このアイデアは海王星と火星のコラボで生まれたものなんだ」

「うん。なんかね。これ想像するとカッカッって体が熱くなるような感じがあるの。

よーし！ やるぞー！ みたいな。ちょっと野心的な感じ？」

「それはたしかに火星っぽいな。面白い。どの天体が働くかで体に表れる感覚が違うんだね」

彼女はうなずき、今度は一緒に先生の書いたものをのぞきこむと、感嘆の声をもらした。

「わあ…！ 先生、昨日お家で勉強したでしょ！？」

「ん、まあな。ちょっと真面目に復習した」

「なんだか、どんどんやる気が出て来てるようですね！」

ぼくは気持ちが高揚し、少しせっつくように言った。

「ああ、まあ。昨夜どうにも眠れなくてな。スペインのこともいろいろ調べ直していた」

言いながら口髭をいじり、少しぼんやりとした表情だ。

「もう、向こうに行くって決めたんですか？」

木野さんが無邪気に尋ねる。

「そうだなあ。オレが出した結論は、しばらくは日本で頑張ろう、と言うことだな」

驚いてぼくは先生の顔を見返した。

「しばらくって、いつまでですか？」

と尋ねる。

「うーん。もうオレは30だからなあ。この場所で培ったものもあるし近頃じゃ画展の手伝いも頼まれ始めていてな」

「でもスペインに、あんなに戻りたいって言ってたのに…」

残念そうに木野さんが言う。

「まあな。

しかし当時とはスペインの状況もまるで違うんだ。

オレが行ってた時分にゃ、そりゃあ好景気だったがバブルがはじけて今じゃひどい不況だ。

スペイン人ですら職にあぶれるほどだからな。名もない絵描きが行って一旗あげられるような状況じゃない」

「でも…、先生のネータルチャートにはこんなにハッキリ、スペインで絵描きになる夢を追ったらいいって出ているじゃないですか」

ぼくは静かに言った。

「まあ、お前らはそう言ってくれたがな。

読み方によっちゃだぞ？

オレは現実主義のやぎ座に四つも天体があるんだぜ？ 今の向こうの社会情勢や自分が培った日本での基盤。そう言うものだって重要なんだよ。

それだってお前の言葉を借りりゃ『才能』の一つだろ？」

先生はもう心に決めている。決めたことに後から理屈をつけてるんだ。占星術を使って。

そう思うと、ぼくは無性に腹が立った。

才能があって、ネータルチャートにはその後押しが細部にわたって記されているのに。「行かない」という選択を正当化するために、やぎ座の質を盾に言い訳をする。

ぼくにはそんな風に聞こえた。

「やぎ座の質は別に…、現実主義を理由に夢から逃げるための道具じゃありませんから」

思わず鋭い言葉が飛び出してしまう。

「…ねえ、岡田くん」

木野さんが少し青ざめて、ぼくの袖を引っ張った。

ぼくは我に返って、「ごめん」と小さく彼女に言った。

「岡田。お前がオレのこと、親身になってくれてるのは知ってるぞ。

占星術だってな。自分を知るうえで、すごく役立ってる。これからの人生、何倍も面白くなりそうだ。そう感じてるんだ」

先生はぼくの言葉に堪えた様子もなく、まるで慰めるようにそんなことを言った。

内心、余計にいら立ちを覚えたけれど、心配そうに見ている木野さんを思って、「はい。ちょっと熱くなりました。先に進めましょう」と、タブレットに目を落とす。

木野さんはホッとした様子で、「そうだよ。90度のアスペクト！ 次はこれよね？ わたしに一つ、先生には四つもあるみたいだから、ねえ読むのが楽しみじゃない？」と、ぼくらの顔を見回した。

「うん、そうだね。

90度は今日勉強するアスペクトの中でも、かなり強い葛藤を持つ。

上の天体が下の天体を否定して、『歯止めをかける』。あるいは『過剰にあおる』。そのどちらか。

サインは男タイプと女タイプのかけ合わせで異質なもの同士だから。強い反発が起こるんだな」

「ええー。そんなアスペクトいらないよお」

と嘆く木野さん。

「いや、でもね。このアスペクトは上手く使えば、とてもクリエイティブな力を発揮するらしいんだ。

異質なサインを持つ天体同士が、上手く協力するようになると、お定まりの考え方や感情に、時にテコ

入れが起こる。

だから90度には、『この両者をかけ合わせたら何が生まれるか』そんな発展型の文型も用意されてるんだ」

「ほお。そいつは面白そうだな」

三沢先生が相づちを打つ。

ぼくは小さくうなずいて、「じゃあ木野さんは水星と土星の90度を、先生は、そうですね…。太陽と海王星を読んでみましょう」と言った。

今回は二人とも、ずいぶんと時間がかかった。

やがて木野さんが自信なさげに手を挙げる。

続いて先生もペンを置き、渋い顔を上げた。

7 アスペクト | スクエアを読む | 文型 9・10

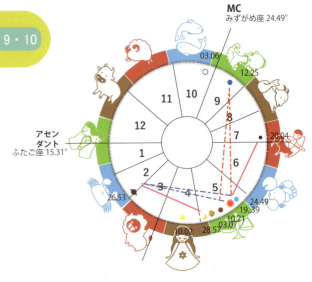

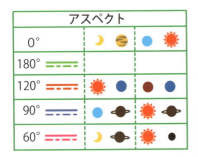

	上の天体＋専門	下の天体＋専門	
スクエア	9. [　　　]が	[　　　]に	、歯止めをかける。 を、あおる。

[土星の管理]が [水星の計算能力]に、歯止めをかける。

わたしは小学校低学年の頃、そろばん塾に通っていました。国語や社会は得意でしたが、算数がすごく苦手で、お父さんが心配したためです。そろばん塾ではいつもビリから数えた方が早く…どんどん自信がなくなっていった気がします。

塾の先生が、出来た子をほめて出来ない子に冷たくするようなところがあり、それで余計に意欲が薄れていきました。一時、紙に書いて計算する足し算引き算すら、嫌になったことを覚えています。

これは土星の管理・指導の力が、風通しの良い関係で、気楽に学びたいてんびん座の水星に厳しく働いて、かえって発達に歯止めをかけたのだと思います。

214　第5章　アスペクト

7 アスペクト：スクエアを読む 文型 9・10

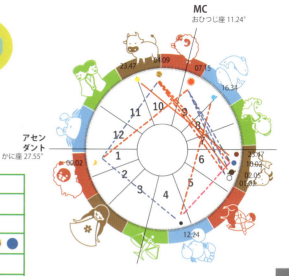

アスペクト

0°	♄	○							
180° ═ ╌									
120° ═ ╌	☽	☉	●	●	●	●	♄	○	●
90° ═ ╌	☽	♃	☽	☉	♄	☉	○	☉	●
60° ═ ╌	●	●							

スクエア

	上の天体＋専門	下の天体＋専門	
	9. [　　　] が、[　　　]		に、歯止めをかける。 を、あおる。

[海王星の夢見の力] が [太陽の自我] を、あおる。

オレの海王星は、やぎ座にある。だから社会に影響を与えるような現実的な領域で、大いに夢を抱くところがある。その力がおひつじ座の太陽の自我を、90度であおるためオレは過去の人生で、ときどき無謀なチャレンジをしてきた。自己流の方法で、一かく千金や知名度アップを狙って、猪突猛進でトライするのだ。ことごとく失敗したのは言うまでもない。

	上の天体＋専門	下の天体＋専門		
スクエア 発展型	10. [　　] と、[　　] を組み合わせ [　　]			なる。 する。

[海王星の夢見の力] と、[太陽の自我] を組み合わせ [　　]　なる。／する。

この組み合わせで何が作り出せるのか、正直見当もつかないが・・・。しいて言えば、やぎ座海王星が見せる野心的なビジョンは、空想の範囲に留めておく。おひつじ座は夢見がちな野心を形にする力は乏しいので、最初の行動の動機付けの範囲に留めてはどうか。

「なるほど…」とうなずくぼく。

木野さんは頬杖をつき、「この二つを組み合わせて何か発展的なことができるなんて、想像もつかないよー…」音を上げるようにそう言った。

確かに、かに座の土星と、てんびん座の水星、このかけ合わせは強い葛藤を生むように思った。

さらに木野さんの経験から、彼女自身がその活用方法を見い出すのは、そう簡単じゃないだろう。

「そうだね、うん」

ぼくは言葉を濁した。

昨夜、レッスンの途中で自分から切り上げたことを少し後悔する。

続いて先生の文章に目を通した。

読み終えて、ぼくは何とも複雑な気持ちになった。

先生はまた、おひつじ座の太陽を現実主義のやぎ座という容器の中に押し込めようとしている。

そう反発する一方で、おひつじ座の太陽とやぎ座の海王星、この二つの上手いかけ合わせなど、とても想像できないのだった。

ずっと黙っているわけにもいかず、ぼくは仕方なく口を開いた。

「…最初の文は良くできています。けれど後の文。この文章だと海王星の夢見の力も、太陽の自我も、本来の力を発揮しないまま終わっている、そんな印象なんですよね…」

「しかしなあ。実際、無謀なチャレンジで、どれだけ痛い目に合ったことか。

そう考えるとこの二つの天体同士は、ちょっと抑え気味にするくらいで、ちょうどいいんじゃねえか?」

「そんなことはあり得ません。どんなアスペクトでも力をフル活用する方法があるはずです」

と言葉を返したが、だからと言ってベストな活用方法を思いつくわけでもなかった。

「ねえ。他の90度も読んでみたら？ 先生、いっぱい持ってるし…」

気を使ってくれたのか、木野さんがそんな提案をする。

「そうだね…。

太陽も大切だけど、月はその人の根っこの部分を表すから。月と冥王星、この90度を読んでみましょう」

「うーん。しし座の月に、さそり座の冥王星か…」

先生は、チャートの月と冥王星を、節くれだった太い指でなぞった。

「冥王星はさそり座のルーラーです。だから最もこの場所で力を発揮することになります。

場所は4ハウス…」

「お家とか、一番安らぐ場所よね？」

と木野さん。ぼくはうなずいて言葉を続けた。

「**冥王星はその人のたましいの成長のために、あらゆるものを壊す天体です。**

もしこれが月じゃなく太陽との90度なら…。その人が心に決めた夢と、たましいが決めている夢。この二つがちぐはぐなことが多いようです」

「ちぐはぐ？」

「そうです。**若い頃に抱いた夢、つまり太陽の意志と、潜在的にたましいが決めている夢、この二つにズレがある。**

だから冥王星は人生のどこかの地点で『太陽の夢』を壊すことになる。

仕事とか、環境とか、経験とか…。

ときにその力は健康にまで及ぶこともあるようです」

「うわー…。すごい天体ね、冥王星って」

「うん。冥王星は個人の悩みに一切、関心がない。

身を粉にして働いているとか、社会で○○を築き上げたとか。必死で耐え忍んで頑張ってるとか。

そういうことに、まったく興味を示さないんだ。

それよりも、**たましいの成長、生まれる前に決めてきた夢、そいつを全うすることだけにコミットする。**

けれど冥王星は、ただやみくもに壊すんじゃない。**破壊と同じだけ再生する力がある**んだな。

だからこの星とアスペクトを組む天体は、それぞれの専門分野で起死回生を果たすことができるんだ」

先生はしばらく押し黙り、チャートを見つめていたけれど、やがてかすれた声で言った。

「…そいつが月に90度ってのは、いったいどんな影響なんだ?」

「だから、それを先生が読んでみてください」

いら立ちを抑えながら、そう答える。

先生は、はあ…、と一つ、大きくため息をついた。

「たましいの成長のために、壊す…か」

そしてまた沈黙。

ぼくはイライラしながら、言葉をたたみかけようとしてハッとした。

口をつぐむ。胸が早鐘（はやがね）を打つ。

「…岡田。悪いがオレあ、ちょっとこいつが無理のようだ」

低い声でそう言うと、三沢先生は立ち上がった。

左の義足の関節がキシッと音をたて、ぼくの胸に突き刺さった。

「あ、あの、先生…」

大きな背中に呼びかける。けれど先生は何も言わない。ゆっくりと歩きだし、教壇（きょうだん）の前を横切る。

扉に向かう横顔は、ひどく青ざめて見えた。

先生の眼はうつろだった。

無気力で、無感動で、惰性的な灰色の瞳。あの描きかけのキャンバスを包んでいた、濁（にご）った粘膜（ねんまく）のようなベールを、ぼくはこの時、先生の瞳の中に見つけたのだった。

---

36. すべてを失った夜。すべてを取り戻した朝

昨夜からの雨は、まだシトシトと降り続いていた。

傘が重い。

体中の気力が抜けていくようなだるさを覚えて、ぼくは小さく立ち眩（くら）みがした。

先ほど別れた木野さんの言葉が、冷たく心にのしかかっていた。

＊

「あんな言い方ないよ」

彼女はぼくの目も見ないで、そう言った。

「あんな風に押し付けるんだったら、わたしもう岡田くんに習いたくない」

その言葉はしごくまっとうな主張のように、ぼくには聞こえた。

何も言わず、黙って木野さんの少し後ろを歩いていく。返す言葉を探すわけでもなく、謝るわけでもなく、ぼくはただ歩道を歩いた。

やがて互いの家へと分かれるＴ字路（じろ）に差しかかる。木野さんは振り返らない。

ぼくらはそのままチラとも視線を交わすことなく、

217

別れたのだった。

*

なぜ思い至らなかったんだろう…、と幾度も考える。

先生のチャートの冥王星。

あの星が家庭環境を表す4ハウスにあることに。その天体が、幼少期を示す月にスクエアを組んでいることに。そこに生まれる一つの可能性に。

なぜ注意を払わなかったんだろうか。

もちろん同じ条件のネータルチャートは、きっといくらでもある。そのすべての人々の子ども時代に、激しい事故やケガがあるわけじゃない。

過酷な幼少期を過ごしているとも限らない。でも…。

（ぼくは知っていたじゃないか。先生の脚のことを…）

そう心の中でつぶやいて、深くため息をついた。

やりきれない、と思った。

でも妙なことに、ぼくはその感情にどっぷりと浸ることが出来ないでいた。頭の中にはもう一人ぼくがいて、こう囁く。

思いだせ、と。

この、どこまでも自分を責め立てる感情を、お前は遠い昔に経験している。

さあ、思いだせ、と。

首を振った。

自分のことなど、どうでもいい。そう思った。

ぼくは大切な人を傷つけてしまったのだから。

あの人の人生を何も知らないくせに、ちょっと習った知識を振りかざして、心の深いところへ無遠慮に踏み込んでしまった。

（…占星術なんて習わなきゃよかったんだ）

と、ふいに過った。

でもぼくはこの言葉が、自分の行動ではなく、使った道具のせいにする逃げ口上であることを知っていた。何かのせいにして片づけるには、ぼくはもう占星術を知りすぎていた。

モックまなら何と言うだろうか。

さすがに憔悴しきったぼくを見て、優しい言葉の一つでもかけてくれるだろうか。

いやそれよりも。今度、三沢先生に会ったとき、どんな言葉をかけたらいいか、アドバイスをくれるだろうか。

しばらくして、ぼくは小さく首を振った。

きっとアイツならこう言うはずだ。

──やれやれ。そんなに自分を責め立てて、君の月ちゃんがおいてきぼりじゃないか。

どんな失敗を犯しても、どれほど誰かを傷つけてしまっても、自分を責めないこと。

責任を取っても、責任を感じて苦しまないこと。

こんなときだからこそ、誰かを傷つけてしまったことに一番傷ついている君の心、月ちゃんに、まずは寄り添ってあげるんだ。

無性にモックまの顔が見たいと思った。

自分で自分の月に寄り添う前に、アイツのとぼけた顔を見てホッとしたい。

そう思うと、少しだけ傘を持つ手に力が戻ってくるような気がした。

*

家に帰ると珍しく母さんがいた。

薬局の仕事は休みが不定期で、今日はたまの休日のようだった。

「しょう太、ちょっと話があるんだけど」

台所で食器を洗っていた母さんは、手を止め、ぼくの方を振り返った。

「なに？ 疲れてるんだけど」

と力なく答える。

「いいから。とりあえず着替えてらっしゃい」

そう言われ、ぼくは黙って自室へと戻った。

部屋に入るとベッドの上も整理棚も、妙に片づいている。

ドキリとした。

慌ててモックまのベッドがある勉強机にかけ寄ったけれど、姿はない。

机の引き出しを開ける。そこも綺麗に整頓され、占星術をまとめた用紙やノート、そしてモックまの乗り物の、あの灰皿も見当たらない。

瞬間、アイツが帰ってしまったのかと思ったけれど、玄関先に積み上げられたゴミ袋を思いだし、部屋を飛び出した。

あった。

粗大ごみの袋の中に、汚れた毛布や衣類と一緒に、モックまとあの灰皿が入れられている。

無造作に、背中から逆さにして詰め込まれたその姿は、まるでいらなくなった小さなぬいぐるみのようだった。

ぼくは慌ててゴミ袋をほどき、モックまと灰皿を取り出した。

後ろから母さんの声がした。

「あなた、一体何してるの」

怒りで肩を震わせながら立ち上がる。

「勝手に部屋に入るなよ！ ぼくが大事にしてるもの、なんで捨てんだよっ！」

母さんは一瞬、面食らったような表情をし、見る間に顔色が変わると、「たまには掃除でもと思ったんじゃない！ なあに？ その口のきき方！」と怒鳴り返した。

「たまにはってなんだよ！ 普段完全放置なくせに！

ぼくが何が大切で、何に迷ってるかなんて何もしらないくせにっ！」

母さんは怖い顔でぼくを見つめていたけれど、しばらくしてノートと紙の束を差し出した。

「あなたの大切なものって、これ？」

それはぼくがこの数日間でまとめた、占星術の資料だった。無言でそいつをひったくろうとする。

母さんは手を引っ込め、「最近遅くまで勉強してると思ったら、あなたこんなことしてたの？」と言った。

ぼくはもう怒りで気が遠くなりそうになりながら、それでも何とか冷静に、「だったらなんだよ」と言葉を返した。

「学校のお友達と夕方までやってるのって、これ？」

「だから、だったらなんだよっ！」

と声を荒らげる。

母さんはまるでその声につられるように、「こんなことしてるヒマがあったら勉強なさいっ！」と大声をあげた。

「勉強しなきゃ仕事にあぶれるから？！ 仕事にあぶれたら父さんみたいに苦労するから？！

そうやって、どんだけ人を追い込めば気が済むんだ！ 父さんだって…」

言いかけて、ぼくは言葉を切った。母さんの顔色が急に変わったように見えたからだ。

「父さんだって、何なの…？」

　静かにそう聞き返す。

　ぼくはもうほとんど自分を抑制することができない。

　もう…、本当にもう、どうにでもなってしまえ！

　心の中でそう叫んだ。

「父さんだって、そうやって母さんが追い詰めるから出てったんだ。やりたいことも我慢して、家族のために頑張ってたのに。母さんが追い込むからここにいられなくなったんだ！」

　ぼくらのやり取りが聞こえたんだろう。いつもなら我関せずの姉ちゃんが、自室から出てくる。

　母さんの横に寄り添うように立つと、「しょう太、あんたちょっと言いすぎだよ」と言った。

「うるさい、うるさいっ！　ぼくだってこんな家、いたくなかった！　何も相談なく離婚して、勝手に父さんを追い出して、ぼくは本当なら、本当なら…、父さんと行きたかったんだ！」

　姉ちゃんが凄い剣幕で何か怒鳴った。

　その声がもう耳に入らない。ただただ、母さんの口元を噛みつかんばかりに、にらみつける。

　見据えた唇は小刻みに震えてかすかに開き、何か言おうとしたようだったけど…。やがて荒れた両の手が、その口元を覆い隠した。

　その瞬間、ぼくは泣きそうになった。

　玄関の方に後ずさり、ドアを開ける。そしてそのまま雨の中へ、勢いよく飛び出した。

＊

　その後のことは、もうあまり覚えていない。

　気が付いたときには自分のベッドに横たわり、朦朧とした意識の中をさまよっていた。

　姉ちゃんが後から教えてくれたことだけど…。

　ぼくはあのまま雨の中を走って、例の多頭飼いの家の前で犬に吠えられ、大きく転倒したんだそうだ。

　たまたまそれを見ていた近所のおばさんが、すぐに母さんと救急車を呼んでくれた。

　幸い打ちどころは悪くなかったけれど、ぼくはひどく熱を出し、そのまま寝込んでしまったのだった。

　熱はなかなか下がらなかった。

　夢を見ていたと思う。

　眠ったり目覚めたりする、うつろな意識の中で、心の奥深くへと、ゆっくり降りていく時間。それはずっと忘れていた、うお座の月と一体化する、優しくも混とんとした時間だった。

＊

「ええっ！　ぼくの12ハウスにある天体って月なの？！」

　いつだったか早起きをして占星術の勉強をするぼくに、小さなくまが教えてくれたことがある。

　まだハウスをちゃんと習う前。

「12ハウスにある天体は、あの世に行ってからしか使えない」そんな自己流の解釈をしていた頃だ。

「月って心だろ？　人として絶対欠けちゃいけないトコだろ？　そんな超基本スペックが12ハウスって。自分の心、どこに置いてきちゃったんだよー！」

　小さいくまは、ふふっと笑って、「まあ確かに。**12ハウスに月があると、時々、心のありかを見失う、そんなことはある**かもしれないね」と言った。

「それってここが『見えない場所』だから？」

220　第5章　アスペクト

モッくまはうなずいて、「まあ…、とは言え、そもそもうお座は 12 ハウスと相性がいいからね。**自分の心の奥深くへ潜り、大切な感性を取り出してくる。そんなことも得意**なはずだよ」と言葉を返した。

「…『見えない場所』って心のことなの?」

「それもある」

そう言って、チラリとぼくに目をやる。

「しかしそろそろ君も気がついているはずだ。形あるこの現実世界にだって『見えないものたち』が存在していることを…」

「まあ、例えばお前とかね」

「そうだね。大人には、ぼくはただのぬいぐるみだ」

「後は電波とか!」

「うむ。例えば**ネット上のコミュニティなども形あるものじゃない。だから 12 ハウスの領域**だ」

「そう考えると、いっぱいあるかもしれないね」

「他にも、おそらく君はあらゆるものを感知している。ただね。**12 ハウスに月がある人は、周囲で起きていることが、すべて自分のせいだと思いやすい**」

「…そうなの?」

「家族や仲間たちの間でケンカやもめことが起きたとき。自分と外の境界線が曖昧な分、そのエネルギーを自分発信だと勘違いしてしまうんだな」

「なるほど」

「だからあえて、その才能を閉じようと努めてしまう。何も感じない。何も影響を受けない。そんなクールな自分でいなくては…。なんてね」

「才能を閉じる…、か。きっとこれ、すべての人に起こり得るよね」

「ああ、その通りだ」

モッくまは深くうなずいて、言葉を続けた。

「幼い頃、親に叱られた経験があるだろう?」

「うん、そりゃね」

「例えば、やんちゃすぎる子は、粗相があっちゃいけないと行儀をしつけられる。コロコロ興味の変わる子は、一つに集中しなさいと叱られる。オシャレにばかり気が向く子は、子どもらしくなさいと怒られる。

けれどこれはすべて、制御できない才能の源泉が表に噴出した結果なんだ」

「うん。今なら分かるよ。きっとやんちゃな子は無鉄砲なおひつじ座。コロコロ興味が変わるのはふたご座っぽいな。そしてオシャレに気が向く子は、きっとてんびん座が強いんだ」

「ああ、そうかもしれない。

子どもの頃は自分の欲求をコントロールできないだろ。『源の欲求』の月だけが、一人働いている状態だ。

大人にはそのエネルギーが時に過剰に映ってしまう。

その結果、心配して彼らをしつけようとするんだな。

そうして子どもが大人になったとき、過去の怒られた経験から、そいつを欠点と思い込む。

けれどもし、君が本当に自分の夢を見つけたいなら。この幼少時代に抑え込んだ肚からの欲求を、見つけだすことなんだ」

でもどうやって、そう問い返そうとした瞬間、「君ならできるよ」くまは優しい眼差しでそう言った。

ぼくはもうそれ以上何も言えず、自分の学習に戻ったのだった。

*

くうん…とチョビの鳴く声が聞こえた。

薄く目を開く。

また庭の方で、かすかにチョビが鳴いた。

（ごめんな…。心配してるんだな、お前）

目を閉じ、窓の向こう、雨の中に座っているチョビの姿を思い浮かべる。

じっと部屋の様子を伺っている素朴なまるい顔が、少しずつ黄みを帯びていき、やがて月ちゃんの姿と重なった。

薄暗がりの中にプカプカ浮かぶ、まるい月。

おしゃぶりをくわえ微笑んで、こちらを見ている。

隣にはチョビがいて、なぜだか二人は親しげだ。手を繋ぎ、こちらを見ている。

（ねえ、思いだちて…）

月ちゃんが言った。

くうん…、とチョビがまた小さく鳴いた。その鳴き声の意味することが、不思議と分かる。

（ねえ、思いだしてよ…）

妙なことにチョビまでが、そんなことをぼくに訴えてくるのだった。

（お前、何か知ってるの…）

チョビの大きな瞳を見返して、そう尋ねる。

きゅうん…。

そしてまたチョビの声。

いや、違う。こいつはチョビの声じゃない。チョビだけれどチョビじゃない。もっと小さい赤ん坊だった頃の…。

風にあおられた木の葉のしずくが、物置のトタン屋根に振るい落ち、タタンッと激しく音を立てた。

強い眠気に襲われて、意識がまた遠のいて行く。

＊

世界が美しい音で溢れていた頃がある。

混じりけのない色彩で、満ちていた頃がある。

あのときはそれが当たり前で、特別に素晴らしいとも、貴重なこととも、思っていなかった。

そしてとりわけ心震える出来事が起こる日は、朝、目覚めるとそれが分かった。

眠りと覚醒のはざまで、風にそよぐ木々や小鳥たちのさえずりが、そっと教えてくれたからだ。

——さあ、行っておいで、と。

　　お前だけの世界が始まるよ、と。

大きくなるにつれて、そんな朝を迎えることは少なくなったし、世界には悲しいノイズや怒りを含んだノイズが、たくさん存在することも知った。

ピュアな絵の具にわずかに灰でも混ぜるように、ぼくの世界は少しずつ色あせていった。

それはぼくの内側に寂しさを生んだけれど、それでも心の深くには明るさがあった。

雑音と美しい音、濁った色と清らかな色。

異なるものたちが織りなすこの世界は、やっぱりぼくをワクワクさせた。その向こうには、誰もまだ知らない新しい世界が、広がっている気がしたからだ。

小学校に上がる頃になると、「心震える日」は、いっそう遠のいていくようだった。

目覚める度、代り映えのしない朝にがっかりしたけれど、次第にそんなことすら思わなくなった。

そして、（あれは小さい頃の空想だったのかも…）と考えて、ほとんど思い出すことすら、なくなっていった11才の秋。

その時は唐突にやってきた。

目覚めたぼくは、身体を包む空気が、ほのかな温もりに満ちていることに気がついた。

目を閉じ微笑む。

昔見た夢のように不確かな、けれど懐かしい、あの特別な朝の匂い。

(今日は一体なにが起こるんだろう…)

そう思うだけで、胸は期待ではちきれそうになった。

その頃ぼくは半年ほど前から母さんの強い勧めで、塾に通っていた。数学や理科は苦手だったけれど、ぼくは国語が好きだったから、学校では触れないような、文学の奥深さを教えてくれる授業が楽しみだった。

その日の塾は国語の授業だった。

だからぼくは、そこで何か素敵なことが起こるのかな? そんな風に考えた。

いや、きっと違う。心震える出来事は、誰かが準備した小さな部屋の中で起こるんじゃない。もっと大きな広々とした世界で起こるんだ。

そこできっと、もう一人のぼくに出会うんだ。

そう思った。

(…もう一人の…、ぼく?)

うっすらと目を開ける。夢の中で呟いた言葉があまりにとっぴで、思わず口元をゆるめる。

タタン…タタン…。

雨はトタン屋根をリズミカルに打ち、その音に誘われるように、ぼくはまた目をつむった。

＊

空き地の草木が、不自然に揺れている。

友達は皆、「別に何も変わらない」と笑ったけれど、幼いぼくはどうしても、その茂みが気になった。

下校途中の姉ちゃんが、「あんた、こんなとこで何してるの?」背後から、そう呼びかける。

「何かいるんだ…」

と答えると、姉ちゃんはぼくの隣までやって来て、不審げに茂みの辺りを見回した。

──きゅうん…。

小さな、ほんの小さな誰かの呼吸。茂みの向こう、側溝の隙間から、かすかに聞こえるその声を、ぼくは聞き逃さなかった。

草木を踏み分けコンクリのはめ込み板に手をかける。

「ちょ、ちょっと、あんた何やってるの?」

止めようとする姉ちゃんを見ようともしないで、力を振り絞り、はめ込み板を持ち上げた。

泥と雑草で埋め尽くされた溝の中に、何かがいる。

「こ…小人?」

思わずつぶやいた。

薄桃色の肌をした手足のある小さな生き物が、そこに横たわっていたからだ。

びっくりした様子で姉ちゃんが、ぼくの肩越しから顔を出す。

「小人って…。これ、生まれたばっかの仔犬じゃん」

そう言って、無造作に手を伸ばした。

ぼくはすぐさま、「待って!ぼくがやる!」と叫んで膝をつき、優しくその生き物を抱き上げた。

仔犬はまだ毛も生えておらず、目も開いていない。ブルブル震えながら、ぼくの胸の中でまるまった。

手の中に、命があった。

左手の親指に触れた仔犬の胸の辺りから、わずかな、ほんのわずかな鼓動が伝わってくる。

　——トック、トック、トック、トック…

　それは命のリズムだった。
　今まで感じたことのない繊細な、それでいて力強い、命のリズム。
　ぼくはその日、塾をサボった。
　母さんに内緒で仔犬を自室に連れて帰り、夜、何度も起きて哺乳瓶でお乳をやった。
　側溝の中でしばらく独りぼっちだったせいか、仔犬はぼくが離れると、きゅうんと寂しげに鳴いた。
　ぼくは出来る限り仔犬の傍にいてやった。
　こっそり学校へ連れて行き、授業中は膝の上で温めてやる。休み時間にはクラスメイトに見張りを頼み、お乳をやった。
　「母さんにバレるから」そう言われ、姉ちゃんに仔犬を託して塾だけは行ったけど、授業中、ぼくはほとんど上の空だった。
　そして時々、少しだけ泣いた。
　離れていても、あの仔犬の命の脈打つ音が、ぼくには分かった。
　自分の心臓と同じようにトクトクと優しく時を刻んでいる。その鼓動がときに、まるでオーケストラのように教室を包み、ぼくの心を揺さぶった。
　ぼくは泣いた。
　命あることに感動して、ぼくは泣いた。

　そしてその日を境に、学校や塾の授業がまるで頭に入らなくなったんだ。それどころか、唐突に湧き上がってくるものを色にしたくて、ノートを広げペンやクレヨンを重ねたり、言葉をつづったりした。
　とりわけぼくを夢中にさせたのは、音だった。
　仔犬の鼓動。きゅん…、と鳴くその声。お乳に吸いつくときの小さな音。
　そしていつしか、こいつとぼくを包んでいる世界中に響き渡る「無音の音」とも言うべきものを、全身で感じるようになっていった。

＊

　タタン…タタン…。
　雨音が続いている。呼吸が荒くなって、ぼくは重い体をやっと起こし、寝返りを打った。
　（どうしてこんな大切なこと、忘れていたんだろう…）
　かすかな意識の中で、そんなことを思う。
　一方で、頭の中のもう一つの声。
　（思いだしちゃいけなかった。思いだしちゃいけなかったんだ…）
　胸が苦しい。何だか途方もない悲しみが、体の奥からこみ上げてくる。
　（それは、本当でちゅか…）
　耳を澄ました。
　誰かが心の深くにある閉じられた扉を、開けようとしている。まさぐるように空をつかんだ。
　その手を、ほっそりとした温かな手が優しく包む。
　「しょう太…」
　母さん…。ベッドの傍に母さんがいる。
　細く骨ばった、それでもぬくもりのある母さんの手。その手の平からまた、深い悲しみが流れ込んでくる。

ぼくはうっすらと目を開いて「泣かないで…」と小さく言った。

母さんと父さんが離婚したあの日。

ぼくらは何も聞かされていなかったけれど、心のどこかでこうなることが分かっていたような気がする。

二人の間にはもう埋めることのできない溝があって、それはきっと、ぼくが生まれる前からジワジワと、広がっていたのだろう。

父さんが出て行った晩、母さんはしばらく寝室に閉じこもった。ぼくはなぜか、ずっと涙が出なくて、自室の窓からぼんやり空を眺めていた。

そのとき、ふいに聞こえたんだ。

母さんのすすり泣く声が。

しっかりと閉じられたはずの寝室から、震えながら泣くかぼそい母さんの声が、たしかに耳に届いた。

ぼくは両手で顔を覆った。

どうして、勉強しなかったんだろう。

母さんにとって、ぼくは最後の希望だったはずなのに。私立の学校に受かったなら、父さんと二人、力を合わせて頑張ろう。稼いでいこう。

そうやって、父さんに発破をかけて、かすかな絆を必死で手繰り寄せていたのに。

どうしてぼくは母さんの願いを叶えてあげられなかったんだろう。

窓を閉めた。

部屋の扉が閉まっているのを確かめて、布団にもぐりこむ。

涙が溢れた。

嗚咽が誰にも聞こえないよう枕に顔を押しつけ、静かに泣いた。

（もう…、もう二度と…）

＊

ハッと目を覚ました。

ゆっくりとベッドの上に起き上がる。

雨は止み、カーテンの隙間から白っぽい朝の光が差し込んでいた。

ベッドの脇に置かれたサイドボードに麦茶の入ったコップが置かれている。そいつを手に取り、一気に飲み干した。

そう…、そうだ。ぼくはあの日、あの瞬間、誓ったんだ。

もう二度と、何かに心奪われたりしない。

もう二度と、自分の感覚を信じない。

そんなことをしたらきっとまた、ぼくの大切な人を悲しませるから…。

目を閉じた。

――…それは本当でちゅか。

そう誰かが問うた気がする。ぼくは微笑んだ。

「本当じゃない。ぼくはぼくのすべてを…信頼する」

ハッキリと言葉にし、立ち上がる。勢いよくカーテンを引いた。

雨に濡れた屋根が幾重にも続き、その家並みの向こうに白く輝く太陽が、登ろうとしていた。

＊

目覚めたその日、ぼくは母さんに謝った。

小さなくまのぬいぐるみ。こいつは占星術のお守り

みたいなもので、ぼくには大切な相棒であること。

西洋占星術は人生の旅のお供で、時々開いて見る大きな地図のようなものだってこと。

そいつを軽く扱われた気がして、ついひどいことを言ってしまったこと。

本当は、父さんも母さんも大好きで、どちらも大切な存在であること。

母さんは微笑んで、「そうなのね…」と言った。

「あんたが休んでる間、すんごい可愛い子がお見舞いに来てたよ」と姉ちゃんが言った。

「え、誰？ 木野さん？」

驚いてそう聞き返すと、「ええ。たしか、そんなお名前だった」母さんが答える。

「なんか言ってた？」

「うん…。占星術のこと、お母さん聞いたのよ。ひょっとして一緒にやってるの、この子かしらと思って」

「そしたら何て？」

「お前、この数日でずいぶん変わったって。占星術を教えてもらうようになってから、頼もしくて、優しくて、素敵なお友達だって、そう感じるようになったって」

自然に顔がほころんでしまう。

「ひゅーっ！ やりますなあ、しょう太先生」

姉ちゃんが口をはさんだ。

「うるさいなっ」と肩を小突くと、「また占星術、教えてねって言ってたよ」そう姉ちゃんが目を細めた。

---

37. 三沢先生との再会

「おい」

ぼくはモックまの鼻先を軽くつついた。

まるでテディベアのように両手両足を広げ、机の上に座っている。妙なことにヤツと来たら、あれ以来うんともすんとも返事をしない。

「お前、怒ってんだろ？ ゴミ袋に詰め込まれて」

ビーズのような小さな目は、じっと静止し前方を見つめている。

「悪かったよ。そう拗ねんなって。また栗の菓子、持ってきてやるからさ」

そう話しかけても小さいくまは、うなずこうともしない。

「お前にさ。90度のアスペクトについて訊きたいことがあるんだ」と、一人、語りかける。

「最後の文型。

□□と　□□を組み合わせて、　□□なる。

こいつの使い方が、まだ分かんないんだよなあ…」

タブレットを取り出し三沢先生のチャートを開く。

そいつを見ると、まだ胸がチクリと痛んだけれど、ぼくはその痛みと向き合うように、しし座の月とさそり座の冥王星、その90度のアスペクトを見つめた。

「一体こいつをどう使ったらいいんだろう…」

きゃんっと庭から声が聞こえた。

窓を開け、軒下をのぞく。

そこには嬉しそうにこちらを見上げるチョビの姿があった。

「心配かけたな、チョビ」

そう言って部屋の中に振り返る。

「少し散歩に行ってくるからさ。帰ったら機嫌なおしてレッスンしてくれよ。な、モックま！」

服に着替え、玄関に向かう途中、母さんが台所から顔を出した。

「しょう太、出かけるの？」

「うん。一週間もチョビを放ったらかしだったから。散歩に行ってくる！」

「お母さん、この後、仕事に出るけど、病み上がりなんだから早めに帰ってくるのよ」

「うん、そうする」

返事をし庭に出る。

チョビは庭先で行ったり来たり、大はしゃぎだ。

カチンと前足に何かが当たり、ぼくの足元に転がる。

拾い上げるとそれは、いつか廊下で三沢先生が落としたスペインのコインだった。

「すっかり忘れてたなあ」

光沢の失われたコインをシャツの袖で磨いてみる。そいつをポケットにしまいながら、ふと、（学校に行ってみようか…）と思った。

今日は土曜日で学校は休みだ。プールに続く裏庭でチョビを遊ばせてやろう。そう思った。

もっともぼくには、もう一つ思惑があった。

「チョビ。今日はあんまり走れないからさ。学校に行こう。手綱なしで、いっぱい遊んだらいい」

そう言って頭をなでてやる。チョビは喜んで、まるで先導するように学校へと歩き出した。

＊

学校の裏庭は桜の木の葉が青々と茂り、気持ちのいい風が吹いていた。ぼくが臥せている間に５月に入り、日差しはいつしか初夏のようだ。

チョビのリードを外してやる。

「グランドまで出ちゃいけないよ」

そう言い聞かせると、チョビは、わんっと威勢よく

返事をし、桜の木の向こうへ駆けていった。

ふうっと一呼吸し、古いベンチに腰を下ろす。

途中、美術室の窓をのぞいて見たけれど人気はなかった。

ポケットに手を突っ込み、コインをもてあそぶ。

（そりゃそうだよな…）と、心の中で独り言ちたとき、チョビが何かをくわえ戻ってきた。

足元にそいつを吐き出す。

いぶかしく思いながら拾い上げると、それはパンの欠片だった。

「お前、これどうしたの？」

チョビはしっぽを振って、こちらを見上げている。

（人のご飯を、かっさらっちゃったのかな？）

不安に思って桜の木の向こうに目をやると、誰かがこちらに向かってくる。

「すみません、うちの犬が粗相しちゃったみたいで」

言いながら人影に近づこうとして、ぼくはドキリとした。

それは三沢先生だった。

「なんだ、岡田の犬か」

先生はあまり驚いた様子もなく、ぼくらの傍までやってくると、チョビの顔を両手ではさみ、「このいたずらもんが！」と怖い顔を作って見せた。

チョビは一向に恐れる様子もなく、丸い目で先生を見上げている。

「あの、食事中だったんですか」

「いや、あっちでツツジを描いていてな。久しぶりにしっかり描きたくなって、こいつを使っていたら…」

先生は「二割引き」とシールが貼られた食パンの袋を、ぼくの方にちらりと見せた。

そう言えば聞いたことがある。木炭デッサンは消し

ゴム代わりに食パンを使うことがあるって。

「そうだったんですね。お邪魔してすみません」

言いながらチョビの首輪にリードをつける。

「なんだ、もう行くのか」

「はい、あの、散歩はどこでもできますから」

そう言って来た道を戻ろうとした。

「体調はもういいのか?」

先生が半ば呼び止めるように言う。

「はい。あの雨の日に道端で転んで、しばらく気を失っていて…。発熱がひどくて。でももう大丈夫です」

あの雨の日に、と口に出した瞬間、ぼくの心臓はトクトクと波打った。

そこまで口に出したのなら、あの日のことを謝ってしまいたい、そう思った。

「そうか。そりゃ大変だったな」

ぼくは何と返してよいか分からず、かといってそのまま立ち去る気にもなれなくて、少しの間、その場に立ち尽くした。

「あの…」

そう切り出そうとしたとき、「お前に話しておきたいことがあってな」低い声で三沢先生が言った。

＊

野球部の連中のかけ声が、ここまで聞こえてくる。

時折、球を打つ金属バットの高い音が、生徒たちの声を突き抜けて、ぼくらの耳に届いた。

話があると言いながら三沢先生は何も言わない。古いベンチに腰を下ろし、チョビがかっさらった食パンをちぎって、足元の小鳥たちにやっている。

その横顔は、思いのほか穏やかに見えた。

「お前が休んでいる間になぁ…」

先生がぼそりと言った。

「実はオレも休みをもらって、青森の実家に帰っていたんだ。どうしても確かめたいことがあってな」

先生はそう言ってまた、パンをちぎって大地に放った。

隣に座っているぼくの顔は、この人の視界に入っていない。それなのに先生が何か言うたび、ぼくは深くうなずいた。

どんな言葉も聞き漏らしたくない。そう感じていた。

＊

「オレの家は青森の田舎で金属のスクラップ工場を営んでいてな。親父は早くに亡くなって、三沢の家に嫁いだお袋と、爺さん、婆さん、三人で切り盛りしていたんだ。

親父が生きていた頃は、それでも実入りが良かったようだが、とにかく男手の居る仕事なのに、爺さん一人で仕切っていたからな。家計は火の車だった。

おまけに爺さんは、事あるごとに日雇いをケチるもんだから、お袋は子守と鉄くずの仕分けで朝から晩まで働いていた。

スクラップ工場ってのは、鋭利な鉄くずをより分けたり、高温のバーナーで切断したり、そりゃあ危険な仕事なんだ。

物心つく頃にゃ、どうにもお袋が可哀想でな。

10才を過ぎた時、オレは爺さんたちに言われるまま、お袋の手伝いをするようになった。

爺さんは、そりゃあ厳しくてな。オレが道具の手入れを忘れたりすると、こん棒で思い切り叩いた。

背中や腕なんぞ、叩けば仕事に触りがあるかもしれない。だから大抵は、けつを思いっきりぶっ叩かれた。そりゃもう火が出るほど痛くてな。よく泣きながら家に帰ったもんだ。

あるとき、オレは先の尖った鉄くずを気付かず踏んづけちまった。

足の裏にひどいケガをしたが、そいつを誰にも言えなかった。爺さんにバレたらまたケツを嫌ってほど叩かれる。それくらいなら布切れで縛って止血して、自分で何とかしようと思ったんだ。

翌朝、足は腫れ上がり、靴を履くのもやっとだった。それでもオレは平気なふりをして学校に通い、帰れば黙って工場で働いた。

腫れは引かず、痛みは増す一方で、ついにある朝、高熱を出して起き上がれなくなった。

病院に運ばれた時には、もう手遅れでな。

菌が膝まで回り、切断しなきゃ命がないと言われたんだ」

先生は手に残った最後のパンの切れ端を、足元に放った。勇敢なスズメが一羽、傍らまで寄ってきて、そのパンくずをついばむ。

ぼくはそいつを見守りながら、じっと先生の話に耳を傾けた。

「病院から帰ってきたオレに爺さんは、何も言わなかった。いたわりの言葉も、慰めの言葉も、一言も発することなく、まるで使えなくなったバーナーでも見るように、チラリと目をやっただけ。

以来、オレには一切構わなくなった。

17才の頃だったろうか。オレはあるとき爺さんを、猛烈に憎んでいることに気が付いた。

人をまるで道具のように扱って、故障したと思った

ら目もくれなくなる。10才の子どもがケガしたことを言い出せないほど、日常的にせっかんをする。

そんな爺さんのことを心の底から憎いと思っていることに気がついたんだ。

それまでオレは、すべては自分が招いたことだと思っていた。この脚のことも。爺さん、婆さんからまるで厄介者のように扱われることも。

けれど違うと、そのときオレは思った。

全ては爺さんのせいなんだ。そう思った。

なあ、岡田。時折、人は他人を責めず、自分を責めることを美徳とする。

だがオレは思うんだ。この二つに大差など、ないってな。

自分を責める矛先が、他人に向く。他人に向いた矛先が、ふとした瞬間、自分に向く。このくり返しをしている限り、オレたちは『責め』という感情に囚われ続ける。

けれどそのときのオレは、爺さんを憎むことで自分の痛みが和らぐような、そんな錯覚をした」

先生はそこまで話すと、ゆっくり体をぼくの方に向け、「その憎しみが、ずっと続いていたんだ。この年になるまでずっとな」と言った。

ぼくは目を見開いて、先生の瞳を見返した。

「驚いたか」

涼しい顔をしてそう尋ねる。

ぼくは何と言ってよいか分からない。伏し目がちになり言葉を探す。

「…憎しみや怒り。嫉妬や妬み。オレはそうした感情を、別段、悪いとは思わない。

ネガティブな感情が0になる。そんなことが果たして人間に起こり得るだろうか。

だからオレは爺さんへの憎しみに、罪の意識などなかった。誰にわざわざ自分の醜さを白状して懺悔する必要があるだろう。そう思っていた」

足元のパンくずは喰い尽くされ、気づけば小鳥たちの姿は消えていた。

ベンチの横でうずくまっていたチョビが、そっとぼくの足元に身を寄せる。チョビの背中をなでながら、ふと不思議に思って先生に問うた。

「…じゃあ、どうしてぼくにそんな話をするんですか」

先生は小さく笑った。

「もう、終わったからだ」

「え…」

「人間がネガティブな感情をすべて手放すことなどあり得ない。でももし、もしも…。

そうした感情が仮にたった一つでも、跡形もなく消えたなら。ただ穏やかな心を取り戻すことができたなら。それほど幸せなことが、あるだろうか」

先生はそう言って、優しい眼差しを向けた。

＊

「あの日お前から、オレの家庭を示す場所にある冥王星の話を聞かされて…。すぐにオレは爺さんの姿を思い浮かべた。

個人の欲求を無視し、たましいの成長のためだけに働く星。時には人の肉体すら破壊する星。

オレにとって爺さんは、家という安心なはずの場所に居座った、冥王星そのものだった。

だがオレは、お前からその話を聞かされたとき、強い怒りに囚われた。

『たましいの成長のため』、そのフレーズが、どうしても、どうしても、受け入れられなかった。

10才の子どもが片足を失うことで得られる、たましいの成長。それほど過酷な思いをしてまで必要な、たましいの成長など、あり得るだろうか。

いや絶対にない。爺さんは悪であり、オレの成長を促す存在であるはずがない。あってはならない。そう大声で叫びたかった。

お前を傷つけてしまうことを恐れ、オレは教室を出た」

先生はその足で青森へ向かい、実家へ戻ったと言う。既にお爺さんもお婆さんも亡くなり、年老いたお母さんが一人暮らす青森の故郷に。

「実家に戻ったオレは、紅蓮の炎のように燃え続ける爺さんへの怒りを見つめ続けた。

ゆるせない…。憎んでも憎み切れない。

そんな感情がとめどもなく溢れてきた。

だがオレは何もこの感情に浸りたくて、わざわざ青森まで帰ったんじゃない。

オレには一つ目的があった。

それは爺さんが、長年に渡って書き溜めた日記を読むことだった。

お前が言った通り、もしあの事故が、たましいの成長のためだと言うなら。その証が爺さんの日記の中にあっても不思議はない。

爺さんは、そりゃあ一つのことをコツコツやり続ける性分でな。お前の言葉を借りりゃ、恐らく不動宮が強かったんだろうさ。

若い時分から一日も欠かさず日記を書いて、そいつをすべて残していた。

オレは爺さんが死んだときも、涙一つこぼさなかったし、残した日記にも全く関心を示さなかった。

けれどもし、ここにオレの感情を溶かす何かが書かれているのなら。それによって、たましいの成長とやらに与かれるのなら、一つ読んでやろう。そう思ったんだ。

鋭いお前なら分かるだろうが、オレは何もそいつを期待して行ったんじゃない。

爺さんは悪だった。あの事件がもたらす成長など欠片もなかった。

実のところその証を見つけて、ほら見ろと言ってやりたかったんだ。

お前にじゃないぜ？　正直、誰に対してかよく分からない。西洋占星術ってもんに対してか、こんな運命をオレに与えた天に対してだったのか…」

先生は足元に目を落とし、しばらくの間、口を閉ざした。

ぼくはもう高ぶる気持ちを抑えられない。万に一つの期待を込めて、こう尋ねた。

「そこに、書いてあったんですか？　先生への想いとか。お爺さんなりの、何と言うか…」

「愛情」と言う言葉を口にしようとして、ぼくはそいつを呑み込んだ。壮絶な先生の人生を前に、その言葉がどうしようもなく白々しいものに思えたからだ。

「愛を感じたかと聞きたいのか？」

先生は静かに言った。

ぼくはほとんど無意識に、ぐっと先生に向き直った。

どうかその日記に、先生への愛情がほんの少しでも書かれていたら…。そう強く願った。

先生は、ふっと小さく笑って首を振った。

「なかった。爺さんの日記には、そもそも他人に対する感情の表記と言うものが、ほとんどなかった。

ただ、その日あった出来事が淡々と書かれていた」

「先生が事故にあった日も？」

「ああ。そこにはただこう書かれていた。陽一、壊死のため左脚切断。とな」

小さな絶望がぼくを包んだ。

涙が溢れる。くうんと、チョビが心配そうにぼくのふくらはぎに頭を押し付けた。

「泣くな、岡田。もう終わったことだと言っただろ？」

先生が優しく言った。

けれどその日記に、この人への愛情が一遍も記されていないなら、一体どうしてこいつを終わらせることができるだろう。ぼくは、すがるような思いで先生を見返した。

「オレへの愛情は書かれていなかったが…。そこにはある人への熱烈な思慕が書かれていた」

先生は言葉を続けた。

「そこには、くり返しくり返し夢に見る、自分の父親のことが書かれていた。

飲んだくれの父親。オレにとってはひい爺さんに当たるその親父が、酒に酔っぱらって手を挙げる。

その一つ一つの出来事が克明に記されていた。

分かるか？　岡田。

爺さんが亡くなったのは72才。

その年まで、30代の頃から続くすべての日記に自分の親父との関わりが、コンスタントに出てくるんだ。その晩に見た夢、蘇る記憶の断片としてな。

オレは読み進めていくうちに、あることに気がついた。

それはな、岡田。この人は殴ることでしか人と繋がる術を知らなかったということだ。

無条件に愛してくれるはずの父親と、叩かれることでしか繋がりを持てなかったということだ。

231

どんな理由があっても子どもに手を挙げること、もので体を痛めつけることは、あってはならない。

肉体は存在の証だ。

その体を痛めつけられると言うことは、人は本能的に存在を否定されたと思い込む。頭じゃなく、理屈じゃなく、身体の奥にそう刻まれてしまうんだ。

だから爺さんのやったことは決して、ゆるされることじゃない。だけど…。

オレは気がついたんだ。

爺さんは爺さんなりの理屈で、何の理由もなく子を殴ることはよそう、そう心に決めていた。

自分の父親のように、酒を飲み、稼ぎもなく、家族を路頭に迷わす真似だけは絶対にしない。

オレは何としてでも働き続けて身内を守る。

そんな爺さんなりの信念があったはずなんだ。

もっと言うならば…。

爺さんを殴って育てたひい爺さんも、恐らく激しいせっかんを受けてきたはずなんだ。そして、ひい爺さんなりの理屈でもって、その暴力の痛みを減らし、次の世代に回した。

そうやって、痛みのリレーは代を追うごとに、少しずつ、少しずつ、小さくなって…。

お陰でオレは、こうして今、お前たちに決して暴力を振るうことが無い。言葉や圧力で、子どもを支配することもない。

なあ、岡田。

こいつは爺さんを初め、そのまた上のひい爺さん、そのまた上のひいひい爺さん、ひいひい婆さんが、命がけで繋いだリレーの結果なんだ。

可笑しいだろ？　傍から見りゃクレイジーさ。オレも頭じゃそう思った。

オレはそれに気がついたとき号泣した。爺さんが哀れだと思った。

でも一方で、だからなんだ！と叫んでいた。

成長する過程の中で、どうしてそのいびつな愛を手放さなかった。自分が受けて苦しんだのなら、なぜそのいびつな愛の表現を、何としてでも、あらためなかったんだ！

それが…、大人になるってことじゃないのか…。

三日三晩、オレはのたうち回って苦しんだ。

内側に湧き上がってくる感情を、どう扱って良いのか分からなかった。

爺さんを哀れに思う気持ちと、それにも増して憎らしいと思う気持ちの間で葛藤した。

そして最後の晩、オレはあることに気がついたんだ」

先生はまた言葉を切った。

木漏れ日が、ぼくら二人の膝の上で静かに揺れていた。

＊

「爺さんは…」

先生はかすれた声で話し続けた。

「たしかに暴力の痛みを、減らしてオレに回していた」

言葉の意味が分からず、先生の瞳をじっと見つめる。

「少なくとも爺さんは、何の理由もなく、このオレをぶつことはなかった」

ぼくは驚いて「でも…」と言葉を返そうとした。

先生がそれを目で制す。

「いいから聞け。お前の言いたいことは分かる。

自分の脚を奪った張本人、少なくともそう信じてきた相手に、こんな感情が湧くんだからな…」

ぼくはか細い声で、やっと言った。

「…こんな、感情…」

先生がうなずく。

「ああ。オレは生まれて初めて…。

生まれて初めて爺さんに、心の底から感謝した」

両の目は涙で曇り先生の表情は分からなかった。

けれどぼくは知っていた。

この人の瞳は、もう悲しみのベールをまとっていないことを。無気力で、無感動で、惰性的な、あの濁ったベールはもう、とうに脱ぎ去っていることを。

先生はカバンからノートを取り出し開いてみせた。そこには90度のアスペクトの文型が、朴訥な文章とともに記されていた。

9. [冥王星の破壊力]が [月の肉体]に、歯止めをかける。

子ども時代、オレの肉体は冥王星の破壊の力によって、その一部を切り取られた。それによってオレは、愛という感情を見失った。

10. [冥王星の洞察力]と、[月の感情]を組み合わせ [   ]する。

さそり座の冥王星の強力な洞察力と、しし座の月の感情と情熱。オレはこの二つを組み合わせ、たましいのリレーが教えてくれる、愛の本質にたどりついた。4ハウスという「自分の故郷」に戻り、極端なまでに深く深く内面を見つめて。

オレはこれからもこの二つを組み合わせ、愛の神ずいを見いだしていくだろう。

グランドは昼間のにぎわいが消え、クラブの連中も帰り支度を始めていた。

チョビのリードを引きながら、ぼくは先生と二人、校庭の片隅を歩いた。

「病み上がりだってのに、すっかり話し込んじまって…」

申し訳なさそうに先生が言った。

「いえ。かえって元気になりました」

笑ってそう答える。

いつしか陽は傾き、ほっそりとした月が夕闇の中に浮かんでいた。ぼくらは校庭の脇を歩きながら門へと向かった。

先生が言った。

「オレはもう一度、スペインへ行こうと思う」

驚いて、その横顔に目をやる。

ぼくの視線をくすぐったそうに避けながら、三沢先生は言葉を続けた。

「実はな。少し前、スペインの、ある作家の工房で働く男に声をかけられた。大学で後輩だった男だ。

その作家がタイルと絵画を組み合わせた、大規模な壁画を作ろうとしていてな。

テーマは『青』。

日本人の、東北出身の、色彩感覚が豊かな画家を探している。三沢さん、どうですかって」

「どうして、そんなすごい話を迷っていたんですか」

目を見開いて尋ねるぼく。

三沢先生は、ふふっと小さく笑って首を振った。

「すごくなんかないさ。

その仕事はほとんどボランティアだ。飯と寝る場所は用意されるが、後は、ほぼただ働き。それに作品が仕上がれば、どうなるか分からない。大抵はそれでお払い箱だろう。

安定した仕事を捨てて、飛び込むほどのチャンスじゃない。オレはそう思った」

先生は言葉を切り、自分の義足を労るように、大きな左手で優しくなでた。

「今思えば怖かったんだ。

作品は心の鏡だ。肚の中にある異常なまでの憎しみが、世界の人々の前に晒される。

オレはそいつが怖かった。罪悪感などないと言いながら、こんな醜いものを表現しちゃいけない、世界に届けるなんざ笑わせる、そう無意識に、自分に歯止めをかけていたんだな…」

開かれた門の前で、ぼくらは立ち止まった。

にぎっていた例のコインをポケットから取り出す。

「じゃあこれは、旅の軍資金ですね」

そう言って、先生の前に差し出した。

手の平の中で鈍く光るコインに、二人、無言で目を落とす。やがて先生はそいつをぐっとにぎると、正面からぼくを見据えて、「ありがとう」と言った。

ふと、何かが気になったのだろう、ぼくの瞳をのぞき込む。

「お前は…、何かやりたいことが決まったのか？」

ぼくは微笑み首を振った。

「まだ分かりません。でも…」

先生がじっとこちらを見ている。

「絵を…描いてみようと思います。そして、たくさんの詩を読みたいなって…」

先生は、しばらく黙ってこちらを見つめていたけれど、「そうか。そいつは、いいな」穏やかにそう答えて、それきり何も言わなかった。

38. 別れ

「サインの火・地・風・水はエレメントと言うんだが…。実はその上にもう一つ、5番目のエレメントが存在すると言われている」

「5番目のエレメント…?」

ぼくは髪をとかしながら問い返した。

学校の支度に忙しく、耳だけはモックまのレッスンに傾けていた、いつかの朝のことだ。

「ああ、そうだ。火・地・風・水をすべて統合した5番目のエレメント。とは言えチャート上に記されているわけじゃない。一種、架空の存在だ」

「それって、12サインの成長ストーリーを終えた最終段階ってこと?」とぼく。

「うむ。10の天体を使い切り、異なる質の仲間たちと切磋琢磨する。そのくり返しの果てにたどり着く新境地と言ったところかな」

「んー、意味は分かるけどさあ。

ぶっちゃけ水の強いぼくからすると、地はリアリスト過ぎて面白みがないし、風はつかず離れずで冷たい感じだし。火は理想論を譲らなさそうで面倒くさいし。

神じゃないんだからさ。その新境地、無理っしょ」

ぼくは言葉を返した。

「そう感じるなら、それでもいいさ。

けれど君は風の強い女の子に恋をして、火と地に多くの天体を持つ友に出会った。

人は愛する相手と分かり合いたいと願うものだ。

自分の水の強さが全面に表れて、友達をコントロールしてしまう。相手のドライな態度に苦しみ悩む。

きっとこの先、そんな経験が待っているだろう」

「え…、もしそうなったら、どうすりゃいいのさ」

「もう既に君はそいつを充分、学んだろ?」

言われてぼくは肩をすぼめ、制服の袖に腕を通した。

「大切なのは相手の願いに耳を澄ますこと」

珍しくモックまが言葉を続ける。

「相手の願い…?」

「ああ。水はああだ、こうだ、口をはさんで親しい人を思い通りにしようとする。

けれどその心の奥には、相手がより『安らか』で、幸せであってほしいと言う願いがある」

「ああ、分かる」

「同様に、火の強い者は自分や人の『尊厳』を守ろうとする。それがいき過ぎて、時に無用に孤独を選んでしまう。

風の強い者は『自由』を愛する。他人の自由。自分の自由。故に、時に責任を避けようとする。

地の強い者は『自立』を願う。経済的な自立。物質的な自立。社会に貢献すると言う精神の自立。

そして時に、その固定概念にしばられる…」

火・地・風・水の根底にある願い。

『安らぎ』と『尊厳』。『自由』と『自立』。ぼくはその言葉を心の中で反すうした。

「その先に何があると思う?」

と、小さなくまが尋ねる。

「んー…、分からない」

「そうだな。これは宿題だ。ぼくが帰るその日までに、どうか答えを見つけてくれ」

＊

いつもの空き地を超えて、T字路に差しかかる。

後を必死でついてくるチョビ。ぼくはまるで空でも駆けるように、自宅へと向かった。

モックま。ぼくは分かったんだ、あの答えが。
安らぎと尊厳。自由と自立。
その向こうにある５番目のエレメントの示すものが。
お前はいつか、夢見るような目つきでこう言った。
占星術のチャートには宇宙の願いが詰まっている。人間の成長への願いが、狂おしいほどに詰まっているってね。
ねえくま。ぼくは分かったんだ。

──成長とは、愛を知ること。

月、水星、金星。こいつらを使うことは、何も成さない自分を愛すること。
そして太陽を使うことは、自分なりの愛の表現を知ることなんだ。
火星を使うということは、その愛の表現を、誰かに届ける勇気を持つこと。
木星を使うということは、互いの愛の表現を称えあい、その豊かさを分かち合うこと。
土星を使うということは、自分も皆もすべての人が、愛を自由に表現し、受け取れる社会を築くこと。
そしてトランスサタニアンを使うことは、どれほどの痛みも過酷な出来事も、すべては宇宙が与えてくれた、無償の愛と知ることなんだ。
５番目のエレメント。そいつが大切にすることは、愛だ。
水の安らぎを願う心、尊厳を重んじる火の精神。風が求める知性という自由。地が大切にする自立。
その向こうに変わらず輝いているものは、愛だ！

＊

靴を脱ぎ捨て駆け上がり、部屋の扉を勢いよく開ける。
「モックま！」
そう大きな声で叫んだけれど、室内は静まり返っていた。
ぼくはまだアイツが知らん顔を決め込んでいると思って、勉強机に駆け寄った。
けれどそこにモックまの姿はなかった。灰皿に似た例の空飛ぶ乗り物も、跡形もなく消えていた。
ふっと頬に当たる冷たい風。
閉めたはずの窓が、わずかに開き、カーテンが揺れている。窓の桟に残されたノートの切れ端が目に留まった。
手を伸ばす。
そいつはモックまが残した、ぼくらへの手紙だった。
内容はきっと君たちの想像通り。
ぼくへの信頼。成長の祝福。出会えたことへの感謝が、アイツらしいクールな文面でつづられていた。
そしてヤツはきっと、ぼくらに託したんだな。
ここで学んだ星の使い方を、どうか世界中に届けてほしいと。
まだ、こいつを知らない子ども達に。たましいの奥深くで必要としている大人たちに。きっと届けてほしいと。
モックまは最後に一つ、地球のみんなに詩を残した。
そいつを書き記して、この物語をお終いにしようと思

う。

　けれど君たちは知っているはずだ。

　本当の物語は、今ここからスタートすることを。

　君の人生というフィールドで。

　宇宙がぼくらに与えてくれた、たった一つの、かけ

がえのない人生で。

　　　　　　　　　＊

　自分の星を使ってごらん

　世界に色彩が生まれるから

　そのまま星を使い続けて

　そしたら君だけの夢に出会うよ

　そのまま星を使ってごらん

　そしたらきっと夢が叶うさ

　そしてときどき星を読まず

　ただ冒険してごらん

　星も、人も、動物たちも、木も花も

　アクシデントもラッキーも

　すべてが君を、君の夢を応援している

　そんな愛に気づくだろう

～あとがき～

ここに描かれた登場人物たちの日々は、星を使って生きる人々が人生を通し経験するような、小さな奇跡であふれています。これは一つの人生をぎゅっと凝縮した物語であり、本書を読んだ翌日に「かわり映えのしない一日だった」と感じても、どうか、がっかりしないでくださいね（笑）。

星は使えば必ず、あなたに深い気づきを与えてくれます。なぜなら、月も太陽も土星も、あなた自身の内なるエネルギーだから。才能の源泉だからです。

それは明日かも知れないし、一ケ月後かもしれないし、3年後かもしれません。その成長のプロセスを、どうか存分に味わい、楽しんでください。

さて、わたしはこの物語をつづる中で、忘れかけていた昔の記憶を思い出しました。7才の頃から20代前半まで抱いていた一つの夢。それは児童文学作家になることでした。占星術家になるずっと以前、とうの昔に諦めたはずの夢を、気づくともう一度追っていた。

そして物語を書き進めるうちに夢中で鉛筆を走らせた、当時のワクワクが蘇ってきました。疲れてうたた寝をすると、星々がわたしの夢の中で囁きました。「このエピソードも入れておくれ」、「どうか、ぼくらのこの願いもつづっておくれ」…。このポエティックな創作の時間は、大変に幸せな至福のひとときとなりました。

そして41才のある日、諦めたはずの大きな夢が、一つ叶ったのです。

星を使うこと、夢を叶えることに、年齢制限はありません。ただあなたの内側にくすぶっている、10人のスペシャリストを信頼し、行動すること。それだけなのです。

皆さんのこの先の未来が、豊かな学びと色鮮やかな喜びで溢れることを信じています。

最後に…。この物語は自費出版です。

たった300人のFacebookフレンドを頼りに、仲間を募り、応援してくださる方を募り、世に出すことができました。

出版までに幾多のトラブルがあり、厳しい現実にぶつかって、2度ほど、「もう無理だ。諦めよう」と思ったことがあります。それでもこうして出版できたのは、たくさんの仲間たちの存在がありました。

八方ふさがりで行き詰まったとき、目の覚めるようなアイデアを次々提案し、窮地を救ってくださった、友人で、総合コンサルタントのきずきさとるさん。素晴らしいご縁を繋ぎ、心身に染みわたるお料理で励ましてくださった、野菜の料理家・浅田あいさん。技術を惜しみなく提供し、ホロスコープサイトの制作に尽力下さったエンジニアで占星術家のオガティさん。細やかにデザイン・編集サポートをしてくださったUMAKIさん。

また本書を重版できたのは、セールスライター阿部大さんのサポートがあればこそでした。

他にも、添削チームのみんな、クラウドファンディングで支援をくださったパトロンさま、モックまくん愛好会の皆さん、日々の発送業務など、地道な仕事に誠実に取り組んでくれている木星チームのみんな、SNSを通じ温かな応援をくださった、すべての皆さまに心より感謝を申し上げます。

本当にありがとうございました。

木星（もくせい）2019年9月

～西洋占星術・もくじ～

1 占星術あらまし

ネータルチャート/ 10
トランシットチャート/ 11
天体/ 14
サイン/ 15
ハウス/ 16
実践の大切さ/ 20
まとめ / 21
チャートを読む / 24
黄道12宮 / 26
占星術の視点 / 28

2 サイン

キャラクターその成り立ち / 33
奇数・偶数 / 34
時期 / 34
火・地・風・水 / 35
まとめ - 1/ 37
成長のエネルギー / 122
まとめ - 2/ 123
12サイン早見表 / 124

3 天体

スペシャリストその成り立ち / 49
天体の成長期 / 50
天体の発達レベル / 52
個人の顔と社会の顔 / 55
天体早見表 / 56
月 / 69
水星 / 72
金星 / 76

太陽 / 81
火星 / 84
ルーラー / 139，143
社会天体とトランスサタニアン / 140

4 活用法

天体を使う‐1 / 61
天体を使う‐2 / 66
天体を使う‐3 / 171

5 チャート

月から火星を読む‐1 / 87
月から火星を読む‐2 / 101
しょう太 / 148
木野さん / 150
三沢先生 / 152
サインとの比較 / 154
アセンダントを読む / 160
MCを読む / 165
アセンダント×天体 / 168
MC×天体 / 169
月と太陽の基本文 / 172
複合的に読む / 176

6 ハウス

アセンダントとMC / 129
ハウスの原点はサイン / 131
ハウス早見表 /132
サインとハウスの関係性 / 134
チャートを読む(文型1・2)/ 135
ハウスの天体/ 137

チャートを読む(文型3・4) / 145

7 アスペクト

天体同士の角度 / 186
基となる図形 / 187
サインとの関係性 / 188
天体のパワーバランス / 189
オーブ / 191
アスペクトの読み方 / 192
合/ 193
合を読む/ 194，206
オポジション / 195
オポジションを読む /196，208
セクスタイル / 197
セクスタイルを読む/ 198，205
複合アスペクト/ 199
トライン / 200
トラインを読む / 200，210，211
スクエア/ 201
スクエアを読む / 214，215，233

オンラインサポート

訂正と補足

http://moccuma.net/correction/
西洋占星術について、さらに詳しい
解説があります。

木　星（もくせい）／占星術家・セラピスト

　西洋占星術で「最凶」と言われる活動宮のグランドクロスを持つ。「働けば働くほど貧乏になる」、「常に走り続け悲壮感ただよう」、「コロコロ変わり人から信頼されない」。

　30代までの人生はまさしくこの通りであり、西洋占星術との出会いから、「生まれ持った星の配置」に、そのすべてが書かれていることを知る。

　以来70冊以上の専門書を読み、突破法の記述を探すが見つからず…。「グランドクロスをポジティブに使う方法を自分の人生をかけて作り出す」と心に決め、すべての専門書を破棄。

　以来、「『継続は力なり』の常識を捨てる」、「やりたいことをやりたい瞬間に、やりたいだけやる」、「スタートだけに徹し、具現化は人に任せる」など、一般常識を無視した行動を重ね、やがて自分だけのオリジナルな成幸法を導き出した。

　結果、「遊びをすべて仕事にする」、「好きに生きてお金も愛情も時間も十分にある」、「信頼する仲間に囲まれている」、そんな人生を獲得。

　凶と言われるあらゆる象意を最高のギフトに変える、「モックまくんの占星術オンライン講座」を主催している。

参考文献

『完全マスター西洋占星術(1)(2)』
著者／編集：松村潔　説話社

『アスペクト解釈大事典』
著者／編集：松村潔　説話社

『占星学 新版』
著／原著：リズ・グリーン
翻訳：岡本翔子　鏡リュウジ　青土社

『サターン 土星の心理占星学』
著／原著：リズ・グリーン
翻訳：鏡リュウジ　青土社

『魂（プシュケー）の西洋占星術』
著：鏡リュウジ　学習研究社

『心理占星術コンサルテーションの世界』
著／原著：ノエル・ティル
翻訳：石塚隆一　イースト・プレス

『スピリチュアル占星術―魂に秘められた運命の傾向と対策』
著／原著：ジャン・スピラー　著：カレン・マッコイ
翻訳：東川恭子　徳間書店

『星空の神々 全天88星座の神話・伝承』
著：長島晶裕／ORG　新紀元文庫

『NVC 人と人との関係にいのちを吹き込む法』
著：マーシャル・B・ローゼンバーグ
監修：安納献　翻訳：小川敏子　日本経済新聞出版社

モッくまくんの星のレッスン

2018年4月20日　初版発行
2021年4月21日　3版発行

著者　　木星（もくせい）
発行人　木全哲也（きまたてつや）
発行所　株式会社 三恵社
　　　　名古屋市北区中丸町 2-24-1　TEL　(052)915-5211

©Mokusei,2018 printed in Japan
定価はカバーに表してあります。落丁、乱丁はお取替え致します。

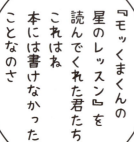

『モッくまくんの星のレッスン』を読んでくれた君たちへ　これはね　本には書けなかったことなのさ

5通読み切　モッくまからの手紙
もっと深く占星術を学びたい方へのお手紙メールです。(無料)
http://moccuma.net/universe/loveletter/